KB268453

# 일본 근현대사를 어떻게 볼 것인가

Series NIHON KINGENDAISHI, 10 vols.
Vol. 10, NIHON NO KINGENDAISHI O DO MIRUKA
Edited by Iwanami Paperbacks Editorial Department
© 2010 by Iwanami Shoten
First published 2010 by Iwanami Shoten, Publishers, Tokyo.
This Korean edition published 2012
by Amoonhaksa, Seoul
by arrangement with the proprietor c/o Iwanami Shoten, Publishers,
Tokyo

일본
근현대사
시리즈
10

# 일본 근현대사를
# 어떻게 볼 것인가

▌이와나미 신서 편집부 편
▌서민교 옮김

어문학사

▶ **일러두기**

● 일본의 지명 및 인명, 고유명사는 현 외래어 표기법에 따라 표기하였다. 단 장음 표기는 하지 않았으며, 어두에는 거센소리를 쓰지 않아 가급적 일본어 발음대로 쓰는 것을 원칙으로 삼았다. 예를 들어 と, か, た가 어두에 오면 '도' '가' '다' 로 표기하고, 어중이나 어말에서는 그대로 거센소리 '토' '카' '타' 로 각각 표기하였다.

● 논문이나 국가 간 합의 문서, 법 조문, 노래, 시, 연극, 소설 제목 등에는 「 」, 신문은 〈 〉, 잡지와 단행본 등 책으로 볼 수 있는 것은 『 』로 표시하여 구분하였다.

# 머리말

근대의 개막을 알린 개국에서부터 150여 년 동안 일본은 무엇을 추구하였고 어떠한 발자취를 남겨왔던 것일까요. 21세기의 일본은 어떠한 역사적인 맥락을 거쳐서 앞으로는 어디를 향해 가려고 하는 것일까요. 그리고 우리 한 사람 한 사람은 일본 사회의 역사와 어떻게 관계를 맺으면 좋을까요.

이러한 문제를 생각하기 위해 시작한 「일본 근현대사 시리즈」는 '막말·유신'에서 '포스트 전후 사회'까지를 9개의 시대로 구분해, 각각 저자들의 전문적인 지식을 활용한 통사로서 지금까지 간행하였습니다. 정치, 경제, 사회, 문화의 흐름을 되짚어 보면서 그중에서도 군대와 가족, 식민지의 현실을 탐구하는 것을 통해 '근현대 일본'이란 무엇인가를 밝히는 작업을 목적으로 하고 있습니다.

마지막 권에 해당하는 본서는 각 권의 저자 선생님들에게 각각의 시대 성격을 파악할 때 필요한 근본적인 문제를 '문제 제기'의 형태로 제시하고 그 각각에 대해 답을 제시하는 방식으로, 일본 근현대사를 볼 때 필요한 요점을 논해달라고 하였습니다. 그리고 각 권을 이해하는 데 필요한 보충 설명을 첨부해 달라고 했습니다. 마지막 종장에는 '통사' 를 서술한다는 것에는 어떠한 의미가 있는 것인가에 대해서 생각해 보는 실마리를 제시하였습니다.

또 각각의 장의 말미에는 저자가 '추천도서 5권' 을 게재하였습니다. 앞으로의 독서에 많이 활용해 주십시오.

본서를 그리고 본 시리즈의 총괄이라는 의미로서뿐만 아니라 시리즈의 도입이라는 의미로도 읽어 주시기를 바랍니다. 「일본 근현대사 시리즈」가 일본 근현대의 발자취를 알아가는 과정에서 훌륭한 길라잡이가 되어줄 것을 바라마지 않습니다.

2010년 1월

이와나미(岩波) 서점 신서 편집부

# 차례



차례

# 제1장 막말기, 구미에 대해 일본의 자립은 어떻게 지킬 수 있었던가?

## ―이노우에 가쓰오(井上勝生)―

## '반미개(半未開)'로 인식되었던 에도(江戶) 시대 일본

21세기에 들어와 역사학에서 생겨난 커다란 변화는 구미 중심의 역사관에서, 예전에는 주변부라고 인식되었던 아시아, 아프리카, 라틴 아메리카를 중심으로 한 역사가 새롭게 서술되기 시작했다는 것입니다. 문화권의 배치도가 세계적으로 대변동을 맞이하고 있습니다. 원래 세계 자본주의와 제국주의의 산업 시스템은 아시아, 아프리카, 라틴 아메리카 지역의 풍부한 자원과 방대한 시장에 의해서 번영을 누려왔던 것입니다. 아시아, 아프리카를 중심으로 거대한 기지개를 켜는 소리가 들려오는 것은 당연한 것이라고 생각합니다.

구미의 역사, 그것은 강자의 역사였습니다. 일본은 근대에 들어와 아시아로부터 급속도로 이탈함으로써 구미적인 문화로 탈바꿈하였습니다. 이른바 '탈아입구(脫亞入口)'입니다. 구미 중심의 시각이 일본에서는 다른 아시아 국가들보다 훨씬 더 강했던 것은 아닐까요.

필자는 언젠가 나 자신이 개국의 역사를 일본 측의 입장에서 관찰하고 있지 않다는 점을 깨닫게 되었습니다. 우리들의 시점을 아시아 측으로 옮겨와서 역사를 구미의 반대 측에서 주의 깊게 관찰할 필요가 있습니다. 우리는 구미를 표면에 두고 보는 것에 익숙해져 왔습니다. 반대 측면에서 주의 깊게 관찰하면, 역사라는 스크린에 아시아 사람들 그리고 막부 말기 일본인들의 개성 강한 매력적인 모습이 눈앞에 펼쳐질 것입니다.

이상과 같은 시점의 중요성에 대해서 막말·유신기의 일본 개국의 역사를 에도 막부 말기 일본 측의 입장에서 관찰하여 설명해 보고자 합니다.

페리 제독이 일본에 내항한 첫날 밤의 사건을 소재로 설명해 보죠. 1853(가에이〔嘉永〕6)년 6월 3일에 페리가 이끄는 함대 4척이 우라가(浦賀) 만에 닻을 내리면서 에도 일본의 개국사가 막을 올리게 됩니다.

심야에 우라가 상공 남서 방향 멀리에서 '붉은 쐐기 모양의 꼬리를 가진 커다란 파란색 원형'의 거대한 유성이 나타나서 페리 함대의 머리 위를 '파란 불꽃이 타고 있는 듯이' 함정에 섬광을 반사하면서 에도 방향으로 일직선으로 날아갔습니다. 당직사관에게 보고를 받은 페리 제독은 일기에 다음과 같은 기록을 남겼습니다(『페리 원정 일기』).

……그리고 우리들의 경우에는 특이하고 거의 야만적인 한 국민을 문명 제 국민의 가족으로 맞아들이려는 우리들의 당면의 시도가 유혈참사 없이 이루어지기를 신에게 기도한다.

페리는 일본 개국의 성공을 신에게 기도하고 있습니다. '특이하고 거의 야만적인 한 국민'은 에도 일본을 가리키는 말입니다. 현재의 역사 용어로 바꾸면 '반미개국(半未開國)' 일본입니다. '문명 제 국민의 가족'이란 구미의 크리스트교 제 국가의 무리들을 말합니다. 당시에도 일본은 그 가족 속에 포함되어 있지 못했습니다. 구미는 이 가족에서 에도 일본을 배제하고 있는 것입니다. 문명은 바로 구미 중심의 '구미의 세계'인 것입니다.

### 건보트 디플로머시(Gunboat diplomacy=포함〔砲艦〕외교)

페리는 미국 대통령이 에도 장군 앞으로 보낸 편지를 가지고 왔습니다. 그 편지 내용을 살펴봅시다(『요코하마시사〔橫浜市史〕』 제2권, 1959년의 번역문에 의거함).

……합중국의 헌법 및 제 법률은 타국민의 종교적 혹은 정치적 사항에 간섭하는 것을 완전히 금지하고 있다. 나는 귀국 영토의 평안을 해칠 수 있는 모든 행동을 행하지 않도록, 특히 페리 제독에게 명령하였다……. 일본도 역시 부유하고 풍요로운 국가로서 다양하고 가치 있는 물자를 많이 생산하고 있을 것이다. 귀국 인민은 제반의 기술에 숙련되어 있다. 양국이 서로 통상하여 일본 및 합중국과 함께 이익을 향유하는 것이 내가 진심으로 바라는 바이다.

나는 귀 정부의 낡은 법률이 지나(중국)인과 오란다(홀랜드=네덜란드)인 이외에는 외국무역을 허가하고 있지 않다는 것을 알고 있다. 그러나 세계의 정세가 변하였고 또 신정부가 형성됨에 따라 그 시절에 맞는 새 법을 만드는 것이 현명하다고 판단된다……. 만일 폐하(?)가 구법을 고쳐서 양국 간의 자유무역을 허가하신다면 양국에게 매우 큰 이익을 초래할 것이라고 생각한다.

대통령은 편지의 앞머리에서 에도막부 장군에게 '일본 황제폐하에게 바칩니다' 라고 쓰고 있습니다. 일본을 하나의 '제국' 이라고 간주하고 있는 것입니다. 일본을 '부유하고 풍요로운 국가' 라고도 평하고 있습니다. 대통령의 편지를 인용한 부분에서도 '일본' 이란 용어가 두 번이나 사용되고 있는데, 페리가 일기에 쓴 '거의 야만적인' 국가, 일본이라는 어두운 그림자는 전혀 언급되고 있지 않습니다. 그런데 사실은 페리가 합중국을 출항할 때 받았던 아메리카 국무부의 일반명령(전반적인 훈령)에서는 일본을 가리켜 '반미개한 약소 국민' 이라고 취급하고 있습니다.

주의 깊게 읽을 필요가 있습니다. 대통령은 편지에서 합중국의 헌법과 법률을 언급하면서 '귀국 영토의 평안을 해칠 수 있는 모든 행동을 행하지 않도록' 페리에게 명령하였다고 말하고 있습니다. 이것은 사실일까요?

국무부의 일반명령은 대통령이 '선전포고권' 을 갖고 있지 않으므로(합중국의 선전포고권은 의회에 있습니다), 페리의 임무를 '평화적인 성격' 을 갖는 것이라고 말합니다. 그러나 한편으로는 불의의 사태에 대비하도록 페리에게 '광범위한 자유재량권' 이 부여되어 있었습니다. 강력한 군함을 끌고 와서 '가장 적당하다고 생각되는 지점에 전 함대를 진격시켜' 교섭을 행할 것을 페리 제독은 지시받고 왔던 것입니다. 이 때문에 페리가 에도 만에서 실제로 행한 작전행동은 강경한 것이었습니다. 일본 측의 반응 여부에 따라서는 전쟁도 불사하겠다는 뜻이었습니다.

『페리 제독 일본 원정기』에서 페리는 일본 정부에 대해 '단호한 태도' 를 취하겠다고 결심하고 있었다고 말했습니다. 그 태도란 한 문명국이 다른 문명국에 대해서 당연히 취해야 할 예의 바른 행동을 요구한다는 것이었습니다. 내항 첫날에 일본 측이 에도 만에서의 교섭에 난색을 표하자 페리는 다음과 같은 강경 발언을 했습니다. 막부가 남긴 개국에 관한 외교 기록인 「대화서(對話書)」에서 인용해 보겠습니다(원문의 일부 한문체로 되어 있는 부분은 훈독을 했습니다. 읽기 쉽도록 하기 위해서 원문의 표기를 일부 고친 곳도 있습니다. 이하에서도 같습니다).

소형 함정(反舟)을 타고 상륙하여 (일본의) 고관들에게 바로 (대통령의 편지를) 수교할 것을 요청하였다.

소형 함정은 대포가 장착된 소형 포함(gunboat)을 말합니다. 그것을 타고 상륙하자마자 편지를 직접 수교하겠다고 하는 것입니다. 이른바 건보트 디플로머시(Gunboat diplomacy), 즉 포함외교입니다. 막부가 수교하지 않겠다는 답변을 할 경우에는 에도 만에서 무력 충돌의 가능성이 실제로 존재했던 것입니다. 그 다음 날에도 일본 측에서 대답이 없으면 '이제 어쩔 수가 없다' 면서 에도 성 부근으로 이동하거나 아니면 다른 방법을 써서라도 '생각했던 대로' 행동한다는 내용이 반복적으로 나오고 있습니다. 그 후에도 회답을 재촉하기 위해서 일본 측의 제지를 뿌리치고 에도 만의 내해로 갑자기 돌입하기도 하였습니다.

## 막부 관리(幕臣)들의 외교 노력

이렇게 '반미개국가 일본'에 대한 페리의 강경한 발언과 무력적 행동에 대해서는 지금까지의 연구에서도 언급된 바 있습니다.

그러나 이러한 페리의 강경한 발언과 무력적 행동에 대해 에도 일본의 막부 관리들이 어떻게 대응했던가에 대해서는 지금까지 그다지 주목을 받지 못하였고 별로 언급된 바도 없습니다. 우라가 만에서 첫날 건보트로 상륙하여 고관에게 직접 수교하겠다고 페리가 발언했을 때, 교섭의 최전선에서 응대하고 있었던 우라가 뷰교쇼(奉行所=관청)의 요리키(与力)[1]는 다음과 같이 대응하고 있습니다.

> 각 나라에는 그 나라의 국법이 있다. 그 법을 어기려고 하는 외교 행위는 아무래도 용납하기 어렵다…….

막부 관리는 에도 일본에는 자국의 법이 있다. 그 법을 어길 수는 없다고 말하고 있습니다. 그렇게 일본 측의 논리를 전달하고 있습니다. 이러한 발언이야말로 막부 관리들이 러시아와의 외교에서도, 영국과도, 그리고 미국의 해리스 영사와도 반복해서 언급하고 있는 대목입니다.

그로부터 3년 뒤에 해리스와의 외교에서, 대통령의 서간을 장군에게 해리스가 직접 수교하겠다는 주장에 대한 시비를 논하는 자리에서, 해리스가 '국제적으로 일반적인(萬國一般)' 예의라고 주장하면서

---

1 요리키(与力)는 에도 시대 각급 관리였던 부교(奉行), 반토(番頭) 등의 밑에서 이를 보좌하던 하급 관리. 우리나라에서는 조선 시대 이방 등의 지방 향리에 해당하는 하급 관리를 말한다.

'만국과 동등하게' 취급하라고 요구하는 장면에서 보인 막부 관리의 반응을 소개하겠습니다.

> 일단은 매우 합당한 말처럼 들리지만 유럽 제국의 풍습과는 달리 일본은 일본의 국풍이 있고 정사와 관련하여 받아들일 수 없는 예의는 아무래도 할 수가 없습니다…….

'일본은 일본의 국풍이 있고', 유럽 제국의 풍습과는 다르다고 대응하는 일본 측의 교섭 태도는 명확하고 일관성이 있습니다. 그럼에도 불구하고 해리스는 영국의 함대가 내항할 것이라는 등 혹은 이를 받아들이지 않으면 합중국과 전쟁을 하게 될 것이라고 위협하여 일본 측의 양보를 받아내게 됩니다.

일본 측도 해리스가 위협을 하고 있다는 것을 알고 있었습니다. 조약을 맺으면 영국에게 영토를 빼앗기지 않을 것이라는 해리스의 설득에 대해서 "지금까지 서양에서 멸망당한 국가가 허다하게 있다고 알고 있다. '국가를 보존하는 것은 전쟁과 방어(戰守)의 능력이 있었기 때문' 이다" 라면서, 조약을 맺었기 때문에 국가를 지킬 수 있었던 것은 아니라고 비판적으로 이해하고 있었습니다. 막부도 스스로 인정하듯이, 에도 일본에는 그 '전쟁과 방어의 힘' 이 결정적으로 부족하였던 것입니다.

군사력의 격차가 클 때 약소국인 에도 일본이 일본의 국법을 내세우면서 행하는 외교 교섭에서 어느 정도까지 저항을 계속할 수 있었을까요? 실제로 필자는 군사력의 격차가 너무 컸기 때문에 외교 교섭을 통한 저항 따위는 그다지 의미가 없었던 것 아니냐는 질문을 독자들로부터 받았습니다.

　　분명히 그런 질문에는 일리가 있습니다. 그렇지만 한 번 생각해 보세요. 현대 국제 사회에서도 각국 군사력에는 매우 큰 격차가 있습니다. 그럼에도 외교 교섭은 분명히 커다란 의미를 갖고 있습니다. 무력에 의하지 않고 교섭에 최선을 다한다는 노력입니다. 지금도 전쟁은 그에 상응하는 이유도 없이 일어나고 있습니다. 아메리카가 참전한 베트남전쟁은 12년간이나 계속되었고, 북베트남해방전선 그리고 아메리카합중국과 남베트남에서는 합계 330만 명이 넘는 사상자를 내었습니다. 세계와 아메리카 국내에서도 반전의 기운은 높아졌고 빨리 전쟁을 끝내는 것이 가능한 전쟁이었습니다. 아시아·태평양전쟁도 좀 더 일찍 끝낼 수 있었습니다.

　　시대를 거슬러서 페리 내항 직후에 유럽에서 일어나서 일본의 개국 과정에도 많은 영향을 끼쳤던 크리미아전쟁은, 세바스토폴의 전투 등 세계 전사에 유례가 없는 비참하기 그지없는 참호전(塹壕戰)의 양상을 띠고 있었습니다. 터키와 러시아의 전쟁으로 시작되어 영국과 프랑스 등도 참전하였습니다. 이 전쟁은 열강들의 착종(錯綜) 된 외교에 의해 영국, 프랑스, 러시아의 원래 의도와는 달리 일어나게 된 전쟁이라고 이야기하고 있습니다. 이것은 실패의 사례였지만 이와 같이 전쟁으로 돌입하거나 전쟁을 종결하는 과정에서도 외교라고 하는 인위적인 행위는, 역사를 플러스의 방향으로도 마이너스의 방향으로도 크게 변동시킬 수 있는 힘을 갖고 있습니다. 외교 노력이 현대에서만 존재하고 있다고 생각하는 것은 과거에 대한 과소평가라고 생각합니다.

## 화친과 영세(永世)

한 사례를 들어보지요. 1857(안세이〔安政〕 4)년 일미화친조약의 일부를 개정하는 시모다(下田) 협약의 내용을 둘러싸고, 교섭을 담당하고 있던 시모다 부교(奉行)와 해리스 영사의 사이가 험악해졌던 장면입니다.

해리스는 시모다 부교와의 교섭 석상에서 다음과 같은 태도를 취합니다. 「대화서」의 기록에서 소개해 보지요.

앞에 놓여 있던 종이를 움켜쥐고 힘껏 찢어서는 테이블 위로 집어던졌다. 몹시 격앙한 듯이 얼굴색이 (붉게) 바뀌면서 엄청나게 화가 난 모습이 얼굴에 그대로 드러났다.

해리스가 격노하는 장면입니다. 종이를 찢어서는 상대방 쪽으로 테이블에 집어던졌습니다. 그리고 다음과 같은 발언을 했습니다.

다시 한 번 귀하의 고집에 대해 한마디 하겠다. 일본에서는 (미일) 양국이 돈독하게 지내는 것을 바라지 않는다고 서면으로 작성해 주어야겠다. 전쟁도 불사하겠다는 생각이라고 판단하고 (미국으로) 귀국하도록 하겠다.

해리스는 일본의 전권(이노우에 기요나오〔井上淸直〕 등)에게 일본에서는 양국의 우호를 바라고 있지 않다고 하는 각서를 요구하고 있습니다. 일본 측이 전쟁을 원한다면 자신도 그런 각오를 하고 귀국하겠다고 큰소리치고 있습니다. 전쟁을 들고 나와서 위협했던 것입니다. 이런 말까지 나오게 된 경위도 흥미진진하지만, 여기서는 상인들의 일본체재를 둘러싸고 일본 측의 입장에서는 중요한 교섭이었다고만 지적해 두지요. 이 말을 들은 전권 이노우에 기요나오의 대답을 소개하겠습니다.

일단 화친을 맺어 놓았는데 어떻게 전쟁을 바라겠는가. 양국과 관련된 사건은 서로 성실함을 다하여 영세까지 지장이 없도록 최선의 노력을 다하는 것이야말로 서로 바라는 바이다.

대단히 훌륭한 발언이라고 저는 개인적으로 생각합니다. 그 후 교섭은 다시 평온한 상태로 돌아갑니다. 이노우에 기요나오의 발언의 깊은 뜻을 알기 위해서는 발언 중에 나오는 '화친' 과 '영세' 라는 두 개의 키워드에 주의할 필요가 있습니다. 3년 전에 양국이 맺었던 일미 화친조약의 제1조를 예로 들어 보지요. 다음은 화친조약의 조약문입니다.

일본과 합중국은 그 인민의 영세(永世)토록 변함이 없는 화친을 체결하고 장소와 인민에 대한 차별이 없을 것.

'영세' 라는 말을 보면 이노우에 기요나오의 발언이 제1조의 내용을 포함하고 있다는 것을 잘 알 수 있습니다. 이노우에 기요나오는 서로의 견해 차이가 있더라도 전쟁은 가능한 회피한다, 서로 성의를 다하자, 그것이 영세라는 것이며 어디서든 누구라도 구별하지 않을 것이라고 조리에 맞게 해리스에게 반론하고 있는 것입니다. 해리스도 그 점을 알아차렸고 그로 인해서 교섭 분위기가 다시 온화해졌다고 생각합니다.

앞에서도 말한 바와 같이 이 당시 막부는 외국 상인이 일본에서 영업을 한다는 중요한 문제에 직면해 있었습니다. 상세한 것은 다음 기회로 미루더라도 막부는 이 문제에 대해 지력을 다하여 대처했습니다. 그렇다 하더라도 우리들은 화친조약을 맺어 놓고도 틈만 나면 태연하게 전쟁 발언을 반복하는 해리스의 언동을 그다지 신경도 쓰지 않고 기록을 읽고 있습니다. 그러나 이노우에 기요나오의 발언을 읽어 보면 군사력을 노골적으로 앞세우는 발언에 대처할 수 있는 '온화하고 뛰어난 지혜(叡智)'의 '외교력'이 막부 관료의 대응에 있었다는 사실을 알 수 있습니다.

## 거짓말과 분노

우리들은 어쨌든 역사를 편견 없이 보고 있다고 생각하기 쉽습니다. 우리들의 역사를 보는 시선이 얼마나 편견에서 자유로운 것일까 점검해 보고 싶습니다. 해리스의 전쟁 발언을 다시 한 번 예를 들어 보겠습니다. 1856(안세이[安政] 3)년 해리스는 회담에 항상 동석하던 감찰관(메쓰케[目付])[2]에 대해서 밀정이라고 화를 냅니다. 시모다(下田) 부교(奉行)는 일본에서는 (메쓰케가 동석하는 것은) 통례적인 규칙이라고 설명했지만 받아들여지지 않습니다. 해리스는 밀고 당기는 문답 끝에

2 에도 막부의 메쓰케는 정원 10명에 연봉은 1,000석. 다이묘(大名)를 제외한 중하급 무사들과 관리들의 업무를 감찰하던 관리로서 유능한 인물을 발탁하였고, 나중에 행정관(부교[奉行])으로 승진하는 자가 많았다. 막부 장관들이 정책을 실행할 때에도 메쓰케의 동의가 없으면 실행할 수 없었다고 한다. 각 번에도 메쓰케라는 관직이 있었다.

다음과 같은 발언을 합니다.

> 해리스 : 모든 것이 매우 혐오스럽다. 안팎으로 꾀하는 바를 모두 그만
> 두지 않는다면 불원간에 예상하지 못할 재난이 찾아올 것이다.
> 시모다 부교 : 지금 하신 말 이외에 덧붙일 말씀은 없는가.
> 해리스 : 없다.

이것으로 이날의 교섭은 끝이 났습니다. 해리스는 '예상하지 못할 재난' 이라고 하면서 전쟁을 시사하고 있습니다. 시모다 부교는 교섭 기록에 다음과 같이 붉은 글씨로 보충 설명을 덧붙이고 있습니다.

> (붉은 글씨) ……자리에 나란히 앉아 있는 감찰관리(오카치메쓰케〔御徒目付〕)[3]를 가리켜 자세한 이유는 알지 못하겠으나 계속하여 욕설을 퍼붓는 것이었다. 또 급사가 차를 내온 것을 보고도 차를 내올 필요가 없다고 손사래를 치면서 물러가라고 하였다. 그 모든 언동이 마치 미친 사람 같아서 어떻게 해서든지 대화를 계속하려 했지만 계속하여 화를 낼 뿐이었다. 결국 말이 통할 것 같지 않아서 대화를 중단하기에 이르렀다.

해리스가 격노하는 모습이 생생하게 묘사되고 있습니다. 전쟁 발언을 한 해리스에게 시모다 부교는 앞에서 언급한 대로 '지금 하신 말 이외에 덧붙일 말씀은 없는가' 라고 묻는 것으로 교섭을 중지하였습니다.

해리스는 실제로 자주 격노하는 모습을 보입니다. 그러나 지금까

---

3 에도 막부의 관직명. 메쓰케(目付)의 수하로서 조장의 지휘하에 문서 기안, 법률 조사, 탐색, 파출소 감독 등의 역할을 담당했다.

지 그러한 부분에 대해서는 그다지 주목을 하지 않았습니다. 그뿐만이 아닙니다. 정평이 나 있는 전기 『해리스 일본의 문을 연 사나이』[4]의 저자 칼 크로우(Carl Crow)[5]는 그 책 제13장에서 「지상 최대의 거짓말쟁이」라는 제목을 붙이고 다음과 같이 말하고 있습니다. 우리들의 역사를 보는 시점을 생각해 보기 위해서 인용해 보지요.

> 일본의 관리들이 가장 놀랐던 것은 그(해리스)가 한마디도 거짓말을 하지 않았다는 것, 모든 질문에 대해서는 솔직하게 대답을 했다는 점입니다. (중략) 그들(일본 관리)의 태도를 바꾸게 만든 가장 중요한 점은 외국인과의 협상에서 사용하는 보잘것없는 전술이 그 앞에서는 완전히 실패였다는 단 한 가지. 이것은 별것 아닌 거짓말과 말꼬리를 흐리면서 외국인을 불필요하게 분노하게 만드는 것이다. (중략) 이러한 전술로 덤벼들어도 해리스는 결코 화를 내지 않았다.

위 문장을 보면 해리스가 '한마디도 거짓말을 하지 않았다' 라든가 '해리스는 결코 화를 내지 않았다' 는 내용은 사실과 다릅니다. 한편 해리스는 그의 일기 『일본체재기(日本滯在記)』에서 일본인의 거짓말에 대해서 종종 언급하고 있습니다. '그들은 지상에서 최대의 거짓말쟁이들이다' '그들은 거짓말과 말을 바꾸는 이중적인 습관에 완전히 굳어져 있는 자들이다. 어떻게 해서든지 진실을 피해갈 수만 있다

---

**4** 원 제목은 *He Opened the Door of Japan*, Harper & Brothers, New York, (1939)이며 일본어판은 다사카 조지로(田坂長次郎) 『해리스 전기—일본의 문을 연 사나이(ハリス伝—日本の扉を開いた男)』, 헤이본샤(平凡社), (2003/09)이다.

**5** 칼 크로우(Carl Crow, 1884~1945년)는 미국 출신으로 중국에서 활약한 인물이다. 중국 상해에서 당시로는 매우 드물게 서양식 광고 대리점을 25년 이상이나 경영하였고, 상해이브닝포스트의 편집자로 지내기도 했다. 나중에 현지에서의 경험을 바탕으로 13권의 책을 출판하였다. 해리스 전기도 그중 하나이다.

면 일본인들은 결코 진실을 말하려 하지 않는다' 고 평가하고 있습니다. 여기서 말하는 일본 관리(막부 관리)의 거짓말 부분도 일방적인 기술입니다.

필자는 『일본체재기(日本滯在記)』에서 일본인의 거짓말에 대한 부분을 처음 읽었을 때, 역시나 막부 말기의 관리들은 그 정도밖에 안 되었을 것이라고 생각했었습니다. 크로우의 시점과 같은 입장에 있었습니다. 우리들은 막부가 '반미개' 하다는 관점에 완전히 사로잡혀 있는 것입니다. 구미 국가 중심이 아닌 반대 측 입장에서 주의 깊게 역사를 바라봅시다.

해리스는 에도(江戸)[6]에서 로주(老中)[7] 이하 막각의 관료들에게 열변을 토하고 있습니다. 조약을 체결하면 아무 걱정이 없다는 설명에 대해서, 로주(老中)로부터 자문을 받았던 간조부교(勘定奉行)[8]는 다음과 같은 판단을 내리고 있습니다.

> 이미 지난 인년(寅年)에 대통령이 승낙한 조약(일미화친조약)이 체결되었는데 또 이번처럼 조약 체결을 주장하는 것은 조약이란 것이 믿기 어려운 것이라는 증거로서……

6 에도(江戸)는 막부가 설치되어 있던 곳. 지금의 도쿄(東京)를 말한다.
7 로주(老中)는 에도 막부(江戸幕府)의 직제로서 최고의 지위와 자격을 가진 집정관을 말한다. 장군 직속으로 국정을 총괄하는 상근직으로 지금의 국무총리에 해당하는 직책이다. 정원은 4~5명으로 2만 5천 석 이상의 후다이 다이묘(譜代大名) 중에서 선발되어 월별로 담당을 정해 로주 직무를 수행했다.
8 간조부교(勘定奉行)는 에도 막부의 직명으로, 간조가타(勘定方)의 최고 책임자로서 주로 막부의 재정과 직할령 지배 등의 업무를 담당하였다. 지샤부교(寺社奉行)·에도마치부교(江戸町奉行)와 더불어 3부교라고 불렸다. 정원은 4명으로 연봉 3천 석, 로주의 지휘하에 중하급 관리들을 지배하였다.

주된 내용은 앞에서 본 시모다 부교 이노우에 기요나오의 지적과 같은 말입니다. 영세 화친의 조약을 맺은 지 얼마 되지도 않았는데 또 조약을 맺으면 아무 걱정이 없다며 압박을 가하고 있습니다. 그 설명이 앞뒤가 맞지 않는 점을 고려해 구미 국가의 조약의 효력에 대해 '믿기 어려운' 것, 즉 한계가 있는 것이라고 주장하고 있습니다. 막부의 점검은 핵심을 찌르고 있다고 생각합니다.

해리스의 웅변에 대해서는 본 시리즈 제1권 『막말·유신(幕末·維新)』에서 소개를 했습니다. 예를 하나 들면, 해리스는 아메리카합중국은 타국의 영토를 전쟁으로 빼앗은 적이 없는 평화로운 국가라고 설명하였습니다. 하지만 「오란다 별단풍설서(別段風説書)」[9] 등의 정보에 근거하여 최근에 멕시코와 전쟁을 해서 합중국이 캘리포니아와 뉴멕시코를 빼앗은 사실을 확인하고 '말하고 있는 내용이 완전히 거짓말'이며, 해리스가 '거짓말'을 하고 있다는 사실을 입증하였습니다(미국과 멕시코의 전쟁은 1846~1848년).

더구나 간조부교는 해리스와 이러한 사실의 진위 여부에 대해 새삼스럽게 논쟁할 필요가 없다, 해리스가 거짓말을 한다는 것을 알고 그 점을 고려하면서 해리스와 조약 교섭에 임하면 된다, 고 상신하여

---

**9** 오란다풍설서(阿蘭陀風説書)란 에도 막부가 나가사키(長崎)에 있던 오란다(홀랜드=네덜란드) 상관장(商館長=카피탄)에게 매년 제출하게 한 해외 사정에 관한 정보 서류를 가리킨다. 정보 제공은 1641년부터 시작되었다. 풍설서는 오란다 상관장이 작성하여 그것을 통역관이 일본어로 번역하였다. 풍설서는 이후 막부가 쇄국정책을 펴는 가운데 해외 사정을 알려주는 중요한 역할을 했다고 평가된다.
이러한 풍설서 중에 인도네시아의 바타비아 네덜란드식민지정청이 작성한 것이 별단풍설서이다. 별단풍설서는 1840년부터 제공되기 시작했다. 네덜란드식민당국이 아편전쟁과 그 영향을 에도 막부에 알려주는 것이 좋겠다는 판단을 했기 때문이었다. 주된 내용은 중국의 영국 식민지에서 발행되던 영자 신문에 근거한 것이며, 별단풍설서 중에서도 가장 유명한 것이 1852년 제공된 페리 제독 내항에 관한 것이었다.

그 의견이 채택이 됩니다. 해리스는 자신의 웅변 내용이 구체적으로 점검이 되고, 자신의 여러 가지 거짓말이 막부 내부에서 정확하게 입증되고 있다는 사실을 알지 못한 채 조약 교섭에 임하고 있었던 것입니다.

## 불평등조약에 대한 평가

막부의 외교에 대해서 지금까지 우리들은 지나치게 낮게 평가해 왔다고 생각합니다. 그것은 해리스와 막부가 체결한 일미수호통상조약에 대해서도 마찬가지입니다. 통상조약은 막부 관리 이노우에 기요나오, 이와세 타다나리(岩瀨忠震)와 해리스가 조약의 내용을 둘러싸고 13회에 걸친 교섭의 결과 체결되었습니다. 쌍방은 최대한 논의를 다했던 것입니다. 조약의 제1의 테마는 무역 방식에 관한 것이었습니다. 통상조약에 관해서는 불평등조약이었기 때문에 일본에게 일방적으로 불리했다고 전합니다. 분명히 영사재판권과 편무적인 최혜국조항, 협정관세는 불평등조약임에 틀림이 없었습니다. 그러나 막부 측도 해리스의 주장을 일방적으로 받아들인 것만은 아니었습니다. 통상과 관련된 중요한 문제에 대해서 끝까지 논의를 다하였고 일본 측의 주장을 관철시켰습니다. 한 가지 예를 소개하지요.

이 중요한 문제에 대해서 언급하기 전에, 예를 들어 영사재판권의 채용에 대해서 조금 생각해 봅시다. 일본 측이 외국인에 대한 재판권을 방기했다는 점은 주권국가의 입장에서 보면 있을 수 없는 불평등조약이라고 할 수 있습니다. 주권국가란 법률을 주권 영역 내의 모든 부분에 적용하는 국가입니다. 그러나 에도(江戶) 일본은 주권국가가 아니었습니다. 다이묘(大名〔영주〕)는 각각의 번령(藩領) 안에서 자신의 재판권을 행사하고 있었습니다. 만약에 막부가 구미인들에게 재판권을 행사하려면 우선 일본 국내의 그러한 재판권의 분산이 커다란 장애가 되었을 것입니다. 메이지유신 이후 메이지 정부는 영사재판권을 해소하려고 노력하였습니다만, 결국 일본에 중앙집권적인 재판 제도가 정비될 때까지는 그 해소가 불가능했다는 것이 실상이었습니다(1899년에 해소됨). 또 만약에 막부가 외국인에게 재판권을 행사했다고 하더라도 재판의 진행 상황을 둘러싸고 막부와 구미 국가 간에 격렬한 충돌이 발생했을 것입니다. 막부와 구미 국가는 법률도 서로 전혀 다른 이질적인 문화였습니다. 에도 막부와 같이 주권국가가 아닌 상황에서는 영사재판권은 어쩔 수 없는, 아니 오히려 필요한 제도였다는 측면도 있습니다.

## 자유무역 제국주의와 일본

통상교섭에서도 일미수호통상조약 속에 일본에게 유리한 조항이 있었다고 최근에 평가받게 되었습니다. 여기서 통상에 관련된 중요 문제에 대해 설명하겠습니다.

앞에서 페리가 막부에 교부한 아메리카 대통령이 장군 앞으로 보낸 편지를 읽어 보았습니다. 편지에는 막부에게 '구법을 고쳐 양국 간의 자유무역을 허락하신다면 양국에게 매우 상당한 이익을 초래할 것'이라고 자유무역을 권유하고 있습니다(그 부분을 앞에서 인용했습니다). '양국에게 매우 상당한 이익을 초래한다' 는 설명은 사실이었을까요?

『막말·유신(幕末·維新)』에서는 페리가 막부 전권인 하야시 다이가쿠노가미(林大学頭=하야시 후쿠자이〔林復斎〕)[10]에게 자유무역을 주장하며 압력을 가하는 장면, 또 러시아의 푸티아틴이 가와지 도시아키라(川路聖謨)와 통상을 둘러싸고 논쟁을 벌였던 장면을 소개하였습니다.

페리는 교역은 '있고 없음을 통하여' 서로의 '국익' 이 되기도 하는 것으로 결코 '(일본에게) 불리한 것'(불이익)은 되지 않을 것이라고 압력을 가했습니다. 또 푸티아틴은 서로 '값싼 것' 을 매매하는 통상은 '나라를 부유하게' 하는 것이지 '나라에 해가 되는' 것은 아니라고 똑같은 논리로 일본 측에 압력을 가했습니다.

경제사 연구자들은 당시 영국 등의 자유무역 시스템을 자유무역 제국주의라고 부르고 있습니다. 여기서 그 요점을 정리해 보지요.

19세기에 들어와 프랑스와 아메리카, 오스트리아, 러시아, 독일에서도 강력한 보호정책하에서 자본주의적 생산이 형성되었기 때문에, 영국 제품은 유럽에서 세계 각지의 후발 지역으로 시장을 옮겨갔습니다. 압도적인 생산력의 차이에 의해 값싼 제품을 대량으로 후발 지역에 수출합니다. 수출된 상품은 주로 면포였습니다. 그로 인해 후발 지역의 면업을 중심으로 한 재래 산업이 파괴되었던 것입니다(후발 지역의 재래 산업은 종종 상당한 정도로 발전하고 있었음에도 불구하고 말입니다).

---

10  하야시 후쿠자이(林復斎, 1801~1859년)는 에도 시대 말기의 유학자, 외교관이자 막부 주자학자 하야시 집안의 당주이다. 1854년 페리의 2차 내항 당시 응접관으로서 페리와의 교섭을 담당하였다. 통칭은 다이가쿠노가미(大学頭).

후발 지역은 원료나 식량의 공급국, 공업 제품의 수입국이 되어 구미 자본주의에 종속되는 경제 구조로 변해 갔습니다.

이것이 자유무역 제국주의의 극히 기본적인 모습입니다. 이상에서도 알 수 있듯이 자유무역 제국주의 시대의 무역은 후발 지역에게 있어서 유익한 것이라고만은 할 수 없으며, 오히려 해가 되는 측면이 많았던 것입니다. 그 국가의 자생적인 근대화의 기반을 이루는 재래 산업이 파괴될 수도 있는 것입니다. 푸티아틴과의 외교를 담당했던 가와지는 값싼 물건을 교역하는 것이 이익이라는 설에는 '이치에는 맞다(道理)'고 찬성하고 있습니다만, 무역이 국가를 부유하게 한다는 설에는 가와지에게 선물로 보내온 훌륭한 탁상천문시계를 예로 들면서 '일본인은 가진 것을 전부 다 바치고 벌거숭이가 되어버리겠지요'라고 노회하게 부정하고 있습니다(『곤차로프 일본원정기』). 밑바닥부터 공직 경력을 쌓았고 민간 행정 경험도 풍부했던 가와지는, 구미와의 무역의 위험성을 이미 살펴보고 있었다고 생각합니다(나중에 언급하겠지만 일본에서는 외국 상인의 활동에 제약을 가했습니다. 그럼에도 아메리카 남북전쟁의 영향도 있어서 일본산 면화가 대량으로 수출되었고 면포 수입과 더불어서 발전하고 있던 면직물업은 직물업자들에게는 막대한 피해를 낳게 하였습니다).

한편으로 영국 이외의 구미 제국은 19세기 전반에는 수입 금지를 실시하여 '세계의 공장'이 되어 있던 영국에 대항하여 자국 산업의 성장을 꾀했습니다. 19세기 중반에는 수입 금지를 완화시키지만 중요 품목에 대한 부분적인 금수(프랑스, 러시아)를 시행하거나 혹은 일시적으로 50%에 육박하는 고율 관세(아메리카)를 부과하였습니다. 구미 측은 무역이 자국에게 불이익을 초래할 수 있다는 것을 잘 알고 있었습니다. 무역이 국익에 손해를 끼치지 않는다고 큰소리치던 구미 국가들은 진실을 말한 것이 아니었습니다. 그러한 교섭을 담당했던 막부의 관리들은 그 거짓말을 단 한 사람도 믿지 않았습니다. 후세의 역사가들에게 평가받지 못하고 오히려 근대적인 무역에 대해 무지했다고 비난을 받게 됩니다만.

## '외국 상인으로 북적대는' 요코하마(横浜)

아직 『막말·유신(幕末·維新)』에서는 소개하지 못했습니다만, 통상조약 교섭에서 막부 관리가 무역에 관한 중요 문제에 대해서 일관되게 저항하였다는 부분이 있습니다. 외국인 여행권 문제입니다.

이 외국인 여행권 문제가 일본 국내 시장에 대한 외국 상인의 침입을 방어하는 역할을 한 것으로 최근에 경제사 연구자들에게 주목을 받고 있습니다. 일미수호통상조약과 같은 시기에 체결된 중국의 천진조약에서는 외국인 여행권은 중국 국내 전체를 대상으로 승인되었습니다. 그것에 비해서 일본에서는 원칙적으로 외국인 여행권은 100리(약 40킬로미터) 이내로 제한되어 있었습니다. 외국인 여행권에 대한 제한이, 일본인을 고용하여 미리 거액의 자금을 가불해 주고 산지에 파견하는 등 위법에 가까운 여러 가지 수단을 통해 국내 시장으로 진출하려고 시도했던 외국 상인의 국내 침입을 방지했던 것입니다. 외국 상인 스스로가 산지에 갈 수 없다는 규칙은 중요한 역할을 담당했던 것입니다.

현대의 대표적인 경제사학자인 이시이 간지(石井寬治) 교수는 다음과 같이 지적하고 있습니다. 개항장에서 판매를 원하는 일본의 유력한 도매상 계층이 형성되지 않는 한, 외국 상인들이 위와 같이 산지 매입을 하려는 시도가 반복되어 나타나는 것을 생각할 때, 라고 하면서 이시이 교수는 다음과 같이 말합니다. 이 문장이 매우 중요합니다. 인용해 보지요. 1981년에 개최된 콘퍼런스 기록『세계 시장과 막말 개항』에 실려 있는 이시이 간지 교수의 발표문입니다.

> 막말 요코하마에 구름처럼 모여든 생사(生絲) 상인(판매도매상)의 역사적 역할은 외국 상인의 국내 유통 과정에 대한 진입을 저지한 점에서도 새롭게 평가되어야 할 것이다.

외국 상인의 여행권이 규제된 것만으로는 충분한 것이 아닙니다. 일본 국내에서 요코하마의 외국 상인에게 생사 등을 판매하는 일본 측의 판매 상인(이시이 교수는 판매 도매상이라고 칭합니다)이 쇄도하여 가게를 낸다, 이시이 교수의 표현에 따르면 '구름처럼 모여드는' 것이 필요했습니다. 실제로 요코하마에는 판매 상인이 구름처럼 모여들어 외국 상인의 침입을 방지했습니다. 이시이 교수는 여행권의 제한과 판매 상인의 운집, 이 양자가 일본의 민족적인 방어벽이 되었다고 평가하고 있습니다.

일미수호통상조약을 맺는 조약 교섭에서 해리스는 미국인의 여행권을 일본 측에 요구하는 것은 여행지 각지에서 '산업의 양상'을 살피는 것 이외에는 '별다른 뜻이 없다' 고 발언하며 일본 국내 자유 여행권을 요구하였습니다.

해리스의 통상조약 외교에 대해 뛰어난 분석을 행한 것은『요코하마시사(橫浜市史)』제2권입니다. 아직까지 이 책을 뛰어넘는 연구가 없다고 해도 과언이 아닐 것입니다.『요코하마시사(橫浜市史)』는 해리스의 위의 발언에 대해 '외국이 우리 국내 경제를 지배하는 단서가 될 수 있다' 며 상업상의 목적을 위한 주장이라고 지적하고 있습니다. 이 부분을 집필한 사람은 근대 일본 외교사학자인 이시이 아키라(石井孝) 교수로 적확한 지적을 했습니다. 하지만 이에 대한 막부 관료의 응답에 대해, 막부 관료가 일본인의 '정서에 맞지 않고' '국내의 불안' 을 초래한다는 식의 '상당히 감정적인 발언을 하였다' 며, 외국인 여행이 초래할 인심 불안을 예상하여 오로지 감정적으로 격렬하게 반발하였고 이로 인해 해리스의 여행권 요구가 철회되었다는 것처럼 설명하고 있는 부분은 막부의 외교가 '반미개' 한 것으로서 수준이 낮았다는 선입관이 작용하고 있었다고 생각합니다. 그렇지만 이『요코하마시사(横浜市史)』에서의 평가가 지금도 정설이 되어 종종 인용되고 있습니다.

　사실 관계를「대화서」의 기록에서 인용해 보지요. 전전부터 간행되고 있는『대일본고문서 막말외국관계문서』제18권에 일문일답이 게재되어 있으니까 막부 관리가 해리스의 발언에 대해 언급한 반론 중에서 두 가지를 사례로 들겠습니다.

　[가나가와(神奈川〔지금의 요코하마〕)를 개항하여] 무역이 시작되고나면 제 상민들이 운집하여 순식간에 대도시가 될 것은 의심할 바 없는 일로서……

　요충지를 개방하게 되면 전국의 산물이 착착 모여들 것이고 조금도 (상업상의) 지장이 없을 것이다.

　막부 관리 이노우에 기요나오 등은 가나가와(실제로 개항한 것은 남쪽 인근의 요코하마 촌이었습니다)는 무역을 개시하면 '제 상민이 운집하여' 순식간에 큰 도회지가 될 것이고, 그곳에 전국의 산물이 모여들 테니까 외국인의 국내여행권은 필요 없다고 해리스에게 반론하고 있습니다. 막부 관리는 같은 취지의 발언을 반복하고 있습니다. 이 막부 관리의 발언은 실은 이시이 간지 교수가 지적했듯이, 일본 상인이 요코하마에 운집하여 외국 상인의 진출을 막았다고 하는 말과 같은 것입니다. 막부 관리는 일본 상인이 운집하여 개항장이 대도시가 되는 것, 거기에 산물이 모여들 것을 예견하고 있습니다. 역사는 요코하마 촌이 보여주듯이 현실적으로 그렇게 되었습니다. 더구나 막부 관리도 '운집(원문에서는 위집[蝟集])' 한다고 하는 현재의 경제사가들과 같은 표현(한문)을 사용하면서 같은 사항을 발언하고 있다는 점에 감동을 받지 않을 수 없습니다(위[蝟]는 고슴도치 털을 의미하는 단어로 '위집'은 떼를 지어 모여든다는 뜻입니다).


## '반미개' 측으로 이행하는 상상력

교섭 기록은 해리스가 '여러 가지로 비유, 반복, 강변'을 하였다고 기록하고 있습니다. 그러나 막부 관리는 '그것은 받아들이기 어려운 이야기다. 모쪼록 철회하기를 바란다'며 계속해서 외국인 여행권을 거부하였습니다. 이노우에 기요나오 스스로가 필요해서 아타미(熱海)와 에도(江戶)에서 안피지(雁皮紙, 일본의 최고급 종이—옮긴이)를 구하고자 했을 때, 물산이 모여드는 에도에서 싸게 구할 수 있었다는 경험담을 해리스에게 설명하는 등 교섭에 최선을 다하고 있습니다.

막부 관리는 판매상이 외국인 상인의 진출을 방지하는 방벽이 될 것을 명석하게 알고 있었던 것입니다. 지금까지 우리들은 막부 관리들의 외교 교섭이 열등한 것이었다고 너무나도 지나치게 과소평가해 왔습니다.

판매 상인이 요코하마에 '운집'하고 그중에는 이와시야(鰯屋), 노자와야(野沢屋), 요시무라야(吉村屋), 나가키야(永喜屋), 스기무라야(杉村屋) 등의 대형 판매상들도 등장하고 있습니다. 외국 상인의 국내 진출을 위한 여행권은 그 후에도 주어지지 않았고 일본 국내 시장을 지킬 수 있었습니다. 국내 시장은 우연히 지킬 수 있었던 것이 아니라 막부 관리들의 그러한 외교 노력이 있었기 때문입니다.

앞에서 인용한 '요충지를 개방하게 되면 전국의 산물이……'에 이어서 막부 관리는 '일본의 상민조차도 일본 전국을 여행하는 자는 한 사람도 없다'며 반론하고 있습니다. 에도 일본의 여행 시스템에서 보더라도, 그리고 상인의 자금력으로 보더라도 그 말이 타당합니다. 만약에 막대한 자금과 항해가 자유로운 증기선을 가진 외국 상인에게 자유로운 국내여행권이 인정되었더라면, 일본 국내 시장은 그 끝을 알 수 없는 타격을 받았을 것입니다. 구미의 일반성(萬國一般)을 주장하는 해리스에 대해 막부 관리가 '일본에는 일본의 국법이 있다'며 일본의 독자성을 계속 주장했던 의미는 매우 컸다고 생각합니다. 이렇게 군사력에 의존하지 않고 일본의 자립은 지켜졌던 것입니다.

위에서와 같이 막부 외교가 무지무책이었던 것은 아니라는 점을 지적하였습니다. 제가 가장 설명하고 싶었던 것은, 시점을 구미 중심에서 그 반대편으로 옮겨보자는 복합적 시각과 유연한 역사적 관점이 필요하다는 점입니다. '반미개'한 에도 일본이라는 문명 측의 시선으로 보면 다양한 사실들이 은폐되어 버립니다. 선입견에서 한걸음 나아가서 막부 측의 시점으로 옮겨갈 수 있는 상상력을 가지고 주의 깊게 관찰하면 서구의 사람들과는 다른 막말 에도 일본의 개성적이고 매력적인 모습이 차례차례로 떠오를 것입니다.


## 자립의 출발점


지금까지 개국 당시에 무위무책이었던 막부가 일방적으로 불평등조약을 체결당하고, 그것에 대해서 조약반대라는 국내 여론을 등에 업은 천황과 조정이 등장하여 조약을 거부하고 이로 인해서 막말의 정치사가 시작되었다는 '이야기'가 만들어졌습니다.

『막말·유신(幕末·維新)』에서도 서술하였듯이 막부는 군사력의 차이를 깨닫고 전쟁을 회피하면서 구미의 요구에 대해서는 정보를 집적하여 그 위험성을 알아차리고 구미 국가에 대한 양보를 가능한 한 축소하려고 노력한다는 노선을 채택하였습니다. 교섭 기록인 「대화서」도 공개하여 다이묘(大名)들의 합의와 여론을 주도하였습니다. 점진적인 개국 노선입니다. 에도 일본의 자립은 판매상들이 운집한 것에서도 보이듯이 일본 경제의 성숙과 막부의 점진적인 개국 노선에 의해서 지켜낼 수 있었던 것입니다.

홋타 마사요시(堀田正睦)[11] 수석 로주가 외교 교섭을 담당했던

---

11 홋타 마사요시(堀田正睦, 1810~1864년). 에도 시대 말기의 다이묘로서 수석 로주(老中)를 지냈다. 시모소오 사쿠라번(下総 佐倉藩)의 제5대 번주(藩主).

막부 관리 가와지 도시아키라(川路聖謨)[12]와 이와세 타다나리(岩瀬忠
震)[13]를 동반하여 교토에 가서 자세하게 사정 설명을 하겠다고 사전에
조정에게 약속을 했음에도 불구하고, 고메이(孝明) 천황은 홋타가 교
토에 도착하기 전에 '막부의 로주가 상경하여 설명을 한다고 하지만
절대 (조약 체결에 대한 승인을) 허용해서는 안 된다' '개항은 허락할 수 없
다' '(외국 선박은) 무력으로 쫓아내야 할 것이다' 라고 표명하였습니다
(1월 26일 천황 서간). 『막말·유신(幕末·維新)』에서도 소개하였듯이 이러
한 천황의 언동은 대표적인 다이묘 시마즈 나리아키라(島津斉彬)[14]와
야마우치 토요시게(山内豊信)[15] 등으로부터 지지를 받지 못하였고, 오
히려 '백면서생이나 할 소리' '무모하다(야마우치 토요시게)' '내란이 발
생할 것이다'(시마즈 나리아키라)라고 강력하게 비판을 받았습니다. 그러
나 메이지 이후 그 중요한 사실은 특히 무시되었고, 천황이 마치 정쟁
의 중심에 서 있었던 것처럼 메이지유신사가 서술되어 왔습니다.

  개국은 막말 역사의 격동의 시작이었습니다. 일본의 자립을 지킬
수 있었던 사실을 총체적으로 알기 위해서는 그 후의 국제적 변동과
국내의 정치사를 언급할 필요가 있습니다. 『막말·유신(幕末·維新)』을
참조해 주십시오. 여기서 언급한 내용은 자립의 출발점입니다. 그러

---

12 가와지 도시아키라(川路聖謨, 1801~1868년). 에도 시대 말기의 하타모토(旗本〔장군의 직
  계 부하〕). 오사카부교와 간조부교를 거쳐 1854년 일러화친조약 체결의 실무를 담당하
  였다.
13 이와세 타다나리(岩瀬忠震, 1818~1861년). 에도 시대 말기의 막부 관리이자 외교관. 구미
  열강과의 교섭에 진력하였다.
14 시마즈 나리아키라(島津斉彬, 1809~1858년). 에도 시대 말기의 도자마 다이묘(外樣大
  名). 사쓰마번(薩摩藩) 제11대 번주(1851~1858년)이자 시마즈 집안의 제28대 당주(当主)
  이다. 공무합체파의 대표적 인물이었다.
15 야마우치 요도(山内容堂, 1827~1872년), 토요시게(豊信)라고도 한다. 막부 말기의 도자마
  다이묘. 도사번(土佐藩) 제15대 번주(1849~1859년).

나 외교 노력이 가능했던 막부 관리를 양성할 수 있었던 일본 정치의
내적인 성숙함, 그리고 판매상들이 운집할 수 있었던 에도 후기 일본
경제의 성숙함이 일본의 민족적 자립의 광대한 기초가 되었고, 그것이
메이지유신 전체의 기간(基幹)이 되는 지하 수맥이었다는 점에는 변
함이 없습니다.

**추천도서 5권**

① 시마자키 도손(島崎藤村),『새벽이 오기 전(夜明け前)』(이와나미〔岩波〕문고판, 2003년. 원본은 1935년 신초샤〔新潮社〕에서 단행본으로 간행됨)

지금까지도 역사소설의 최고 걸작. 문호 도손의 만년의 웅대하고 리얼한 필치는 오늘날까지 이와 비견할 만한 작품이 없을 정도입니다. 기소지(木曽路)의 호농가(豪農家)들의 시점이 잘 나타나 있습니다. 주인공은 임종을 맞이하는 자리에서 (메이지)유신에 대해 통렬하게 비판합니다. 감동적이지만 음울하게 묘사되는 하권(下卷)도 전전에 간행된 1935년 정본판(定本版)이 파시즘의 군화 발걸음 소리가 높았던 시절임에도 불구하고 발매된 직후부터 폭발적인 지지를 받았습니다.

② 다나카 아키라(田中彰),『메이지유신(明治維新)』(일본의 역사 24)(쇼가쿠칸〔小学館〕, 1976년. 나중에 고단샤〔講談社〕학술문고)

왕정복고 쿠데타 이후의 통사로서 높은 평가를 받았습니다. 매력적인 서술이 어려운 시대였지만 '류큐 처분' 으로 매듭을 지으면서 민중 운동을 도입하는 등 리버럴리스트로서의 모습으로 일관하고 있습니다. 또 다나카 데쓰(田中哲) 씨의『슈에이샤(集英社)판 일본의 역사 16 메이지유신(明治維新)』은 경제 통계 등을 구사하여 메이지 초기의 정국 변화를 알기 쉽게 묘사하였습니다. 두 책 다 학문적인 수준이 높은 유신 정부 시대의 통사입니다.

③ 하나사키 코헤이(花崎皋平),『조용한 대지(静かな大地) ─마쓰

우라 다케시로와 아이누 민족(松浦武四郎とアイヌ民族)』(이와나미〔岩波〕서점, 1988. 나중에 이와나미 현대문고)

홋카이도는 식민지 그 자체. 아이누 민족의 이러한 주장이 가슴에 남습니다. 메이지 정부의 팽창주의는 유신 초기부터 나타나고 있습니다. 오늘날의 '아이누 신법'이 불충분하다는 점에 대한 민족의 분노가 쉽게 말로는 설명할 수 없을 정도로 가슴속 깊이 끌어안고 있다는 것은 일반인들에게는 잘 알려져 있지 않습니다. 르포르타주 형식을 가미한 이 책은 메이지유신의 역사를 파악하고 가치 매김을 하는 유력한 길잡이가 될 것입니다.


④ 요시무라 아키라(吉村昭), 『황혼의 연회(落日の宴) 간조부교 가와지 도시아키라(勘定奉行　川路聖謨)』(고단샤〔講談社〕, 1996년. 나중에 문고판)

『막말·유신(幕末·維新)』에서도 소개한 막부 관리 가와지에 대한 전기소설입니다. 최근에 나온 책으로는 막부 관리 나카지마 사부로스케(中島三郎助)[16]를 다루고 있는 사사키 유즈루(佐々木譲) 씨의『흑선(くろふね)』등 막말의 역사소설은 패배자를 다루고 있는 작품 중에 우수한 것들이 많습니다. 요시무라 씨는 패배자인 막부 관리가 역사상 중요한 역할을 담당했다고 여러 차례 증언하고 있습니다. 그러한 대국적인 역사관이 존경스럽습니다.


**16** 나카무라 사부로스케(中島三郎助, 1821~1869년). 에도 막부 말기의 관리, 페리 내항 당시 우라가(浦賀) 부교소(奉行所)의 요리키(与力). 포술 전문가로 왕정복고 직후 무진전쟁에서 끝까지 항전하다 하코다테(箱館)에서 전사하였다.

⑤ 와타나베 쿄지〔渡辺京二〕, 『망국의 그림자〔逝きし世の面影〕』(아
시쇼보〔葦書房〕〔후쿠오카〕, 1998년. 와쓰지 테쓰로〔和辻哲郎〕문학상 수상, 나중에
헤이본샤〔平凡社〕라이브러리문고)

처음에 지방 출판사에서 간행되었다가 페이퍼북으로 재간되었
습니다. 처음 나왔을 때부터 감명을 받았던 책입니다. 막말 에도의 인
간 군상, 자연, 동물, 박물 등을 묘사하였고 서술도 매우 치밀하고 신선
합니다. 단순한 회고적인 작품이 아니라는 것은 마지막 장 '마음의 울
타리〔心の垣根〕'를 읽어보면 알 수 있습니다. 아날학파(Annales School)
등의 역사학을 이해하고 쓴 작품으로 판단되는데, 한 번 잡으면 끝
까지 읽게 만드는 점에서도 최근에 나온 최고의 작품이라고 생각합
니다.

# 제2장 왜 메이지 국가는 천황을 필요로 했던가?
## —마키하라 노리오(牧原憲夫)—

## 담장(fence)치기와 경쟁

본 시리즈의 제2권인『민권과 헌법(民權と憲法)』이 다루는 시대
는 1877(메이지 10)년 서남전쟁에서 1890년의 제국의회 개설까지의 10
여 년간입니다. 제목이 말해주듯이 헌법과 의회를 둘러싸고 메이지
정부와 자유민권파가 격렬하게 대립하면서 일본 역사에서 처음으로
많은 사람들이 '국가의 상태'에 대해서 진지하게 논의하고 행동한 시
기였습니다. 자유민권운동은 그 후의 정치 사상·문화에도 커다란 영
향을 미쳤고, 제2차 세계대전 후의 신헌법 제정 과정에서는 민권파의
헌법 초안이 참고가 되었습니다.

한편으로 민권운동을 탄압한 메이지 정부에 대해서는 1960년대
까지 반봉건적인 전제 권력이라는 비판적인 견해가 주류를 점하고 있
었습니다만, 그 이후에는 단기간에 독립된 근대 국가의 기초를 굳게
쌓은 공적을 강조하는 견해가 점차 유력해졌습니다. 이러한 평가의

대립은 어느 한 쪽이 정당하다고 하기보다는 '근대' 라는 시대의 양면 성으로서 통일적으로 파악하는 것이 좋지 않을까요.

또 '민권과 헌법' 문제를 국내 정치 면에서만 파악할 수도 없습니다. 경제적으로는 근대 산업의 성립과 동시에 자작농의 몰락이 촉진되었으며, 대외 관계에서는 대만 출병, 류큐왕국 병합, 에조치(蝦夷地)[17]·지시마(千島) 열도·오가사하라(小笠原) 제도의 영도화, 가라후토(樺太〔사할린〕)·지시마 열도의 아이누에 대한 강제 이주가 행해졌고, 나아가 조선에 대한 불평등조약의 강제와 무력 도발이라는 사건이 계속됩니다. 그런데 민권파의 대다수는 이런 현상에 대해 진심으로 비판하기는커녕 오히려 지지하는 입장으로 돌아섭니다. 이것은 민권파가 돼먹지 않아서일까요? 아니 여기서도 근대의 특질이 잘 나타나 있다고 생각하는 편이 좋지 않을까요. 제2권은 그러한 문제 의식에서 출발하였습니다.

키워드로는 '담장치기' 와 '경쟁' 을 설정하였습니다. 원래 누구의 소유도 아니었던 토지에 말뚝을 박고 '내 땅이다, 내 맘대로 사용할 거다, 아무도 들어오지 마라' 라고 선언하는 것이 바로 사적 소유권의 주장이며, 이러한 담장치기의 논리가 개인의 자유를 존중하는 근대적 권리론과 소유권자의 동의 없이 세금을 부과할 수 없다는 조세공의권(租稅共議權, 즉 참정권)의 기초가 되고 있기 때문입니다. 영토와 국민을 담으로 둘러싼 근대 국가가 외국의 간섭을 내정 간섭이라고 거부하

---

17 에조치(蝦夷地)는 일본인이 아이누 거주지를 가리키는 말로서 에도 시대에 사용되었다. 현재의 홋카이도(北海道) 대부분과 사할린(樺太), 지시마(千島) 열도를 포함한다. 그 이전에는 에조노 쿠니(蝦夷国)라고 부르기도 했다. 아이누들은 그들의 섬을 '아이누 모시리' 라고 불렀다.

거나, 한 국가 단위의 국민 경제의 확립을 지향하는 것도 그러한 일환이었습니다. 또한 근대 사회의 발전에 따라 개인과 가족이 친척이나 이웃들과의 관계보다 개인의 프라이버시를 더 중요시하고 결국에는 '내 몸인데 어떻게 써먹든 내 마음대로다' 며 여고생이 볼멘소리를 하는 것도 담장치기와 사유 제도의 표현이라고 할 수 있겠지요.

담장치기는 또 그 내부에 새로운 차별과 서열을 만들어 냅니다. 이것이 없으면 지배 질서를 구성하거나 자본주의를 기능하게 할 수 없기 때문입니다. 그리고 우승열패(優勝劣敗)의 자유 경쟁이 자유·평등이라는 깃발을 내세우는 근대 사회의 원칙이 됩니다. 에도 시대라면 통치권을 독점하는 영주에게는 '인정(仁政)' 즉 영지의 백성이 안심하고 생활할 수 있도록 배려할 책무가 있었고, 부자들에게는 악독한 사적 이익을 추구하는 것을 자제하는 '덕의(德義)' 가 요구되었습니다. 농촌은 연공 납입에서 연대 책임을 지는 것과 동시에 상호 부조의 공간이기도 했습니다. 그러나 메이지 초기의 지조 개정을 통해서 납세는 개인의 책임이 되었고, 인정이나 덕의도 부정되어 버립니다. 누구한테도 도움을 바랄 수도 없고 죽도록 일을 해서 남을 짓밟고 올라가지 않으면 부와 사회적 지위를 손에 넣을 수 없는 그러한 시대가 찾아옵니다. 더구나 가난은 정부나 부자들의 책임이 아니라 본인의 능력과 노력이 부족하기 때문이라고 간주됩니다. 학력 사회는 그러한 전형적인 사례겠지요. '사람이 태어나면서부터 빈부귀천의 차별은 없다, 다만 열심히 학문을 닦고 세상 물정을 잘 아는 사람은 귀인(상류 계급)이 되고 부자가 되며, 무식한 사람은 가난뱅이가 되고 하층민이 된다' 고

후쿠자와 유키치(福沢諭吉)[18]의『학문의 권장(学問のすすめ)』에서도 명언하고 있습니다.

자유민권운동 그룹은 이러한 근대의 논리를 정부와 공유했던 탓에 의회 개설에 대한 주도권을 둘러싸고 (정부와) 격돌하면서도 한편으로 자유 경쟁과 국권 확장 등을 주장하였던 것입니다. 제2권이 민권, 헌법과 더불어서 외교, 경제, 교육, 가족 등을 중시했던 것도 근대 국가의 성립이라는 이 시기의 특징을 전반적으로 파악하고 싶었기 때문입니다.


### 3극 구조


물론 실제로 민권운동이 조세공의권 논리만으로 움직였던 것은 아닙니다. 막말의 정치 투쟁에서도 시마즈 나리아키라(島津斉彬)[19] 등 유력 다이묘(大名)가 외교와 같은 전국적인 차원의 문제를 막부에서만 결정해서는 안 된다고 주장했던 것이 발단이었습니다. 이윽고 군주전제·입헌군주제·공화제 등의 정치 체제의 차이와 의회 제도에 관한 기초적인 지식이 가토 히로유키(加藤弘之)[20]나 쓰다 마미치(津田真

---

18 후쿠자와 유키치(福沢諭吉, 1834~1901년). 메이지(明治) 시대의 계몽사상가로 게이오대학교(慶応義塾)의 창립자이다. 막말의 관리를 그만두고 저술 활동에 몰두하였다. '하늘은 사람 위에 사람을 만들지 않았고 사람 아래에 사람을 만들지 않았다'로 시작하는『학문의 권장(学問のすすめ)』(1872년 초편)이 전체적으로 340만 부나 팔리는 베스트셀러 작가가 되었다. 후쿠자와에 대한 평가로는 자유주의자, 민주주의자, 합리주의자라는 등의 높은 평가도 있지만 서양숭배론자, 메이지 정부의 대변인적인 어용사상가, 일본맹주론에 입각한 아시아주의자로 전향했다는 비판 등 다양한 평가가 있다.
19 주 14 참조.
20 가토 히로유키(加藤弘之, 1836~1916년) 일본의 정치학자, 교육가, 관료. 도쿄학사원회

道)[21] 등 막부 계열의 지식인들에 의해 소개되기 시작하였고, 반막부파 지도자들에게도 헌법과 의회에 대한 초보적인 이미지가 전해졌습니다. 장군 도쿠가와 요시노부(德川慶喜)[22]도 1867년에 유력 제번 중신들의 합의라는 형식을 취하며 대정봉환(大政奉還, 도쿠가와 요시노부가 메이지 천황에게 통치권을 반납하는 것을 선언한 정치적 사건—옮긴이)을 감행하여 제후회의(諸侯會議)의 주도권을 장악함으로써 권력을 유지하려고 하였습니다. 이러한 기도는 왕정복고 쿠데타와 보신(戊辰) 전쟁으로 인해 저지되었습니다만, '공의여론의 존중'은 존왕양이파가 막부를 공격할 때의 기치였기 때문에 메이지 정부라고 하더라도 간단하게 부정할 수 없었습니다. 5개조 서문과 제번의 대표 등으로 구성된 자문기관(공의소〔公議所〕)의 설치는 그러한 취지에 의한 것입니다.

그러나 무엇이 여론인지는 명확하지 않고 공의존중이라고 해서 평화적인 것이라고 단정할 수도 없습니다. 자신들의 주장이야말로 공론이라고 주장하면서 무력 항쟁으로 나아가든가, '여론에 따르라'고 외치면서 권력을 쥐자마자 여론을 훼방꾼으로 취급하는 경우도 드물지 않았습니다. 근대 국가 건설을 서두르는 메이지 정부도 역시 농민 봉기와 사족 반란을 폭력적으로 억압하면서 지조 개정, 징병제, 질록(秩祿, 녹봉—옮긴이) 처분 등을 실현시켜 나갔습니다.

장, 도쿄제국대학총장, 귀족원의원, 추밀고문관 등을 역임했다.
**21** 쓰다 마미치(津田真道, 1829~1903년) 에도 막부 말기의 막부 관리, 메이지 시대의 관료이자 계몽학자. 후쿠자와 유키치, 모리 아리레이, 니시 아마네, 가토 히로유키, 니시무라 시게키 등과 메이로쿠샤(明六社)를 결성하여 서구 문명 등을 소개하는 활동을 하였다.
**22** 도쿠가와 요시노부(德川慶喜, 1837~1913년). 제9대 미토번주(水戶藩主)인 도쿠가와 나리아키라(德川齊昭)의 일곱 번째 아들로 출생. 어렸을 때부터 총명함으로 유명하여 도쿠가와 장군가를 부흥시킬 재목이라고 칭송되었다. 에도 막부 제15대 정이대장군(장군재직 1867~1868년)으로 에도 막부 마지막 장군이다. 메이지유신 후 말년에 공작의 작위를 받았고, 귀족원의원을 역임했다.

한편으로 메이로쿠샤(明六社) 동인들을 비롯한 지식인들은 문명
개화의 입헌 국가에서는 국가의 주된 관심사가 인민이며, 인민들에게
는 토지사유권 등의 권리와 의무가 있다(가토 히로유키, 『국체신론[國體新
論]』), 서양의 군주는 마차의 마부와 같은 존재이며 승객인 인민의 희
망에 따라 마차를 몰지 않으면 안 된다(스마일즈, 나카무라 마사나오[中村
正直] 역, 『서국입지편』)는 등의 계몽에 주력하였습니다. '천하는 천하
의 천하이지 군주 한 사람의 천하가 아니다'라고 하는 옛날부터의 정
치 이념이 이것과 겹쳐졌습니다. 그리하여 국민 평등인 이상 국민은
국정참가권이 있고, 사상 표현 등의 자유도 존중되어야 한다는 주장
이 사족뿐만 아니라 영주 등의 지역 지도자층과 농민, 상인들의 공감
을 불러일으키게 되었습니다. 에도 시대에도 마을 지도자 등을 투표
로 뽑는 관행이 있었으니까 선거와 의회는 그다지 이상한 것이 아니었
다고 생각합니다.

다만 이 나라에서 자유롭게 생활하는 이상 국가를 위해서 한 목
숨을 바칠 각오가 필요하며 '정부만이 나라를 책임지고 있고 옆에서
이를 구경하고 있는 '손님(客分)'이 되어서는 안 된다(『학문의 권장』)'
고 후쿠자와는 역설하고 있습니다. 구 막부의 신하였던 가쓰 카이슈
(勝海舟)[23]와 에노모토 다케아키(榎本武揚)[24]가 적군이었던 메이지 정

---

23 가쓰 카이슈(勝海舟, 1823~1899년)는 에도 막부 말기의 막부 관리, 메이지 초기의 정치
   가. 에도 출신으로 통칭 린타로(麟太郎)라고 불렸고, 카이슈(海舟)는 호(號). 1860년 막부
   의 관리로 미국에 간 경험이 있고, 메이지 왕정복고 당시 막부 측 대표로 에도를 무혈 개
   성한 것으로 유명하다. 메이지유신 후에는 추밀고문관 등을 역임하고 백작의 작위를 받
   았다.
24 에노모토 타케아키(榎本武揚, 1836~1908년). 에도 막부의 관리, 메이지 시대의 정치가,
   외교관을 역임하였다. 왕정복고 쿠데타 직후의 내전인 보신(戊辰)전쟁에서는 메이지 신
   정부에 저항하여 하코다테(箱館)의 고료가쿠(五稜郭)에서 분전하였다. 항복한 이후에는
   메이지 정부에 기용되어 외교관, 농상무대신, 추밀고문관 등을 역임하였고 자작의 작위

부의 대신이 된 것을 후쿠자와가 비판했던 것도 '두 명의 주군을 섬기지 않는다(不事二君)'는 무사의 윤리에 반하기 때문이 아니라, 그들을 본으로 삼아 '외적이 쳐들어 오면 우리 일본 국민이 …… 수단 좋게 스스로 해산한다', 즉 일본 민중이 외국의 지배를 간단히 받아들여 버릴 수도 있다는 것에 대한 두려움 때문이었습니다(「의리론〔야세가만노 세쓰瘠我慢の説〕[25]」, 1877년 집필). 국경선으로 둘러싸인 주민이 내셔널 아이덴티티를 갖지 않으면 근대 국가는 충분히 기능할 수 없고 무엇보다도 외국과의 경쟁과 전쟁에서 이길 수 없다는 것입니다.

그리고 국가의 운명과 자신의 운명은 불가분이라고 의식하지 않으면 국정 개혁에 강한 관심을 가질 수도 없습니다. 민권파가 신문과 연설회에서 국민으로서의 자각(애국심)을 호소하고 징병 기피를 비난한 것은 그 때문입니다. 여기서 키워드는 '국민' 입니다. 에도 시대의 서민은 완전한 '손님(客分)' 이었습니다만, 촌락의 지도자층은 촌청제(村請制)[26]하에서 지역 사회의 정치 지도자로서 활동하였고 막말의 대외 관계에 대해서도 위기감을 가지고 있었습니다. 그래서 후쿠자와와 민권파의 주장에 대해 별다른 위화감은 없었을 것입니다. 다만 '보국

를 받았다.
25 '야세가만노 세쓰'(瘠我慢の説)는 후쿠자와 유키치의 저술로서 여기서 말하는 야세가만(瘠我慢)이란 말은 사전적으로는 억지로 태연함을 가장한다는 뜻인데, 후쿠자와는 '개인적으로 국가와 주군에 대한 충군애국의 정을 갖는 것'이라는 의미로 쓰고 있다. 우리말로는 충성심 내지는 의리(義理)라는 의미와 유사하다고 할 수 있다. 가쓰나 에노모토는 막부의 관리이면서도 메이지 정부에 출사한 것은 결과적으로 막부에 대한 충성과 의리가 약했었다고 비난하고 있는 것이다. 과연 후쿠자와가 이런 말을 할 자격이 있는지는 매우 의문스럽다.
26 촌청제(무라우케세이〔村請制〕)란 근세 일본에서 조세인 연공(年貢)의 납부 및 각종 부역 등을 마을(村) 단위로 책임을 지고 납부하는 제도를 말한다. 근세 일본의 농촌인 촌락에서는 촌(村) 단위로 연공이 부과되었다. 촌락의 임원인 소야(庄屋) 등이 책임자가 되어 촌락 내의 연공을 징수하여 영주에게 납부하였다. 이러한 조세 제도는 메이지 시대에 지조 개정(地租改正)에 의해 해체된다.

심(報國心)'이 자국중심주의인 '편파심(偏頗心)'이라는 것(『문명론지 개략〔文明論之槪略〕』, 75년)을 자각하고 있었다는 점에 후쿠자와의 사상 가로서의 본령이 있었습니다.

한편 일반 민중들 중에서는 병역 따위는 정말 싫고 하루 세끼만 먹을 수 있다면 누가 천하를 차지하든 상관이 없다는 손님 의식이 뿌리 깊게 남아 있었습니다. 더구나 에도 시대의 센류(川柳)[27]의 비웃음의 시선이나 농민 봉기의 일종인 잇키(一揆)·우치고와시(打ちこわし)가 보여주듯이, 손님(客分)은 단지 정치적인 무관심이나 복종심이 아니라 정치를 곁눈질하면서 생활에 위협을 받으면 과감하게 이의 제기를 하는 피지배자 근성을 가지고 있는 존재였습니다. 메이지의 민중도 신정 반대 잇키를 일으키거나 공공연하게 정부를 비난하는 민권파의 연설에 박수 갈채를 보내고 있습니다.

결국 손님(客分)으로서 인정을 요구하는 민중과 국가를 주체적으로 짊어지고 나가려는 민권운동 사이에는 기본적인 격차가 존재하면서도, 양자는 반정부라는 점에서 공명하였고 정부에 커다란 위협을 가했던 것입니다. 그렇다면 이 시기의 정치 구조는 정부와 민권파의 양극이 아니라 민중을 포함한 3극 대립의 구도로 파악하는 것이 옳겠지요. 자유 경쟁, 학력 사회, 근대 가족 등의 가치관을 적극적으로 내면화해 가는 것도 상승 지향심이 강한 중간층이니까 정치 이외의 분야에서도 3극을 상정할 수 있을지도 모릅니다. 그렇다고 하더라도 서민도

---

27 센류(川柳)는 5·7·5 음조의 일본어로 된 시(詩)의 일종이다. 에도 시대의 전구사(前句師)인 가라이 센류(柄井川柳)가 선정한 구(句)를 중심으로 『하이후 야나기다루(誹風柳多留)』가 간행되어 유행하면서부터 '센류(川柳)'로 불리게 되었다. 하이쿠(俳句)에서 정형적인 계절어, 감탄어, 축약어를 사용하지 않고 세상, 인정, 인사를 익살스럽게 풍자하는 특징이 있다.

역시 점차 근대 국가의 국민이 되어 갑니다. 그러한 복합적인 관계를 제2권에서는 중요시하였습니다.

## 문명화의 추진 역할로서의 천황제

그런데 메이지 국가를 단순하게 근대 국가라고 말해도 좋을 것인가, 천황제 문제가 있을 것이다, 라는 의문을 가지는 분들이 많을 것입니다. 정말 그렇습니다. 다만 근대 천황제 형성기인 메이지 시기를 전근대와 1930년대 이후의 이른바 파시즘기라는 이미지로 파악해서는 안 됩니다. 제2권에서는 대상으로 삼는 시기가 제한되었던 점도 있어서 극히 간단히 언급할 수밖에 없었습니다. 여기서는 조금 더 시간 축을 길게 잡고 메이지 국가가 왜 천황(이라는 존재)을 필요로 했던가, 천황이 일본 근대 국가 건설에서 어떠한 역할을 담당했던가를 다시 한 번 생각해 보도록 하겠습니다.

먼저 첫째로 천황이라는 존재가 없었다면 막부의 해체와 중앙 집권 국가의 확립을 단시간 내에 실현하는 것은 매우 곤란했습니다. 의례적이라고 하더라도 조정이 무가 정권보다 위에 자리매김하고 있었기 때문에 막말의 정치 과정에서 존왕론이란 슬로건이 위력을 발휘하였던 것이고, 막부와 제번이 통치권 '봉환'을 거부할 수 없었던 것도 정치적, 경제적인 약체화만으로는 설명할 수 없습니다. 동시에 조정 내에서는 약 천여 년간 계속되었던 섭관가(攝關家)[28]의 특권도 부정되

---

28 일본 공경(公卿)의 가격(家格)을 말하는 것으로서, 천황을 대신해서 정치를 담당하는 셋쇼(摂政)·간파쿠(関白)에 임명되는 집안을 말한다. 헤이안(平安) 중기 이후에는 후지와

었습니다. 왕정복고란 천황의 이름에 의한 무가와 공가(公家)의 전통적인 지배 체제의 해체를 의미했습니다.

그러나 존왕양이를 기치로 권력을 장악했던 메이지 정부는 변절하여 개국 화친, 문명 개화 노선으로 달려가게 됩니다. 불평등조약의 개정을 실현하기 위해서는 서구 제국으로부터 '문명국'이라고 인정받지 않으면 안 되었습니다. 그 때문에 천황은 솔선하여 단발을 하였고 우유를 마시고 육식을 시작함과 동시에 인민들도 천황을 본받으라고 선전하면서 단발에 양복을 입은 천황의 사진이 현청 등에 내걸렸습니다. 한때 에이 로쿠스케(永六輔) 씨[29]가 '천황에게 기모노(着物)를 (입히자)!! 시민연합'(천착련[天着連])을 제창한 적이 있었습니다만 지금도 제사(祭祀)를 제외하면 황실의 정장은 양복이며 공식 만찬회는 프랑스 요리입니다. 메이지 천황은 개화의 모범이 되어 최고의 문명 브랜드가 되었던 것입니다. 당연히 진심으로 양이와 복고를 믿고 있었던 지사나 국학자는 불만이 쌓이게 됩니다. 시마자키 도손(島崎藤村)의 『새벽이 오기 전(夜明け前)』에서 묘사하고 있듯이 촌락 지도자층 중에서도 국학이 상당히 침투해 있었습니다. 막부, 번의 통치력에 불안을 느꼈던 그들은 천황과 연결시킴으로써 국가의 자립과 지역 질서의 재건을 꾀하였기 때문입니다. 권력을 무력으로 탈취하더라도 이데올로기적으로 정통화될 수 없다면 지배는 안정되지 않습니다. 문명화

라씨(藤原氏) 홋케(北家)인 구조(九条)의 계통이며, 가마쿠라기(鎌倉期)에는 거기에서 고노에(近衛)·구조(九条)·니조(二条)·이치조(一条)·와시쓰카사(鷹司)로 분립되어 에도 시대로 이어졌다.

29 에이 로쿠스케(永六輔, 1933~ )는 일본의 방송 작가이자 탤런트, 작사가, 수필가이다. 본명은 에이 다카오(永孝雄). 원래 작사가로 유명해졌지만 좌파도 우파도 아닌 자신의 신조(信條)에 입각한 합리적인 일본인관을 피력하는 소셜테이너로서 나름대로 일본 사회에서 일정한 지지층을 형성하고 있다.

하지 않으면 서구 제국에게 인정받을 수 없다는 변명으로는 역효과를 얻을 뿐입니다.

그래서 등장한 것이 '개화=복고'라는 도식이었습니다. 복고라는 이름에 의한 막번 체제 해체는 그 전형적인 것입니다만 국민개병제도 병농분리 이전으로의 복고이며 또한 '서양 제국 수백 년 이래의 연구 실천'과도 합치한다고 태정관(다조칸〔太政官〕[30] 고유〔告諭〕, 1872년)에서 역설하고 있습니다. 또 여자의 복제(服制)에 관한 황후의 의향서(思召書)(1887년)에서는, 저고리와 치마(衣裳)로 이루어진 투피스 형태가 고대의 복제이며, 상의를 길게 만들었을 뿐인 일본의 옷(和服)은 이에 반한다, '지금 서양의 여성복을 보니 치마와 저고리를 갖추고 있는 것이 우리나라(本朝)의 옛날 제도(舊制)와 같으며' 동작하기도 편리하니 힘써서 양복을 입으라고 설유하고 있습니다. 천황은 황후의 양장을 싫어했습니다만 이 이후 황후는 일상 생활에서도 꼭 드레스를 입고 있었다고 합니다(요네쿠보 아케미〔米窪明美〕『메이지 천황의 하루〔明治天皇の一日〕』, 신초샤〔新潮社〕, 2006년).

물론 '개화가 곧 복고다'라는 말은 말도 안 되는 논리지요. 첫째로 '본조(本朝)의 구제(舊制)'란 중국에서 유래한 율령제를 말하는 것이지 일본 고래(古來)라고는 할 수 없겠지요. 또 왕정복고 당시에는 '진무창업(神武創業)' 즉 천황 신화에서 시조로 전해지는 진무(神武) 천황대까지로 돌아간다고 해서 섭관제(摂関制=섭정·관백제도)를 부정했던 것입니다. 그러나 아무튼 개화는 복고와 모순되지 않는다고 말

---

30 태정관(太政官)은 원래 일본 고대 율령제에서 사법, 행정, 입법을 주관하는 최고 행정 기관을 말한다. 이것을 다조칸이라고 읽을 경우에는 메이지유신 신정부에서 개설된 관청 명으로 태정관은 의정관 이하 7관의 총칭이다. 1869년 이래 6성을 총괄하는 기관이었으나 1885년 내각 제도 발족으로 인해 폐지되었다.

해 버리면 반개화파, 복고파는 탄력을 잃어버리고 사민평등이나 징병제를 원리적으로 부정하는 것이 어려워집니다. 나아가 1873년 태양력을 시행하게 되면서 구래의 휴일이었던 오절구(五節句)[31]가 폐지되었고, 대신에 기원절(紀元節)[32], 천장절(天長節)[33], 신상제(新嘗祭)[34] 등의 축제일이 신설되었습니다. '달력에 의한 시간의 관리' 는 언제나 통치의 주요한 수단입니다만 서양력을 채용하는 한편으로 국가의 축제일은 전부 천황과 관련시켰던 것입니다.

　원래 최첨단 문명의 도입에 의해 천황의 권위를 확립한다고 하는 수법 자체가 고대에서의 중국화의 재현이었습니다. 그렇다고 하더라도 천황이 이데올로기적으로도 주도적인 역할을 담당함으로써 급속한 서양화가 정통성을 갖게 되었고 그로 인해 근대 일본에서 천황의 통치권이 확보될 수 있었다고 할 수 있겠지요.

---

**31** 오절구(五節句)란 당나라 때 중국의 역법의 영향을 받은 것으로 계절의 변화 시기에 홀수가 겹치는 날을 정해서 기념하던 행사이다. 한국에서도 전통적으로 지켜왔다. 즉 설날을 제외한 정월의 인일(人日)인 음력 1월 7일, 상사(上巳)인 3월 3일, 단오(端午)인 5월 5일, 칠석(七夕)인 7월 7일, 중양(重陽)인 9월 9일을 이르는 말이다.

**32** 기원절(紀元節)은 『일본서기(日本書紀)』에서 전해지는 진무(神武) 천황의 즉위일로 정해진 휴일(祭日)로서 1873년에 2월 11일로 정해졌다. 패전 이후 미군 점령기인 1948년부터 휴일 지정이 취소되었다가 1968년에 건국기념일이란 명칭으로 다시 부활하였다.

**33** 천장절은 천황의 생일을 축일로 삼아 휴일로 지정한 것이다. 그 기원은 중국 당나라 현종 때 노자의 '천지장구(天地長久)' 라는 말에 근거하여 천자의 생일을 기념하기 시작한 것에서 비롯되었다고 한다.

**34** 신상제(니이나메사이〔新嘗祭〕)는 궁중 제사의 하나로서 일종의 추수감사제이다. 매년 11월 23일에 천황이 오곡의 햅쌀을 천신지신에게 바치고 스스로 시식하는 추수감사 행사이다.

## 어진 군주(仁君)로서의 천황, 황후

다만 이것으로 천황의 통치가 서민들에게까지 받아들여지게 되었다고는 할 수 없습니다. 근대의 천황은 인군이 될 수 없기 때문입니다. '천황의 정부(天朝)가 있어도 없는 것과 같다면(아무 역할을 못한다면) 공화 정치를 하더라도 물가만 내려가면 그 편이 행복하다'고 말한, 교토에서 도쿄로 가는 동해도(東海道) 연변 시골 역참의 짐꾼들의 이야기가 1874년의 어느 건백서(가고시마 현 사족 아오야기 스케토모[青柳佑友])에 소개되어 있습니다. 물론 그들은 공화주의자가 된 것이 아니라 가난뱅이를 구제하는 것이 나라님이 할 일이라고 말하고 싶은 것이겠지요. 그렇지만 메이지 정부는 쌀값을 내리려고 하지 않았습니다. 도쿠가와(德川) 님이 더 좋았다고 하는 소리가 여기저기서 나오고 있었습니다.

그러한 가운데 정부는 천황의 장기 시찰 여행(지방 순행)을 반복하였습니다. 원래 이와쿠라 토모미(岩倉具視)[35] 등은 종래 천황이 인민에게 얼굴도 보이지 않는 것과 같은 '존대'한 태도를 취했던 것이 '상하격절(上下隔絶)'의 원인이며 서양의 제왕과 같이 직접 인민과 접하여 '국내 동심합체'에 힘쓰지 않으면 안 된다고 주장하고 있었습니다(오오쿠보 도시미치[大久保利通], 「오오사카[大阪] 천도건백서」, 1868년). 따라서 지방 순행에는 천황을 민중에게 어필함과 동시에 근대 국가의 군주

---

[35] 이와쿠라 토모미(岩倉具視, 1825~1883년)는 공경(公卿) 출신의 메이지 초기의 정치가. 교토 출신으로 처음에는 공무합체(公武合体)에 진력했지만 나중에 토막운동(討幕運動)에 참가하였고 메이지유신 후에는 우대신(右大臣)이 되었으며 특명전권대사로 구미를 시찰하였다. 귀국 후에는 정한파를 견제하고 내치우선, 천황제 확립을 위한 정책을 적극적으로 수행하였다.

로서의 자각을 천황에게 갖게 하는 목적도 있었습니다.

천황은 정부 요인을 거느리고 학교, 병원, 군대 등을 시찰하고 모심기를 하거나, 어촌에서 일하는 서민들을 만나서 공적이 있는 자를 표창하고, 노인과 이재민 등에게 하사금을 내려주면서 각지를 순회했습니다. 지역 사회에 끼친 영향은 컸으며 민권운동의 기반인 지역의 유력자층을 정부 측으로 끌어당기는 데도 효과적이었습니다. 천황의 언동과 지역의 환영 열기는 신문을 통해서 전국에 알려졌고, 천황 자신의 자각도 각별하게 향상되었습니다. 때로는 비용 부담을 둘러싼 트러블도 있었습니다만 순행이 상당한 성과를 올렸던 것은 틀림이 없습니다.

또 하사금은 순행만이 아니라 대화재, 대지진 등 다양한 기회에 내려졌고, 정부는 냉정하지만 천황, 황후는 자비심이 많다는 이미지가 점차 만들어지게 됩니다. 쌀값이 급상승한 1890년의 빈민보호가 의타심을 조장한다고 하여 도쿄 시 참사회가 구호비를 부결하자 황후가 매달 300엔을 빈궁민을 위해 하사한다고 선언한 것이 그 좋은 사례입니다. 화족, 고관의 부인들도 당황하여 기부를 신청했습니다만 이때부터 대형 재해가 일어나면 신문사의 캠페인에 호응하여 전국에서 의연금이 답지하게 되었습니다. 좁은 지역적인 연계가 아닌 같은 국민으로서 자발적으로 헌금한다고 하는 것은 바로 근대와 어울리는 '덕의(德義)'의 형태이지요. 천황, 황후는 그 선두에 서는 것으로써 자유주의 경제에 대한 약자들의 불만을 완화시키는 역할을 담당하기 시작합니다. 그러한 재원은 세금과 황실 재산으로 편입된 광대한 산림과 엄청난 금액의 주식(株式)에서 얻은 수익이었습니다.

결국 '천황의 정부'이기 때문에 천황과 정부를 분리시키는 것이 통치하기에 편리했던 것입니다. 이 점에서도 민권운동은 '공헌' 을 하였습니다. 국회 개설 요구를 정부는 거절했지만 천황은 솔선하여 5개조 서문과 점차 입헌 정체 수립의 조서를 내린 것이 아니냐는 논법입니다. 자신들의 정통성을 강조하기 위한 편법이었지만 천황은 우리들 편이라고 반정부파가 외쳤던 영향력은 적지 않았던 것이죠.

그렇다고 하더라도 순행을 맞이했던 민중들의 호의적인 반응에는 신기한 구경거리라던가 들뜬 축제 분위기가 농후했고 외경심이 침투한 것이라고까지는 잘라 말할 수 없습니다. 예를 들어 1890년 내국권업박람회 개관식에서는 다수의 출품인들이 제지를 무릅쓰고 담배를 피워대고 군고구마 등을 먹어대면서 천황이 입장한 후에도 소란은 계속되었고 식부 관리가 몇 번이나 외치고 나서야 겨우 탈모를 하는 상황이었습니다(『초야〔朝野〕신문』 1890년 3월 27일). '마당극이나 사당패 놀이라도 구경하러 온 것 같은 거동' 이었고 '언어 도단의 무질서함' 이었다고 기자는 분개하고 있습니다. 하지만 그들은 우수한 제품의 제작자로서 전국 각지에서 식전에 초대받은 사람들이지 단순한 군중이 아니었습니다. 제1회 제국의회가 개최되는 해가 되어서도 아직 이런 광경들이 연출되었습니다(마키하라 노리오〔牧原憲夫〕「메이지기 민중과 천황〔1〕」, 『도쿄경제대학 인문자연과학논집』 111권 ).

만약 그때 '천황폐하 만세!' 라고 제창을 하고 천황이 가볍게 인사를 한다는 연출이 있었다면 분위기는 전혀 달라졌겠지요. 만세에는 사람들의 기분을 하나로 만드는 효능이 있기 때문입니다. 그러나 '천황폐하 만세!' 는 전해 2월의 제국 헌법 발포일에 처음으로 등장한 것이라서 아직 널리 보급되지 않았고, 궁내성에는 천황 면전에서 큰소리를 지르는 것은 불경스럽다는 의견도 있었습니다. 그 때문에 '마당극'이 되어 버린 것이라고 생각합니다.

또 중의원 의원 선거권은 재산을 가진 남자만 갖고 있었습니다. 재산선거제는 자본주의를 육성한다는 취지에는 맞을지도 모르겠지만 가난뱅이와 여성들은 완전히 손님이 되는 것입니다. 이래서는 거국일치는 어려웠습니다. 그렇지만 민중과 천황 사이에는 일체감이 생겨나 우리들도 천황의 '적자(赤子)'라고 실감할 수 있다면 사태는 상당히 변하겠지요. 이 시대에 국민 통합의 상징이 될 수 있었던 것은 천황과 황후뿐이었고, 정부와는 다른 어진 군주라는 이미지와 만세는 이것을 위한 유력한 장치가 되었습니다.


## 조정자 역할로서의 천황

천황과 메이지 정부 수뇌와의 관계는 어떠했을까요.

먼저 고메이(孝明) 천황의 갑작스런 죽음으로 즉위를 하게 된 메이지 천황이 10대 중반의 아무것도 모르는 청소년이었던 것은 이와쿠라 토모미, 오오쿠보 도시미치(大久保利通)[36] 등에게는 행운이었습니다. 만약 고메이 천황과 같은 독단적이고 능동적인 군주였다면 메이

---

36 오오쿠보 도시미치(大久保利通, 1830~1878년). 가고시마(鹿児島) 출신의 정치가. 메이지 유신의 지도자. 처음에는 번주를 도와 공무합체운동에 진력하다가 토막운동으로 전환하였다. 삿초연합(薩長連合)을 실현시켰고 이와쿠라 토모미 등과 결탁하여 1867년 12월 왕정복고 쿠데타를 주도하였다. 판적봉환(版籍奉還)과 폐번치현(廃藩置県)을 추진하는 등 신정부의 개혁 정치를 주도하였다. 1871년에 특명전권부사로 이와쿠라(岩倉)사절단에 수행하여 구미를 순방하였다. 귀국 후 내치우선을 주장하여 정한파를 하야시키고 참의 겸 내무경이 되어 이른바 오오쿠보 독재를 강화하여 지조 개정, 식산 홍업 정책 등을 추진하였다. 서남전쟁을 진압하는 등 사족 반란을 엄격히 다스렸으나 1878년에 불평 사족에게 암살당하였다.

지 국가 건설 과정은 조금 다른 모습을 보였겠지요. '어린 천황을 끌어안고 제 마음대로 하고 있다'고 비난을 받더라도 천황이라는 존재 자체에 권위가 있으면 정부로서는 충분하였기 때문입니다.

다만 대외 관계라는 측면에서도 근대적인 군주로서의 소양과 태도를 몸소 갖추지 않으면 안 되는 것이었습니다. 왕정복고 직후 오오사카 천도를 오오쿠보 등이 주장한 것도 인습과 궁녀들에 둘러싸인 궁중에서 천황을 떼어내기 위함이었습니다. 황거를 도쿄로 이전하고 측근으로 사족들이 등용되어 일본과 중국의 고전과 더불어 『서국입지편(西國立志編)』 등의 강의도 이루어졌습니다. 천황 자신도 군대 연습에 적극적으로 임석하거나, 소실된 황거의 재건에 대해서는 재정난과 인민들의 생활이 어려운 가운데 서둘러서 행할 필요가 없다는 등의 주장을 하기에 이르렀습니다. 지방 순행이라는 과밀한 스케줄도 묵묵히 수행했습니다. 그렇지만 정책 결정은 대신들이 주장하는 대로 할 수밖에 없었습니다. 음주를 삼가고 학문, 정무에 좀 더 관심을 가지고 사소한 일에 짜증을 내지 않도록 하라고 1874년에 시종장으로부터 주의를 받았던 배경에는, 20세를 막 넘긴 천황의 불만이 있었을지도 모릅니다.

천황이 정부 안에서 존재감을 가지게 된 것은 오오쿠보 도시미치 암살사건(1878년) 이후의 일입니다. 순행 과정에서의 견학과 측근인 모토다 나가자네(元田永孚)[37], 사사키 다카유키(佐々木高行)[38] 등의 영향

---

37 모토다 나가자네(元田永孚, 1818~1891년). 에도 말기, 메이지기의 무사, 구마모토번사(熊本藩士) 출신의 유학자. 1871년 54세의 나이에 메이지 천황의 시독(侍讀)이 되어 그 후 20년간 천황에게 강의를 하였다. 그 사이 『교육칙어(敎育勅語)』의 기초에도 참여하는 등 유교에 의한 천황제 국가 사상의 형성에 기여하였다. 메이지 천황의 신임이 두터워 천황의 개인 고문의 역할을 수행하였고 이토 히로부미 등 정부 지도자들도 그를 무시할 수 없었다고 한다.

에 의해 구화(歐化) 정책에 대한 강한 비판을 가지게 된 메이지 천황은 교육이나 내각 인사 문제 등에도 간섭을 하게 됩니다. 더구나 강력한 리더십을 발휘하던 오오쿠보를 잃은 정부 내에서는 재정, 헌법, 의회, 군대 등의 중요 문제를 둘러싸고 의견이 분립되어 천황의 재정(裁定)에 의해서 겨우 혼란을 수습하는 일이 반복되었습니다. 메이지 천황은 권력 내부의 대립을 조정하고 때로는 독자적인 움직임을 보이는 능동적인 군주가 되기 시작한 것입니다.

나아가 참모본부 설립(1878년)과 군인칙유(1882년)에 의해 천황과 군대를 직결시키고 화족령(1884년)에 의해 천황을 지지하는 새로운 귀족 계급을 창설하는 등 막연한 심벌이 아니라 통치 시스템 내부에 천황을 제도적으로 편입시키는 작업이 추진됩니다. 방대한 황실 재산을 설정한 것도 그 일환이었습니다. 그것은 자유민권운동이나 의회 개설에 대한 방파제로서 천황이 자리매김하고 있다는 것을 의미하고 있으며 서남전쟁을 계기로 메이지 정부의 전제(專制) 정치가 '근대적 변혁을 위해서'로부터 '권력 유지를 위해서'로 전환된 것에 대응하는 것이었습니다.

그러면서도 천황이 전면에 나서면 정치 책임을 추궁당할 사태도 일어날 수 있고 세습 군주가 항상 영명할 것이라는 보증도 없었습니다. 메이지 정부의 수뇌(首腦)들은 번주(藩主)의 무지와 개인 감정에 휘둘리면서 막말의 정치 상황을 헤쳐온 쓰라린 경험이 있었고 군주의

---

38 사사키 다카유키(佐々木高行, 1830~1910년). 에도 말기, 메이지기의 무사, 정치가. 도사번(土佐藩) 출신. 메이지기의 정부 고관 중에서도 보수파를 대표하는 인물이었다. 궁중과 원로원을 무대로 다니 다테키(谷干城), 모토다 나가자네(元田永孚) 등과 같이 천황친정운동(天皇親政運動)을 주도하기도 하였다.

의사로 직접 정치를 움직이는 것이 얼마나 위험한지에 대해 매우 잘 알고 있었습니다. 그러한 이유들로 인해 그들은 군주전제를 부정하고 언젠가는 '군민동치(君民同治)'의 입헌제를 할 수밖에 없다고 생각하고 있었습니다. 천황의 유교주의 교육론(『교학성지[敎學聖旨]』)을 공공연히 비판하고 천황으로부터 지나치게 서양식을 추종한다는 비난을 받고 있던 이토 히로부미가 85년 말에서야 겨우 내각 제도의 창설을 이끌어 냈을 때 헌법과 의회를 전제로 한 근대 천황제 시스템의 기초가 완성되었다고 할 수 있겠지요. 대일본제국헌법이 입헌주의와 천황 대권이라는 이중성을 갖게 되는 것도 당연한 귀결이었습니다. 또 후쿠자와 유키치의 「제실론(帝室論)」(82년)에서도 국회 개설 후의 '당파 정치'를 초월하여 천황에게 국민 통합과 군대 통수의 역할을 기대하고 있고 황실 재산의 확대를 제창하고 있습니다. 이러한 점에서도 후쿠자와와 이토 사이에는 기본적인 대립은 없었던 것입니다.


## 만세일계 신화의 근대성

그렇다고 해도 천황은 단순한 세속 군주가 아닙니다. 일본서기·고사기에 기록된 창세 신화를 논거로 삼는 국학과 신도에 근거한 천황관(天皇觀), 즉 천황가는 '아마테라스 오오미카미님의 자손들로서 이 세상의 시작에서부터 일본의 주인'(「오우[奧羽]」[39]인민고유[人民

---

39 오우(奧羽)는 일본 율령제에서 구분한 무쓰노구니(陸奧国=奧州)와 데바노구니(出羽国=羽州)를 합친 지역을 말한다. 현재의 일본 동북 지방(아오모리 현, 아키타 현, 이와테 현, 야마가타 현, 미야기 현, 후쿠시마 현)을 가리킨다.

告諭〕」, 1869년)이며 그 일족이 변함없이 계속 군림하고 있는 일본은 신
(神)의 나라(國)다, 라는 주장이 막말에는 지역 지도층에게까지 유포
되어 있었습니다.

　이러한 '만세일계'의 정통성을 근거로 하는 군주제는 덕치를 규
범으로 삼는 유교의 역성혁명론, 즉 군주가 덕과 인을 잃어버리면 '천
명(天命)'을 상실하고 혁명(왕조 교대)에 이른다고 하는 사고방식을 받
아들이지 않습니다. 그 때문에 에도 시대의 유학자 중에는 부자지간,
형제지간에 서로 골육상쟁을 벌이더라도 '한 집안(一姓, 一族)이 천하
를 지배'할 수 있었다고 자랑으로 삼는 군주론은 유교적 도의(道義)에
어긋나는 것이라며 비난하는 사람도 있었습니다(사토 나오가타〔佐藤直
方〕,「중국논집〔中國論集〕」). 그러나 천(하늘=아마테라스 오오미카미)과 군주
가 혈통으로 연결되어 있다면 '혁명'은 일어날 수 없고 인정(仁政)을
부정하고 인민을 전쟁으로 내몰더라도 군주권은 흔들리지 않습니다.
'만세일계'는 오히려 근대에 기막히게 '적합한' 군주론이며 앞에서
말한 하사금은 그 본질을 분식(粉飾)시키는 것이라고 하겠지요.

　이러한 천황관은 또 불교와 유교는 외래 사상이며 일본 고대의
종교인 신도로 돌아가야 한다는 주장과도 연결되어 있었습니다. 데라
우케제도(寺請制度)[40]가 실시되었던 에도 시대는 신사(神社), 신관(神
官)도 불교 사찰의 관리하에 있었고 교의(教義)에서도 아마테라스 오
오미카미(天照大神)는 대일여래(大日如來, 밀교의 본존 불상—옮긴이)의

---

40　데라우케제도(寺請制度)는 에도 막부가 종교 통제 정책의 일환으로 실시한 제도로서 전
　국의 인민들에게 불교 사원에서 발행하는 증명서(寺請証文)를 교부받을 것을 의무화한
　것이다. 이 제도의 시작은 전국의 인민들이 크리스천 등 이교도가 아니라 불교 신자라는
　것을 증명하라는 것이었지만, 전국적인 호적 제도가 없던 에도 시대에는 주민 통제에 필
　요한 주민등록에 해당하는 의미를 갖고 있었다.

화신이라고 하는 신불혼효론(神佛混淆論)이 우세하였습니다. 그런데 메이지유신으로 입장이 역전됩니다. 신사는 사원에서 분리, 독립하였고 황실 제사에서 불교 색채가 배제됩니다. 나아가 히라타국학(平田国学)과 미토학(水戸学) 등의 복고신도파는 사원, 불상 등을 파괴하기에까지 이르렀습니다. 예를 들어 나라(奈良) 공원은 고후쿠지(興福寺) 경내에 있던 수많은 당우(堂宇, 규모가 큰 집과 작은 집을 아울러 이르는 말—옮긴이)를 파괴한 절터에 만들어진 것이며, 가깝게는 일본 여기저기에 산재하는 지장보살상도 머리가 없거나 얼굴이 깨진 것은 대부분 이때 피해를 입은 것들입니다. 왕정복고는 신도원리주의에 의한 종교혁명이기도 했습니다. 나아가 진구 황후(神功皇后)에 의한 '삼한정벌(三韓征伐, 고대 일본 주아이 천황〔仲哀天皇〕의 황후이자 오진 천황〔応神天皇〕의 어머니인 진구 황후가 신라에 군대를 보내 굴복시켰다는 이야기—옮긴이)'에서 조선을 속국으로 삼았다고 하는 일본서기의 신화적인 기록을 근거로 복고로서의 정한론(征韓論)을 주창하는 사람도 있었습니다.

그러나 서민들의 강한 반발과 불교 세력의 반격, 지식인들의 종교자유론, 서양 제국의 크리스트교에 대한 탄압 금지 요구 등에 눌려서 신도 국교화는 좌절되었고, 1875년에는 종교의 자유가 인정되었습니다. 또 영혼의 존재를 믿는 복고신도파와 이즈모다이샤(出雲大社) 계통의 신관들은 사후 세계를 지배하는 오쿠니누시노 카미(大国主神)를 아마테라스 오오미카미와 함께 궁중에서 제사를 지내야 한다고 주장하였습니다. 하지만 이 '제신(祭神)논쟁'(81년)에서도 이세(伊勢) 신궁파에게 패배하여 민중 종교 등과 같은 등급의 교파 신도로 격하되어 버렸습니다. 결국 메이지유신을 이데올로기 면에서 지탱하였던 복고신도파는 근대 천황제의 중핵적인 입장에서 배제됩니다.

그리고 신도는 인간의 삶과 죽음, 영혼에 관계하는 종교가 아니라 국가의 제사이며 천황에 대한 복종이야말로 신도의 진수(眞髓)라고 하는 국가 신도가 공인된 이데올로기가 됩니다. 대일본제국헌법이 '만세일계의 천황'에게 통치권이 있다는 것을 명기하고, 교육칙어가 '우리 황조황종의 유훈', 즉 아마테라스 오오미카미, 진무 천황과 역대 천황의 가르침을 충실하게 지키라고 요구했던 것은 그 표현입니다. 또 이세 신궁에서 지역의 신사(社, 야시로)에 이르는 신사의 서열 체계가 정비됨과 더불어 1900년에는 신사 행정이 일반 종교 행정에서 분리되어 1907년에는 불경죄가 이세 신궁 등에까지 확대되었습니다.

그렇다고 해서 천황이 종교와 연이 없어지게 되었던 것은 아닙니다. 이 세계를 누가 어떻게 창조하였는가 하는 창세 신화는 종교의 근간에 관련된 테마입니다. 천황 신화나 만세일계가 '(종교를) 믿지 않을 자유'를 포함하는 종교가 아니라 불가침의 국가 원리가 되어 버리면 종교의 근원을 천황제 국가가 틀어쥐게 되고 고고학, 역사학 등의 학문 연구도 제약을 받게 됩니다. 그뿐만이 아닙니다. 현재도 전사자, 유족의 신앙을 무시하고 있는 야스쿠니신사 합사 문제가 개인의 존엄에 대한 침해라는 의식이 없는 것은 '신도는 종교가 아니다'라는 논법이 '마력'을 잃어버리지 않았기 때문은 아닐까요. 나아가 '만세일계'라는 일본의 우월성을 이끌어내는 논리는 '일본 고유의 문화'라는 것의 근저에 천황을 자리매김하는 발상까지 만들어 냈습니다.

## 과도기로서의 메이지 후기

이리하여 대일본제국헌법을 중심으로 근대적 국가 제도를 확립한 1890년 전후에는 국가 신도 시스템과 국민 통합의 중심으로서의 천황의 역할도 명확해집니다. 근대의 천황은 그 이전과는 이질적인 존재이며 단기간에 서구에서 인정받을 수 있는 근대 국가를 건설하기 위해서 어느 때에는 서구화의 옹호·추진자로서, 또 다른 때에는 권력 유지를 위한 조정판과 방어벽으로서 새롭게 창출되었던 것입니다.

민중과의 관계에서 이야기하면 청일전쟁(1894~1895년)의 승리가 일거에 천황의 권위를 높였고 국민 의식으로까지 침투되었습니다. '천황폐하 만세' '대일본제국 만세' 소리가 메아리를 치고 '야만적인 중국·조선, 문명 국가 일본' 이라는 우월 의식이 높아졌습니다. 동시에 가난한 소작농의 자식이라도 (전쟁에 나가) 전사하면 성대하게 지역장(地域葬=村葬)이 거행되었고 병역·전사가 명예라는 것을 사람들에게 주입시켰던 것입니다.

그러나 이것들은 근대 천황제 시스템의 성립과 그 기본적인 수용을 나타내는 것에 불과합니다. 예를 들어 교육칙어와 '천황 사진' (어진영〔御眞影〕[41]) 의 영향은 아직 한정적이었습니다. 천황 사진의 배포는 관립·현립 학교와 고등소학교 등에 한정되었고 심상소학교에 대한

---

41 어진영(御眞影)은 천황, 황후의 사진을 가리키는 말로, 천황의 사진은 교육칙어(教育勅語)와 더불어 학교별로 성대한 봉대식(拜戴式)을 거행하고 교내의 일정한 곳에 모시게 되는데, 이것이 나중에 봉안전(奉安殿)이 되어 천황 숭배 교육의 온상이 되었다. 1930년대 군국주의 시대에 접어들면서 학교에 불이 났을 때 어진영을 지키겠다고 화염에 휩싸인 봉안전에 뛰어들어 어진영을 끌어안고 불에 타 죽은 교장 선생이 나올 정도로 천황제 교육은 점차 광기를 띠게 되었다.

하사 신청이 인정되었던 것은 1910년대이며 부·현에 따라서 보급률에서도 차이가 있었습니다(가고타니 지로〔籠谷次郎〕, 『근대 일본에서의 교육과 국가의 사상』, 아운샤〔阿吽社〕, 1994년).

교육칙어에 관해서도 우치무라 간조(內村鑑三) 불경(不敬) 사건[42]과 같은 일이 일어난 반면 우치무라를 비판한 이노우에 데쓰지로(井上哲次郎)의 『칙어연의(勅語衍義)』에 대해서는 비판이 속출하여 공인주석서로 인정받지 못한 채로 끝이 났습니다. 또 청일전쟁 후에 문부대신을 지낸 사이온지 긴모치(西園寺公望)는 편협한 자국중심주의가 아니라 서구 문명국에도 통용될 수 있는 내용으로 개정하려고도 하였습니다. 교육칙어의 권위도 아직 불안정했던 것입니다.

나아가 잡지의 권두(卷頭) 그림[43]이나 신문의 특별호 등에는 1900년에 결혼한 황태자 부부와 아이들의 사진이 종종 게재되어 천황 부부를 포함한 사진집도 등장하였습니다. 이것들은 개별적인 사진과 초상화를 단란한 일가의 모습으로 편집한 것입니다만, 초월적인 권위로서만이 아니라 근대 가족의 모델로서 천황 일가를 받아들이려는 풍조까지 생겨나고 있었던 것입니다(황태자의 생모인 야나기하라 나루코〔柳原愛子〕는 등장하지 않습니다).

다만 한편에서는 국정 역사 교과서가 14세기의 '겐무(建武)의 신

---

42 우치무라 간조(內村鑑三, 1861~1930년). 일본 기독교 사상가, 문학자, 성서학자. 복음주의신앙에 근거한 무교회주의를 제창하였다. 우치무라 간조 불경 사건은 제1고등중학교 교사였던 우치무라가 1891년 거행된 교육칙어 봉독식에서 천황 친필의 서명에 대해 최경례(最敬礼)를 하지 않았다는 이유로 불경하다고 하여 교직에서 쫓겨난 사건을 말한다. 이 사건에 대해 도쿄제국대학 교수인 이노우에 데쓰치로(井上哲次郎)가 우치무라를 격렬하게 공격한 것으로도 유명한 사건이다.
43 여기서 말하는 권두그림(口絵)이란 정확하게는 잡지의 표지 다음 장 혹은 첫 기사의 앞장에 싣던 그림이나 사진을 말한다.

정' 이후 이어지는 남북조의 대립을 객관적으로 기술했던 것에 대해, 신문이나 의회에서 고다이고(後醍醐) 천황에게 반기를 든 아시카가 다카우지(足利尊氏)를 용인함으로써 '황통 일계를 정화(精華)로 삼고 있는 우리 (일본의) 국체'를 훼손한다, 라는 비난이 쏟아졌습니다. 결국에는 메이지 천황 스스로가 다카우지가 옹립했던 북조 계통이지만 남조야말로 정통이라고 인정하게 되는 사건도 있었습니다(1911년).

그리고 해일이나 화재가 발생했을 때 어진영이나 교육칙어를 지키려던 교사가 죽거나 다쳤으며 회송 중이던 어용 열차가 탈선한 것을 비관한 철도원이 자살하는 사건도 일어났습니다. 그들을 칭송하는 소리가 높아지는 한편으로 죽을 필요는 없었다는 의견도 나와 논쟁이 되었습니다. 이것은 쇼와(昭和) 시기와는 다르지만 철도원에게 동정을 느낀 천황이 제사 비용을 하사한 것으로 인해 자살을 당연시하는 분위기가 오히려 강해졌다고 생각합니다. 그 후에 관동대지진, 공습 등이 일어났을 때 어진영을 지키려다가 30여 명에 가까운 '순직' 자가 나왔습니다.

정부와 천황의 관계는 어떠했을까요? 의회가 개설되자 예산심의권을 방패로 삼은 민당(구 민권파의 정당)의 공세가 매서워서 내각을 구성할 때 이토나 야마가타 아리토모(山県有朋)는 수상이 되는 것을 주저하기까지 하였습니다. 이 정도가 되면 천황이 나설 수밖에 없습니다. 1892년 총선거에서는 민당파의 의원을 낙선시키기 위해서 선거 간섭 자금까지 제공하였습니다. 그 후도 천황의 조칙이나 '어명'을 이용하여 중의원이나 때로는 귀족원, 군부 등의 이론을 잠재우는 일이 반복되었습니다. 그러나 일본의 경우는 의원내각제도를 채용하지 않았기 때문에 의회와 정부의 관계가 불안정하였고 게다가 수상의 권한도 애매하여 군부가 대신을 추천하지 않으면 내각이 성립되지 않는 제도적인 약점을 갖고 있었습니다. 천황의 주권을 지키기 위해서 헌법에 의회, 내각의 권한을 제한하였기 때문입니다.

그렇지만 메이지 천황이 일정한 정치적 역량을 습득하였고 더구나 헌법을 만든 것은 이토가 아니라 천황 자신이라는 강한 자부심을 갖고 있었기 때문에 의회세가 정지되는 경우는 없었습니다. 흠정헌법(欽定憲法, 군주국가에서 전제군주가 군주의 권력을 유보하고 국민에게 어느 정도의 권리나 자유를 은혜적으로 인정하면서 제정한 헌법)은 비민주적이지만 흠정이기 때문에 폐지될 수 없다는 일면도 있었던 것입니다.

그러던 중에 1898년 구 개진당 계열과 구 자유당 계열이 합동하여 헌정당 내각이 성립합니다. 천황의 분투에도 불구하고 정당, 의회를 무시한 초연주의(超然主義)[44]는 10년도 지탱할 수 없었던 것입니다. 그런데 오자키 유키오(尾崎行雄) 문부대신의 연설이 불경하다고 비난을 받는 사건이 일어나자 천황이 움직였고 또 오오쿠마 시게노부(大隈重信) 수상의 인사 정책에 불만을 가졌던 이타가키 다이스케(板垣退助) 등도 탄핵에 찬성함으로써 내각은 반년 정도 만에 무너져 버렸습니다. ‘불경’하다는 이유로 대립하는 당파를 공격하는 수법은 막말 이래의 상투적인 수단이지만 정부뿐만이 아니라 반정부 측에서도 천황을 이용하게 되면 천황의 권위는 경쟁적으로 높아지게 됩니다. 쇼와(昭和) 시기의 정당 정치가 자멸하게 되는 요인의 하나가 여기에

---

**44** 외부의 동정과는 상관없이 초연하게 독자적인 입장을 관철시키는 주의를 말한다. 일반적으로 메이지헌법 발포 후 제국의회 개설에서 1910년대 초까지 번벌, 관료들로 구성된 내각을 가리키는 표현으로 정부는 의회, 정당의 의사와는 무관하게 행동해야 한다는 주장이라고 한다. 이러한 취지의 내각을 초연내각이라고 불렀다.

있습니다.

이상으로 단편적인 사례를 소개하는 데 불과했지만 메이지 후기의 천황(제)을 둘러싼 상황은 여전히 유동적이면서도 천황의 권위는 점차로 높아져 갔다고 할 수 있겠지요.


## 방어 시스템으로서의 천황제

그런데 다이쇼(大正) 시기에는 급변하여 천황의 존재 자체가 희미하게 되었습니다. 더구나 1918년의 쌀소동 사건에서는 '피서지에서 보내주신 300만 엔의 하사금 아아 고마워라'(『법치국〔法治國〕』 1918년 9월)라고 비아냥거린다든지, 경찰 서장이 '천황 하사금이 내려왔으니 너희 백성들은 진정해야 한다'며 군중들에게 명령하자 심한 욕설이 쏟아져 나오는 사태가 생겨납니다. 이 사건을 국회에서 문제 삼았던 사이토 다카오(斎藤隆夫)는 원래 '국가의 경비'로 처리해야 할 것을 천황 하사금에 의지하는 것은 '국민의 사상'에 나쁜 영향을 준다고 정부를 비판하였습니다(『제국의회 중의원 의사 속기록』 1919년 1월 22일). 약육강식의 사회를 하사금으로 무마할 수 있는 시대가 아닌 것입니다.

실제로 1920년대에 들어가면 미곡법, 차지차가법(借地借家法), 노동쟁의조정법, 공설시장이라는 사회 정책이 채용되기 시작합니다. 더구나 미노베 다쓰키치(美濃部達吉)의 천황기관설을 비난한 우에스기 신키치(上杉慎吉)는 제한선거제가 '억조일심의 대이상'(천황과의 일체화에 의한 거국일치)을 저해하는 것이라면 서둘러서 보통선거를 실시해야 할 것이라고 발언하였다(『국체정화의 발양〔国体精華乃発揚〕』). 나아가 우치무라 간조의 '불경'을 비판하였던 이노우에 데쓰지로까지도 천황에 의한 통치의 근거로 삼는 아마테라스 오오미카미의 '신칙(神勅)'은 '인정(仁政)을 베풀라는 명령'이라고 생각해야 하며, '우리 국체라고 하더라도 국민의 진화 발전과 모순'되서는 안 된다(『우리 국체와 국민 도덕』, 1925년)고 주장합니다(모리카와 테루미치〔森川輝紀〕, 『국민도덕론의 길〔国民道徳論の道〕』, 산겐샤〔三元社〕, 2003년).

왜 이렇게 되었을까. 제1차 세계대전과 러시아혁명은 앞으로의 전쟁이 국가의 존망에 직결하는 총력전이 될 수밖에 없다는 것, 그리고 거국일치가 실패하면 왕정이 붕괴하고 사회주의 혁명이 일어날 수 있다는 것을 세계에 보여 주었습니다. 쌀소동 자체는 일찍이 인정·덕의 요구와 비슷한 것이었지만 일본에서도 혁명이 일어날 수 있다는 것을 실감하게 만든 사건이었습니다. 이윽고 노동·농민운동이 왕성해졌고 무산정당도 등장합니다. 그랬기 때문에 우에스기나 이노우에는 '전향'하지 않을 수 없었던 것이지요. 자유방임경제와 제한선거제의 시대를 '근대 전기'라고 한다면 사회 정책·보통선거제가 실시된 '근대 후기'로의 전환이 시작되었고 천황제의 근거로까지 그 영향은 미쳤던 것입니다.

이노우에 데쓰지로는 또 신화 전설은 역사적인 사실이 아니며 천황가가 대대로 물려받아 오고 있는 3종의 신기 중에 현재의 거울과 검은 모조품이라는 것을 이전부터 도쿄제국대학 강의에서 언급하고 있었습니다. 이것은 천황기관설과 함께 국가 엘리트에게는 이른바 상식이라고 할 수 있는 사항이었고, 총력전을 수행하기 위해서는 민중의 정치 참가와 최저한의 생활 보장이 불가결하다는 인식과도 연결되어 있었습니다.

그러나 한편으로 생활 격차의 확대에 대한 불만과 '향락적'인 소비 문화에 대한 반감에서 농본주의·국수주의·종교적 급진주의 등의 운동도 활발해졌습니다. 그중에는 천황이 구세주가 될 것을 바라는 것도 있었습니다.

그러는 가운데 남자보통선거법과 동시에 사유재산제와 천황제의 호지(護持)를 명하고 있는 치안유지법이 공포됩니다. 인정을 중시하는 이노우에설도 '우리 당당한 신주(神州=일본)를 [유교적인] 역성혁명의 국가와 동일시하는 것'(『일본 및 일본인[日本及日本人]』 1926년 10월)이라고 우익과 미디어로부터 비난을 받았고, 정부는 『우리 국체와 국민 도덕』에 대해 발매 금지 처분을 내릴 수밖에 없었습니다. 그리고 천황의 초월적인 권위를 전면에 내세움으로써 국가 질서와 국책에 위화감을 표현하는 언동을 철저하게 억압하려는 움직임이 강화되었습니다. 동시에 주민들 사이에 서로 감시하는 은밀한 그물망이 확대되었고, 1890년 전후에 성립한 제도의 실체화, 즉 '무엇인가에 대한 경계와 공포를 그것이 생기기도 전에 조치를 취하는 일종의 예방 체제'(하야시 다쓰오[林達夫]·구노 오사무[久野収], 『사상의 드라마투르기[Dramaturgie, 思想のドラマトゥルギー]』)라고 하는 근대 천황제의 '본령'이 발휘됩니다.

제2권은 1880년대를 중심으로 국민국가·경쟁 사회·근대 천황제 시스템이 어떻게 형성되었던가를 추적한 것입니다. 원래 역사의 흐름은 한쪽으로만 흘러가는 것이 아니라 제도와 실태의 사이에도 여러 가지로 겹쳐진 틈새가 있고 그 복잡함에 역사 연구의 즐거움이 있다고 해도 좋겠지요. 천황제에 대해서도 그렇지만 간과할 수 없는 것은 우치무라 간조와 이노우에 데쓰지로의 사건처럼 '불경하다'는 비난이 재야에서 나왔던 경우도 적지 않았다는 것입니다. 메이지에서 쇼와에 이르는 근대 천황제의 '발전'을 전망했을 때 '불경하다'라는 성난 목소리에 주눅이 들지 않기 위해서는 무엇이 소중한 것인가에 대해 다시 한 번 생각하게 만듭니다.

※ 인용문은 읽기 쉽도록 발음을 붙이거나 부분적으로는 구어체로 바꾼 부분이 있음.

① 이사벨라 버드, 도키오카 케이코(時岡敬子) 번역, 『이사벨라 버드의 일본 기행』 상, 하(고단샤〔講談社〕 학술문고, 2008년)

1878년에 일본을 방문했던 영국인 여성의 여행기. 도쿄, 교토, 이 세 외에도 닛코(日光), 니가타(新潟)에서 도호쿠(東北), 홋카이도(北海道)에 이르는 산촌과 아이누의 생활을 '문명인'의 눈으로 관찰하면서 점차 주민의 심성에 공감하게 됩니다. 외국인의 견문기는 당시 서민의 모습을 구체적으로 알 수 있는 중요한 자료인데 그중에서도 제1급의 작품.

② 히로타 마사키, 『차별로부터 보는 일본의 역사』(해방〔解放〕 출판사, 2008년)

제2권에서는 충분히 언급하지 못했던 '차별'을 둘러싼 여러 문제를 근세·근대를 중심으로 고대에서 현대에 이르는 긴 시간의 흐름 속에 자리매김하고 이해하기 쉽게 논하고 있습니다. 피차별부락, 여성, 예기(藝妓), 병자, 나아가 아이누, 류큐, 조선, 중국 등의 '타자'에 대한 멸시관과 배제, 그 근원에 있는 것을 역사적으로 생각하게 만드는 한 권의 책.

③ 후쿠자와 유키치, 『학문의 권장(学問のすゝめ)』(이와나미〔岩波〕 문고, 1978년)

메이지 초기의 사람들에게 압도적인 영향력을 발휘했던 고전으로 첫 구절은 너무나도 유명하지만 '평등'보다도 '국민'을 키워드로 하여 꼭 한 번 다시 읽기를 권하고 싶습니다. 메이지의 국가적 과제란 어떠한 것이라고 인식되고 있었는가, 근대란 어떠한 시대였는가, 라는 것을 재검토하기 위해서.

④ 야스마루 요시오(安丸良夫), 『근대 천황상의 형성(近代天皇像の形成)』(이와나미〔岩波〕서점, 1992년. 한국어판은 박진우 옮김, 논형, 2008년)

근세에서 근대로의 전환기에 생겨난 위기의식, 민중적인 세계관(코스몰로지)의 깊이에 대해서까지 사색을 발전시키면서 '민속' 과 '질서' 의 경합을 축으로 천황을 초월적인 권위로서 받아들이는 '환상' 의 형성 과정을 사상사적으로 밝힌 작품. 근대 천황제론의 기본 문헌의 하나.

⑤ 요시무라 아키라(吉村昭), 『붉은 죄수(赤い人)』(지쿠마서점〔筑摩書房〕, 1977년. 나중에 고단샤〔講談社〕문고)

1881년에 건설된 홋카이도의 가바토 감옥(樺戸集治監)에 '내지' 에서 흉악 사건이나 사족 반란, 정치 운동 등으로 인해 중죄를 선고받은 죄수들이 수감되어 붉은 복장을 입고 개척, 도로 공사, 광산 등에서 혹사당했습니다. 면밀한 조사에 근거하면서 홋카이도 개척사와 메이지 국가의 암흑의 일면을 생생하게 그려냈습니다. 역시 요시무라 아키라의 역사 문학.

# 제3장 청일·러일전쟁은 일본의 무엇을 변화시켰는가?
## ―하라다 게이이치(原田敬一)―

## 후쿠자와 유키치(福沢諭吉)의 고민

19세기 중엽 일본의 지식인들이 가장 고민한 것 중 하나는 소사이어티(sosiety)의 번역어였습니다. 후쿠자와 유키치도 고민 끝에 존 스튜어트 밀(J.S. Mill), 나카무라 마사나오(中村正直) 역『자유론(自由之理)』(1872년 간행)에서 쓰고 있던 '정부' '동료(나카마〔仲間〕)' '세속' 등과 결별하여 신조어인 '사회'를『학문의 권장』제17편(1876년)에서 쓰기 시작합니다(야나부 아키라〔柳父章〕,『번역어성립사정〔翻訳語成立事情〕』, 이와나미 신서〔岩波新書〕, 1982년).

막말 이래 구미 사정을 전하기 위해 네덜란드어나 영어 등의 구미어 문헌을 독해하고 일본인들도 이해할 수 있는 말이나 문장을 만들어 내는 것이 막말부터 메이지의 지식인인 후쿠자와나 니시 아마네(西周), 가토 히로유키(加藤弘之) 등의 큰 작업이었습니다.

그때까지 수백 년 동안 구미어 문헌은 명이나 청나라의 지식인들이 동아시아의 광역 공통어인 한자 고전어로 번역했고(무라타 유지로[村田雄二郎],「한자권의 언어[漢字圈の言語]」, 무라타 유지로[村田雄二郎]·C·라마르 편,『한자권의 근대[漢字圈の近代]』, 도쿄대학출판회[東京大学出版会], 2005년), 그러한 최신의 번역서가 나가사키를 경유하여 수입되어 읽히고 있었습니다. 즉 유학을 배우는 것과 같은 방법이 이어지고 있었던 것입니다. 문명의 주입구는 유럽 문명에 관해서도 역시 중국이었습니다. 18세기 후반에 마에노 료타쿠(前野良沢), 스기타 겐파쿠(杉田玄白), 나카가와 준안(中川淳庵)이 고생해서 번역한 해부서『타헤르 아나토미아(고가의 인체해부학—옮긴이)』는 기술서였기 때문에 가능했지만 사상이나 사회과학의 서적을 번역하는 데는 동아시아에 유사한 실태나 개념이 없으면 매우 곤란했습니다. 이는 구미 이외의 세계에도 공통되는 약점이고 넘기 힘든 장벽이기도 했습니다.

한자로 구성되는 한자 고전어가 (베트남을 포함한) 동아시아에서 공통어였던 의미는 19세기를 생각하는 데도 중요합니다. 구미어에 의해 도입된 '신지식'을 한자 숙어의 응용에 의해 공통 인식으로 만드는 것이 동아시아에서는 가능했던 것입니다. 기독교 용어인 '복음'이나 '세례' 등은 중국에서 번역되어 동아시아에서 통용된 어휘였습니다. 무역 등에서 사용하는 피진언어(Pijin Language, 무역 현장에서 사용하는 것을 목적으로 하여 원형이 무너지고 현지어와 뒤섞인 언어)로서의 영어가 유통된 것이 아닌 문장 영어(구미어)를 한자 숙어로 고생하며 번역함으로써 동아시아의 근대가 형성되었다고 할 수 있습니다.

일본에서 만들어진 신조어가(청나라에서는 동어[東語]라고 했습니다) 동아시아에서 활발하게 유통되는 것에 대해 청나라의 지식인들 중에는 독자적인 조어를 만들어 대항하려는 내셔널리즘운동도 일어났습

니다(황극무〔黃克武〕, 「신어전쟁-청말 엄복의 번역어와 화제 한어의 투쟁〔新語
戰爭-淸末の嚴復訳語と和製漢語との戦い〕, 다카시 도시히코〔貴志俊彦〕·다
니가키 마리코〔谷垣真理子〕·후카마치 히데오〔深町英夫〕, 『모색하는 근대 일중
관계-대화와 경쟁의 시대〔模索する近代日中関係-対話と競存の時代〕』, 도
쿄〔東京〕대학출판회, 2009년). 그중 한 사람인 엄복(嚴復)은 society에 '군
(群)'을 붙이는 제안을 했지만 일본에서 들어온 신조어인 '사회'에
압도되어 버리고 말았습니다.

즉 19세기의 아시아에서는 '신지식'의 제공자가 누구인가를 둘
러싼 '문화 경쟁'도 있었던 것입니다. 중국에서는 나중에 일본의 신
조어군에 중국의 신조어를 더하여 전체를 '신명사'나 '신어'로 부르
게 됩니다.

메이지유신을 맞이한 일본에는 소사이어티(society)에 맞는 실태
나 개념도 없었습니다. 그렇다면 소사이어티(society)의 실태는 언제 어
떻게 생겨난 것일까요. 이 시리즈의 제3권 『청일·러일전쟁』에서는 청
일전쟁을 그 계기로 생각했습니다. 제3권에서 충분히 다루지 못한 부
분을 중심으로 좀 더 보충해 가며 우선 그것에 대해 생각해 보기로 하
겠습니다.


## 청일전쟁이 만들어 낸 매스미디어 사회

청일전쟁(1894~1895년)은 합계 30만 명의 일본인 병사와 군부를 외
국의 전장으로 보내고 일본인 2만 명, 중국인 3만 명 이상, 조선인 3만
명 이상, 합계 8만 명 이상이 목숨을 잃은 근대 아시아 최초의 대전쟁

이었습니다(하라다 게이이치〔原田敬一〕, 『청일전쟁〔日淸戰爭〕』, 요시카와코분칸〔吉川弘文館〕, 2008년). 30만 명이나 되는 일본인이 조선과 중국으로 몰려가 방황하고 '교류'한 전투로 인해 많은 인명을 잃었다는 충격은 아시아 전체를 휩쓸었습니다. 이 충격 속에 일본은 '국민'을 만들고, 중국과 조선은 '국민'을 만들기 위한 서구적 근대화의 필요를 알게 됩니다.

청일전쟁이 보도되자 일본 전국에 '전쟁열'이 고조되어 하나의 '전쟁' 상황에 참가함으로써 일체감이 발생했습니다. 그리고 '손님 (객분〔客分〕)'로서의 의식밖에 없었던 민중이 '국민'이라는 의식을 갖게 된 것입니다. 메이지유신과 그 후의 이십 수년에 걸친 근대화는 아직 '국민'을 만들지 못하고 있었습니다. 청일전쟁에서 전선과 후방에 참가함으로써 비로소 사업에 참가하고 있는 자신을 의식하게 되고 주체로서의 '국민'이 탄생했던 것입니다. '국민'을 탄생시킨 도구로서 활용된 하나가 매스미디어였습니다.

처음으로 등장한 매스미디어인 '신문'이라는 형식이 구미 사회의 필수품이라는 인식은 에도 시대 후반의 막부 등에도 있었습니다. 그러나 1861년에 나가사키에서 발행된 영자신문 〈"The Nagasaki Shipping List and Advertiser" (NSLA)〉[45]는 입항하는 구미선의 적하 (積荷) 리스트 일람에 지나지 않았고 또 막부가 간행한 〈관판 바타비아신문〉[46](1862) 등의 이른바 '관판 해외 신문'은 바타비아(자카르타의

---

**45** 1861년 6월 22일에서 10월 1일(8월 27일)까지 영국인 저널리스트 알버트.W. 한서트가 나가사키(長崎)·오오우라 거류지(大浦居留地)에서 발행했던 영자 신문으로서 일본 최초의 영자 신문으로 알려져 있다.
**46** 관판 바타비아신문(官板バタビヤ新聞)은 에도 말기의 축차 간행물. 1862년 에도 막부의 번서조서(蕃書調所)가 바타비아의 네덜란드총독부의 기관지를 초역, 출판한 것. 23권

옛 이름)의 네덜란드정청 발행 기관지의 번역이고 모두 적은 부수의 정보지에서 시작했습니다. 정론(正論)을 내세우는 근대 신문은 아니었던 것입니다. 막말의 정치 정세는 정보를 널리 신속히 모아야 하는 필요에 의해 '가와라반(타블로이드판 와판〔瓦版〕)'에서 '신문(新聞)'의 길을 개척하고 있었습니다(미야치 마사토〔宮地正人〕, 「풍설서로 본 막말 사회의 특질― '공론' 세계의 단서적 성립〔風雪書きから見た幕末社会の特質―「公論」世界の端緒的成立〕」, 『사상〔思想〕』 831호, 1993년).

일본의 근대 신문은 메이지유신 후에 정론을 발표하는 대신문으로 출발하였습니다. 그리고 사회 기사 등의 잡보를 게재하는 소신문도 활발하게 발행됩니다. 청일전쟁으로 대신문, 소신문 모두 전장과 전쟁의 정보를 열심히 전하고 '보도'를 경쟁하는 식으로 변화해 갔습니다. 얼마나 빨리 많은 사람들에게 정보를 전할 것인가의 과제가 신문계에서 중요해지면서 자사의 해외특파원이나 로이터 등의 구미 통신 기관의 필요성이 높아지고 고속도의 윤전기도 도입되어 '빨리, 많은' 정보를 전달하는 것이 요구됩니다.

또 하나의 매체인 '잡지'도 근대 초부터 계속 간행되고 있었습니다. 〈국민의 벗(国民之友)〉 (1887~1898년, 민우사〔民友社〕)은 정치론 등의 논설을 많이 게재하고 논쟁을 일으키고 있었는데 그와는 다른 형태의 잡지가 청일전쟁을 계기로 등장합니다. 그것은 〈청일전쟁실기(日清戦争実記)〉입니다. 이 잡지는 전쟁의 이모저모를 민중에게 상세하고 구체적으로 전하는 역할을 하였고 신문이 재빨리 전하는 단편적인 '정보'와는 다른 내용을 대단위의 부수로 확대시켜 갑니다.

까지 간행. 나중에 양서조서(洋書調所)가 계속 번역한 것이 '관판 해외 신문(官板海外新聞)'으로 내용은 같은 것이며 일본 근대 신문의 선구가 되었다.

게다가 〈청일전쟁실기〉에서 경영적 성공을 이룬 박문관(博文館)이 1895년 1월 월간 종합 잡지 〈다이요(太陽)〉를 발행하고 창간호는 28만 부나 발간되어 기록을 세웁니다. 정치나 사회에 대한 평론이나 문예작품뿐만 아니라 농업·상업·공업의 최신 기술이나 지식, 가정생활의 멋을 포함한 다양한 정보를 널리 전하였습니다. 〈다이요(太陽)〉의 등장은 청일전쟁 이후의 신문과 같이 폭넓은 정보지로서의 역사가 시작되었음을 의미했습니다. 〈다이요(太陽)〉 창간 후 3년 만에 〈국민의 벗(国民之友)〉이 폐간된 것은 사람들이 어떤 것을 필요로 하는가에 대한 의미에서도 상징적입니다. 이렇게 청일전쟁을 계기로 매체로부터의 일방적일 수밖에 없는 정보가 민중 생활에 불가결하다는 '매스미디어 사회'가 탄생했다고 생각합니다.

'매스미디어 사회'의 성립은 문필을 생업으로 하는 사람들을 양산하였고 재생산해 갔습니다. 그들도 청일전쟁 보도 속에서 많은 사람들에게 무엇을 전할 것인가, 라는 자각을 강하게 하였고 저널리스트에서 작가로의 길을 걸어가기 시작합니다. 청일전쟁을 보도했던 기자들은 전쟁을 계기로 사람들 속으로 들어갔습니다.

그때까지의 문필가들은 스승에게 제자로 입문하여 수련하는 에도 시대의 예능인이나 장인들과 같은 교육 방식을 취하고 있었습니다. 그것이 매스미디어에 기사를 경쟁적으로 쓰도록 하는 육성 방식으로 바뀌었고 오자키 코요(尾崎紅葉) 등 문예 스승으로 자처하고 있던 사람들의 역할을 종식시킵니다. 경합하는 작가로 구성된 '문단 사회'가 '매스미디어 사회'를 지탱하는 집단으로 등장하는 것입니다.

'매스미디어 사회'와 '국민'의 성립은 '정론 상황'을 '정치 사회'로 변신시켰습니다. '정론 상황'은 밀실에서의 정치 결정에 대해 민권파가 공공연한 논의를 요구한 것이었습니다. 그것은 나아가 민중이 지켜보는 가운데서 정책 논의와 정책 결정을 요구하는 새로운 '정치 사회' 로 급변시켰던 것입니다. 민권 시대의 당파별 대신문에 대해 추밀원 서기관 이토 미요지(伊東巳代治)가 경영하는 『도쿄니치니치신문(東京日日新聞)』이나 입헌정우회 소속 대의원인 오오카 이쿠조(大岡育造)가 경영하는 『주오신문(中央新聞)』 등이 정부 요인이나 정부계 정보를 전하며 대항합니다. 이러한 '정보 경쟁' 에 의해 '국민' 여론을 형성하고 공개적이고 공적인 논의를 거쳐 정치 결정으로 갖고 가는 기량을 다투는 '정치 사회' 가 탄생한 것입니다. 일대일의 교섭 능력이 아닌 집단 가운데서 논의하고 찬동을 얻어 리더가 되어 실현해 가는 정치가, 정당인이 요구되는 시대가 도래했습니다. 논의의 장이나 유권자, 더욱 폭넓은 민중이나 매스미디어에 무엇을 말할 것인가가 정치가의 역량을 판단하는 잣대가 되는 시대가 나타났습니다.

## 사회에 필요한 인재 육성으로

정치의 장이 확대된 것뿐만 아니라 더 크게는 청일전쟁 후의 산업 발전으로 인해 경제적 인재가 널리 요구되기 시작합니다. 민권운동 시대와 같이 정치에 열광하는 '정치 청년' 에서 '황금, 황금을 외치고 돈벌이, 돈벌이' 라고 부르짖는 '실업(實業) 청년' (〈국민의 벗[国民之友]〉 301호, 1896년 8월)으로의 변신이 요구되었습니다. '읽기·쓰기·셈하기' 가 기초 교육이었던 에도 시대부터 19세기 후반까지와는 달리 청일전쟁 이후는 더 구체적인 요청에 응할 수 있는 인재 배출이 필요했습니다.

여기에서부터 구체적인 요청을 실현하면서 그 다음을 예측하는 양성 과정까지도 포함한 '학력' 중시의 '학력 사회' 가 탄생하였습니다. 청일전쟁 후에 중학교나 실업학교, 여학교 등 중등학교의 정비가 청일전쟁 후에 이루어진 것도 '학력 사회' 의 큰 요소였습니다. 1894년에 심상중학교 입학 자격이 고등소학교 제2학년 수료로 되어 소학교—심상중학교가 직결되고 전문학교나 고등학교, 각종 학교 등으로 한 단계 한 단계 밟아 올라가는 것이 의무화됩니다.

나쓰메 소세키(夏目漱石)의 『산시로(三四郎)』의 첫 장면은 구마모토의 중학교에서 도쿄의 제1고등학교로 입학하는 신입생의 생각을 그리고 있습니다. 1894년의 고등학교령에 의해 고등학교가 대학 입학을 위한 예과를 설치함으로써 고등학교—제국대학이라는 학력의 사다리도 제시되었던 것을 반영하고 있습니다. 청일전쟁 전의 실업학교는 정원을 확보하기가 어려웠으나 청일전쟁 후에는 정원이 차는 것이 일반화되고, 1고(현재의 도쿄대학 교양학부)를 웃도는 높은 경쟁률을 보인 도쿄고등상업학교(현재의 히도쓰바시〔一橋〕대학)와 같은 학교가 나타나기 시작합니다(E·H·킨몬즈, 『입신 출세의 사회사—사무라이에서 샐러리맨으로〔立身出世の社会史—サムライからサラリマンへ〕』 다마가와대학출판부〔玉川大学出版部〕, 1995년).

청일전쟁을 포함한 1891년부터의 5년간과 이후의 1896년부터의 5년 사이에 제국대학, 관립, 공립, 사립의 전문학교 졸업생은 11,460명과 12,884명으로 대개 비슷하지만(아마노 이쿠오〔天野郁夫〕, 『대학의 탄생〔大学の誕生〕』 상권, 주코〔中公〕신서, 2009년), 재학생은 큰 폭으로 늘었다고 추정됩니다. 후자의 70%는 법률, 정치, 경제 분야의 사립 전문학교 졸업생으로 실업계로 몰려 나갔습니다. 그리고 다수의 사립 법학계 전문학교들은 출판된 '강의록'으로 각지에서 배우는 교외생(비정규생)을 교내생(정규생)의 5배 이상이나 입학시키고 있었고, 도쿄, 오사카의 본교 이외에서도 고등교육을 전하는 노력이 인재 양성의 요구에 응하여 실현되고 있었습니다. 그 후 오랫동안 이어지는 사학(私學)의 시대라고 할 수 있는 고학력 인재 양성 상황이 청일 전후에 이미 나타나고 있습니다.

## 사회의 안팎

1894년에 조약개정이 실현됩니다. 불평등조약이 속속 개정되고 영일통상항해조약 등의 신조약이 체결되었습니다(1899년 시행). 이것은 치외법권에 의해 지켜지던 일본 국내의 '외국'을 일본이라는 영토에서 소멸시키는 것만을 의미하는 것이 아닙니다. 치외법권 폐지에 의해 외국인이 일본의 어디에나 거주하고 상행위를 하고 일을 할 수 있게 ('내지잡거[內地雜居]') 됨에 따라 강력한 경제적 경쟁자로서의 외국인 상인이나 유효한 노동력으로서의 아시아인 노동자가 대량으로 유입되는 것이 예상되었습니다.

그것을 상정하여 1897년에 '노동조합기성회'가 결성됩니다. 일본인 노동자의 생활과 권리를 지키기 위한 운동의 목적에는 값싼 아시아인 노동력에 대한 대처가 포함되어 있었습니다. 근대 일본의 노동 운동의 시작은 아시아를 의식하고 국민국가의 틀을 유지하려는 운동의 의미도 갖고 있었습니다. 그 단계에서의 노동 운동의 개시도 자본가와의 대립을 심화시켜 점차 탄압이 강해지고 여기에서도 '사회' 의 모순이 확대되어 갑니다.

1895년 타이완을 획득함으로써 본토 이외에 또 하나의 일본인 '외지 사회' 가 탄생합니다. 교육이나 취직, 취업의 기회가 내지 이외에도 생겨나 종주국인 일본의 민중을 유인해 갑니다. '외지 사회' 에 설치된 각종 고등교육기관(경성제국대학, 타이베이제국대학, 뤼순〔旅順〕공과대학 등)은 외지의 주민을 교육시킬 뿐만 아니라 이주한 일본인 자제의 교육도 목표로 하고 있었습니다. 청일·러일전쟁을 거쳐 타이완, 남부 사할린(南樺太), 조선이라는 '외지 사회' 를 획득하여 그곳을 발판으로 나아가 외국인 중국에도 일본 기업이나 일본인들이 진출해 나갔습니다. 그곳에서는 저임금으로 공장을 경영하며 중국인과의 모순을 심화시켜 가게 됩니다. '외지 사회' 의 성립에서 보듯이 섬나라 국가 일본은 대륙 제국 일본으로 변신하고 '외지 사회' 는 일본인이 중국이나 시베리아 등의 대륙으로 진출하는 창구가 됩니다. 유럽의 강국이 형성하고 있던 제국주의의 국제 체제에 근대 일본도 참가한 것입니다.

중국의 민중은 아편전쟁 이래 침략을 계속하는 서양인을 '양놈(鬼子)' 이나 '양아치(洋鬼子)' 로 부르고 있었는데 청일전쟁부터 '가짜 양아치(假鬼子, 서양인= '양놈〔鬼子〕'의 흉내를 내는 일본인)' '동양 양아치(東洋鬼子, 동양은 일본을 지칭)' 나 '일본 양아치(日本鬼子)' 의 명칭이 등장하여 15년전쟁기부터는 '양놈(鬼子)' 은 일본 군인이나 일본인한테만 사용하게 되었습니다(다케다 마사야〔武田雅哉〕, 『 '양아치' 들의 초상—중국인이 묘사한 일본인〔「鬼子」たちの肖像—中国人が描いた日本人〕』, 주코〔中公〕신서, 2005년).

## 러일전쟁이 만든 군사적 사회

그렇다면 청일전쟁 10년 후에 일어난 러일전쟁(1904~1905년)은 사회에 어떠한 변화를 가져온 것일까요. 한마디로 말해 열강과 어깨를 나란히 하여 제국주의의 세계 체제를 유지하는 군사적 색채가 짙은 사회로 변모시켰다고 할 수 있겠습니다.

러일전쟁 발발 2년 뒤 가을인 1906년 10월에 원로 야마가타 아리토모(山県有朋)는 '제국 국방방침안'을 메이지 천황에게 상주하였습니다. 러일전쟁 후의 일본의 국방 구상을 측근인 다나카 기이치(田中義一) 보병소좌에게 기초시킨 것으로 정식 절차를 밟지 않은 아직 시안(試案)에 불과하였습니다. 천황은 이것을 참모본부와 해군 군령부에 보내어 검토하도록 하였습니다. 사안(私案)은 군사 관료 조직의 검토에 의해 공적인 성격을 띠게 되었습니다. 육군 참모본부와 해군 군령부는 검토 후 상주하였고 또한 천황은 육해군의 장로 조직이며 자신의 최고 군사 고문 조직인 원수부에 검토를 요구합니다.

1907년 4월 17일 원수부 회의는 천황이 내려 보낸 '일본 제국의 국방 방침' '국방에 필요한 병력' '제국 군대의 용병 강령'의 모두를 '지당한 방책'으로 인정하고 상주하였습니다. 이에 통수의 최고 책임자인 천황이 승인한 군사 방침으로 확정합니다. 통수에 관계없는 통치 기관인 정부의 책임자 사이온지 긴모치(西園寺公望) 수상에게는 그 후의 열람만 허락될 뿐이고 다른 각료에게는 통지조차 되지 않았습니다(오오에 시노부〔大江志乃夫〕, 『통수권〔統帥権〕』, 일본평론사〔日本評論社〕, 1983년).

'일본 제국의 국방 방침(日本帝国ノ国防方針)'은 통수권의 독립

을 이유로 외무성의 검토나 각의를 거치지 않고 일본의 가상 적국(러시아와 아메리카, 독일, 프랑스)이 상정되어 그들과 싸우기 위한 '국방에 필요한 병력'도 정해져 있었습니다. 사이온지는 기록을 남기고 있지 않지만 장래의 군비 방침으로 받아들여 경제, 재정 능력의 범위 내에서 실현하면 된다고 낙관하고 있었다고 추측됩니다. 그러나 이들 군사 방침은 입안을 담당한 군부에게는 지고의 기본 방침(대외 비밀)이 되어 정치에 개입하는 중요한 근거가 되어 갑니다.

같은 해 9월 12일 육군성은 '군령 제1호'를 제정하여 통수에 관하여 천황의 재결(칙정〔勅定〕)을 거친 명령을 '군령'으로 한다고 자기 결정을 하였습니다. 칙령 등으로 먼저 '군령' 규정을 행한다는 통상의 절차가 아닌 이상한 제정 방식인데도 정부도 규정 위반이라는 소리를 내지 못했습니다(이와이 타다구마〔岩井忠熊〕, 「제국헌법 체제의 붕괴〔帝国憲法体制の崩壊―内閣官制·公式令·軍令をめぐって〕」, 동편〔同編〕『근대 일본 사회와 천황제〔近代日本社会と天皇制〕』, 가시와서점〔柏書房〕, 1988년). 그 후 군부의 정치적 진출은 더욱 진행되어 정당과의 대립을 심화시켜 갑니다. 그리고 제1차 호헌운동 등이 일어나 정당 정치에 대한 요구가 강해지고, 1910년대에는 군축을 요구하는 운동도 시작됩니다(나리타 류이치〔成田龍一〕, 『다이쇼 데모크라시〔大正デモクラシー〕』본 시리즈 제4권)

도시나 농촌에서는 내무성의 건설 자제 정책에 의해 전몰자를 추도하는 충혼비를 한 정촌(町村)당 1기(基)를 세우도록 하는 등의 지시가 내려졌는데도 불구하고 충혼비는 확산되어 갔습니다. 충혼비가 전쟁을 수행하는 병사들을 배출하는 '마을의 야스쿠니' 같은 역할을 담당하고 동시에 사람들에게 '전쟁의 기억'을 새기는 장치가 되도록 하는 것이 충혼비 건립을 추진한 사람들의 마음이 아니었을까요.

## 도시화를 가능하게 한 조건이란

군사적인 색깔만이 러일전쟁 이후 사회의 색채는 아닙니다. 1920년대에는 도시의 인구가 급증하여 '도시화의 시대'로 불립니다.

그것을 가능하게 한 것은 금융 환경의 변화였습니다. 러일전쟁 후에 허가하게 되었던 국채 이외의 외채 도입이 그 중심입니다. 근대 일본은 철도와 질록 처분의 원자본금으로 340만 파운드의 외채를 도입한(1870년과 1873년) 것 이외에는 외채를 모집하지 않는 방침을 지켜왔습니다. 하지만 군비 확장에 의한 재정난 때문에 청일전쟁 후에 방침이 전환됩니다. 1898년에 1,000만 파운드의 영국화 외채 발행(국가 재정 보전)을 시작으로 러일전쟁 이후가 되면 전비 조달을 위한 외채상환원자금으로서의 외채도 모집하게 됩니다.

게다가 러일전쟁 후의 불황도 겹쳐 국내 금융 시장에서 자금 조달이 불가능해지자 간사이(關西) 철도회사 976만 엔(1905년), 도쿄 시채(東京市債) 58만 엔, 만철 사채 1억 3,667만 엔(1907~1911년), 오오사카 시채 3,022만 엔(1909년), 교토 시채 1,755만 엔(같은 해) 등 계속해서 지방 자치체나 기업의 외채 발행도 가능해졌습니다(다카하시 마코토〔高橋誠〕, 『메이지 재정사 연구〔明治財政史研究〕』, 아오키〔青木〕서점, 1964년).

이로 인해 상하수도나 시내 전차 등의 인프라 정비가 진행되어 지역 거점으로서의 도시의 확대와 성장이 가능해졌습니다.

그러나 외채 발행은 금융 강국이기도 한 구미 열강들에 대한 빚입니다. 그에 대한 이자 지불이나 새로운 외자 도입 등이 1930년대까지 이어져 구미 금융 자본과 떨어질 수 없는 일본 금융계로 변신한 것입니다. 청일전쟁 후에도 무역 적자가 이어진 일본은 1913년에는 정

화(금화) 위기가 심각한 상황이 되어 정화태환금지, 즉 금본위제 붕괴의 위기가 일본은행 총재 미시마 야타로(三島弥太郎)의 수첩에조차 기재되는 상태가 되었습니다(이시이 간지[石井寬治], 『일본의 산업혁명[日本の産業革命―日淸·日露戰爭から考える]』, 아사히선서[朝日選書], 1997년).

언덕 위에 떠 있을 것으로 생각되었던 미래는 전쟁과 근린 제국과의 긴장 관계에서 발생하여 점차 파탄이 보이기 시작했습니다. 그 전형이 국가 재정입니다. 1880년대부터 1900년대까지 20년 이상 추진된 군비 확장과 10년 사이에 3번이나 치러진 전쟁(청일전쟁, 의화단사건, 러일전쟁)의 결과, 국고의 정화 준비는 고갈되고 국민은 증세, 국채와 불황으로 피폐의 극에 달해 있었습니다. 이를 구한 것이 제1차 세계대전이었습니다. 전쟁으로 아시아 수출이 막힌 구미 자본의 틈을 타 아시아 시장으로 대거 진출한 것이 일본 자본주의였던 것은 잘 알려져 있습니다. 1890년대의 내정의 위기('초기의회')는 아시아와의 전쟁으로 이겨내고, 1910년대의 위기는 유럽이나 아시아 등 세계의 희생으로 넘겼던 것입니다.


## '50년 전쟁' 중의 청일전쟁


사람들이 유기적으로 관계를 맺고 생활과 노동을 영위하는 것은 인류가 탄생한 이래의 일입니다. 그러나 봉건제까지의 유기적 관련은 지배―피지배의 틀과 신분제에 있었고 이것을 뛰어넘는 새로운 관계는 불가능했습니다. 일본의 경우 아편전쟁 등의 동아시아의 격동이나 메이지유신 같은 정치적 변동이 근대 국가로의 길을 걸어가게 합니다. ‘국민국가’ 라는 것은 프랑스혁명 이후의 환상이지만 그 환상에 집착하며 일본의 근대는 시작됩니다.

일본이라는 ‘근대 국가’ 의 전쟁은 아시아와의 50년에 걸친 전쟁이었습니다. 마지막으로 싸우게 된 1941년 12월부터의 대영미전(對英美戰)도 1937년 이래의 중일전쟁을 해결하기 위한 조건을 만드는 것이 그 목표입니다. 그때까지의 일본 전쟁사가 보여온 패턴인 적국=영미의 항복을 추구하여 유리한 강화 조건을 얻겠다는 등의 의지는 없고 ‘대동아공영권’ 이라는 슬로건에 있듯이 영미를 아시아에서 배제하고 일본이 맹주가 된 세력권을 만들겠다고 하는 것만 추구하였던 것입니다. 그런 의미에서는 ‘변칙적인 전쟁’ 이었습니다.

1874년의 대만 출병은 근대 일본 최초의 해외 파병인데 이 출병의 성과를 계속하여 유지·확대하기 위한 의지나 군사력은 없었습니다. 일본 국가가 계속적인 전쟁 의지를 갖게 된 것은 청일전쟁 이후의 일입니다. 대륙에 확보한 이권이나 식민지를 유지·확대하는 것이 아시아·태평양전쟁까지 이어진 일본의 국가 목표가 됩니다.

갑오농민전쟁이 일본이 조선에 출병한 원인이라고 하는 것은 이토 히로부미 수상이나 무쓰 무네미쓰(陸奧宗光) 외상 등 일본 정부가 만든 ‘대의명분’ 즉 구실에 지나지 않습니다. 1894년 6월 초순에 일본이 독자적으로 전투가 가능한 혼성여단(보병 1개 여단에 포병, 기병, 공병을 합한 약 8천 명)을 파병하자 농민군은 자주적으로 퇴거했으므로 진압의 필요는 사라지고 없었습니다. 그런데도 일본은 출병의 성과를 요구하며 조선의 내정 개혁을 조선 정부와 청국 정부에 강제적으로 요구하였습니다. 내정 간섭이라 하여 양국이 인정하지 않은 것은 당연합니다. 그것을 받아 조선국과의 사이에 7월 23일 전쟁(왕궁을 무력 점령하여 국왕

고종을 포로로 하고 대원군 정권을 세워 개전의 구실을 만듦)을 일으켜 풍도 앞
바다 해전(豊島海戰, 1894년 일본군 함대가 청군 함대를 공격하면서 일으킨 사건
―옮긴이), 성환전투(成歡戰鬪, 청일전쟁 때 성환에서 벌어진 청나라와 일본의 최
초의 격전―옮긴이) 등 청일전쟁으로 돌진합니다.

청일전쟁을 하면서 또 하나의 제2차 농민전쟁 섬멸작전을 수행
합니다. 대본영의 병참총감인 가와가미 소로쿠(川上操六, 참모본부차장)
는 현지 지휘관들에게 '동학당에 대한 조치는 엄중함을 요함. 향후 하
나도 남김없이 살육할 것'이라고 타전하여 철저한 배제를 명령하였습
니다(1894년 10월 27일). 명령대로 일본군은 조선정부군과의 공동 작전으
로 농민군이나 주민 수만 명을 죽이고 청일전쟁을 완수하는 조건 만들
기를 진행해 갑니다. 대만 할양을 강화 조건으로 넣기 위해 이토 히로
부미 수상은 대만작전을 제안하고 대본영은 그 일환으로 전쟁의 말기
에 팽호도작전을 개시합니다.

시모노세키강화조약이 성립하면서 협의의 청일전쟁은 끝나지만
대만은 아직 평정되지 않아 무장 농민의 저항으로 난항을 거듭했습니
다. 대만민주국은 일찍 붕괴했으나 대만 주민의 저항은 계속되었습니
다. 대만정복전쟁은 넓은 의미에서 청일전쟁의 종반(終盤)이 되었던
것입니다.

겨우 평정작전이 끝나고 전쟁을 통일적으로 지휘하기 위한 최
고 기관인 대본영이 해산한 것은 시모노세키강화조약 체결 1년 후인
1896년 4월이었습니다. 여기서 '청일전쟁'을 넓게 보아 ① 7월 23일
전쟁(대조선), ② 협의의 청일전쟁(대청) ③ 농민전쟁 섬멸작전(대조선민
중) ④ 대만정복전쟁(대대만민중)이라는 4종류의 복합 전쟁으로 생각하
지 않으면 그 후 일본의 아시아에 대한 관계 방식의 특색인 멸시와 폭

력을 이해할 수 없지 않을까요.

## '50년 전쟁' 중의 러일전쟁

청일전쟁이 끝나도 일본은 조선에서의 이권 확대를 쉽게 실현할 수 없었습니다. 그러한 초조함에서 주한 일본 공사는 일본군을 움직여 민비(명성황후) 암살이라는 대범죄를 저지르고 게다가 사건에 관여한 공사나 군인, 민간인들을 재판에서 무죄로 하여 처벌하지 않았습니다. 범죄로 인정하지 않겠다고 국가가 세계에 선언한 것이므로 그 후 아시아와의 긴장이 고조되는 것은 말할 것도 없습니다. 국왕과 세자가 러시아공사관에 1년이나 피난하여 농성한 사건(아관파천)을 거쳐 러시아의 한국 진출을 막기 위해 러일전쟁이 시작됩니다.

이토 히로부미나 이노우에 가오루가 청일전쟁 이전에 계속해 온 구상인 조선국의 열국공동관리안이 실현되고 있었다면 청일전쟁도 러일전쟁도 없었던 것은 아닐까요. 공동관리안이 조선 민중에게 어떤 손해를 끼칠 것인가, 라는 커다란 문제를 빼고 이야기하면 전쟁이 존재하지 않았을 가능성이 있었습니다(다카하시 히데나오〔高橋秀直〕, 『청일전쟁으로의 길〔日淸戰爭への道〕』, 도쿄소겐샤〔東京創元社〕, 1995년). 러일전쟁을 국가와 국민의 빛나는 역사로 생각하는 것은 일본에서만 통용되는 착각으로 아시아의 밝은 미래를 열어가지는 못했던 것입니다.

러일전쟁 후 일본과 러시아는 중국 침략으로의 공동 관계를 강화시켜 갑니다. 몇 번이나 협정을 맺고 중국이나 몽골에서의 이권 범위를 결정합니다. 러일전쟁은 서구 제국주의에 대한 아시아의 승리가 아니었습니다. 아시아로 진출하는 유럽 세력을 저지하는 것이 아니고 그들과 나눌 부분을 일본이 얻기 위한 전쟁이었던 것입니다.

러일전쟁에 의해 한국에 대한 지배권을 강화시킨 일본은 열강의 승인 아래 1910년에 한국병합을 단행하는데 이는 일본과 아시아의 모순을 한층 심화시키게 됩니다. 아시아의 근대화를 리드하는 일본이라는 이미지가 메이지유신에서 청일전쟁까지 아시아에서 계속되었고 그 결과가 한국이라는 나라를 소멸시켜 식민지로 만드는 것이었습니다.

인도독립운동의 지도자 자와하랄 네루(1947년에 인도 초대 수상)는 그에 대해 "쓴 결과를 가장 먼저 맛본 것은 조선이었다. 일본의 발흥은 조선의 몰락을 의미하였다"고 비판합니다. 그리고 일본이 중국의 영토 보전과 조선 독립의 존중을 계속해서 선언한 것은 "제국주의라는 것은 상대의 것을 빼앗으면서도 태연하게 선의의 보증을 하거나, 살인을 하면서도 생명의 신성함을 공언하기도 하는 비열한 행위의 상습자이다"라고 격렬하게 갈파하였습니다(네루〔ネルー〕, 『아버지가 딸에게 이야기하는 세계사〔父が子に語る世界歷史〕』제3권, 미스즈서점〔みすず書房〕. 인용은 1931년 12월 30일에 옥중에서 쓴 편지).

대일본제국의 식민지 지배는 50년간(영국령 인도는 70년간, 프랑스령 인도차이나는 67년간, 프랑스령 알제리는 132년간)에 종말을 맞게 됩니다. 1894년 이후 전쟁을 계속한 일본 근대 국가는 반세기 후 한꺼번에 붕괴하여 국가 파산에 처하게 되고, 민중을 도탄의 고통으로 떨어뜨렸던 것입니다.

① 이이즈카 코이치(飯塚浩一), 『일본의 군대(日本の軍隊)』(동대협
동조합출판회〔東大協同組合出版部〕, 1950년. 나중에 이와나미〔岩波〕현대문고)

'일본의 군대'를 병사의 시선에서 해석한 최초의 연구서라고 생
각합니다. ②와 마찬가지로 '1945년 8월 15일'이라는 충격은 일본 국
민에게는 낙담이었지만 아시아에는 해방의 축일이 됩니다. 그 낙차를
해명하는 것이 전후민주주의의 역할로 그 가운데 '군대론'도 있었습
니다. 노마 히로시(野間宏) 『진공지대(真空地帯)』와 함께 읽으면 더욱
실태를 이해하기 쉬울 것입니다.

② 다케우치 요시미(竹内好), 「일본의 근대와 중국의 근대―노신
을 중심으로 생각한다(日本の近代と中国の近代―魯迅を中心に考える)」
(竹内好, 『日本とアジア』竹内好評論集 第三巻, 지쿠마서점〔筑摩書房〕, 1966
년. 나중에 지쿠마학예문고)

중국에 대해 계속 생각해 온 다케우치 요시미의 평론 가운데 가
장 중요한 논고. 중국에서 생각을 넓혀 아시아의 현재를 생각할 때 여
전히 유효한 논문입니다. 중국은 '회심(回心)' 문화이나 일본은 '전향
(轉向)' 문화라는 지적은 21세기에 되어도 중요하며 독자에게 다시 한
번 멈춰서서 생각할 것을 촉구하고 있습니다. 물론 평론집 3권 전체를
다 읽을 것을 권합니다.

③ 마에다 아이(前田愛), 『환영의 메이지(幻影の明治)』(아사히선서
〔朝日選書〕, 1978년. 나중에 이와나미〔岩波〕현대문고)

시대와 사회를 근대 문학이나 다양한 문자 자료에서 읽어내는 것이 매우 능숙한 저자의 '메이지론'. 서간이나 일기 등을 자세히 독해하여 짜나가는 정치사학의 방법과는 완전히 다른 형태로 일본 근대를 설명해 줍니다.

④ 이시이 간지(石井寬治), 『일본의 산업혁명(日本の産業革命―日淸·日露戦争から考える)』(아사히선서〔朝日選書〕, 1997년)

경제사학자는 전쟁을 빼고 경제사를 논해왔다는 반성에서 쓴 일본 근대 경제사의 통사. 경제사를 중심으로 하면서 종합적으로 분석하고 새로운 역사상을 제시하고 있습니다. 저자의 『일본경제사(日本経済史)』(도쿄대학출판회〔東京大学出版会〕, 1976년. 최근의 한국어 번역판은 1992년 청하에서 간행)와는 다른 독후감을 얻을지도 모릅니다.

⑤ 야스다 히로시(安田浩), 『천황의 정치사(天皇の政治史―睦人·嘉仁·裕仁の時代)』(아오키서점〔青木書店〕, 1998년. 한국어 번역판은 하종문·이애숙 공역 『세 천황 이야기―메이지, 다이쇼, 쇼와의 정치사』 역사비평사, 2009년)

시리즈 제3권에서는 천황제라는 용어로 시대를 서술하는 것을 하지 않고 실태를 명확히 밝히는 것으로 근대 천황제가 국가와 사회에서 기능한 양상을 그려내는 것을 목표로 했습니다.

이 책은 3대의 천황이 통치권자로서 계속 기능한 사실을 정치한 사료 해석하에 파악하고 해명한 노작입니다. '근대 천황제'를 구체적으로 알기 위해서는 이 책을 읽기를 권합니다.

제4장 다이쇼 데모크라시란
어떤 데모크라시였는가?
―나리타 류이치(成田龍一)―

## 사쿠조(作造)와 신지(信次)

극작가인 이노우에 히사시(井上ひさし)의 『형과 동생(兄おとう
と)』이라는 작품이 있습니다. 요시노 사쿠조(吉野作造)를 주인공으로
하여 요시노의 데모크라시 사상을 축으로 전개되는 연극입니다. 극중
에는 사쿠조의 동생 신지(信次)가 함께 등장합니다. 이노우에는 이 형
제의 사상의 갈등에 초점을 맞추고 있는데 그 착안(着眼, 이노우에는 '취
향[趣向]'이라고 칭하고 있습니다)에 경복했습니다(덧붙여 사쿠조와 신지의 부
인도 자매지간입니다).

사쿠조는 1909(메이지 42)년부터 도쿄제국대학에서 정치사를 가르
치며 '민중'을 주체로 한 정치의 형태를 '민본주의'로 부르고 그것에
기초한 정치 체제를 구상했습니다. 그에 비해 신지는 도쿄제국대학에
서 배운 뒤 1913(다이쇼 2)년에 농상무성에 들어가 관료가 됩니다. 나중
에 제1차 고노에 후미마로(近衛文麿) 내각의 상공대신을 거쳐 귀족원

의원이 되어 익찬정치회의 상무이사까지 지냈고 전후에는 공직 추방을 당합니다. 언뜻 보면 사쿠조와 신지의 사상과 행동은 정반대이고 대립적으로 보이나 실제로 이 두 사람은 다이쇼 데모크라시라는 상황에 대한 관계 방식의 표리를 보여준다고 생각합니다. 사쿠조의 민본주의는 민중을 정치 주체로서 인정하고, 민중을 위한 정치를 이론화시키려 한 것입니다. 한편 신지는 민중의 자발성을 전제로 하면서 거기서 조직화를 지향하는 것을 보고 그것을 통치에 전용하려고 합니다. 민중과 정당이 대두하는 상황에 대해 사쿠조는 그것들을 정치로의 '참가'로 연결시키고, 신지는 새로운 체제로의 '통합'으로 유도해 갔다고 생각할 수 있습니다.

즉 사쿠조의 민본주의의 주장이 있었기 때문에 민중의 자발성을 통합으로 이용하려고 한 신지의 주장도 가능했던 것입니다. 말하자면 사쿠조와 신지라는 이 두 형제의 주장과 삶이 겹치는 부분에 다이쇼 데모크라시의 핵심 부분이 있고, 거기서 튀어나온 부분이 다이쇼 데모크라시의 폭을 만들고 있다고도 생각합니다. 이 시기는 자유방임의 데모크라시도 아니고 폭력적인 관료 지배의 시기도 아닙니다. 민중의 일정한 정치 참여가 보이고 그것이 새로운 통치로 이어지고 있던 그러한 시대였습니다.

과연 다이쇼 데모크라시는 어떤 의미에서 '데모크라시'였던 것일까요.

## 다이쇼 데모크라시란

'다이쇼 데모크라시'라는 용어는 당시부터 있었던 것은 아닙니다. 1954년경부터 사용된 것으로 1900년대 후반부터 1920년대 종반에 걸쳐 일본의 움직임을 '다이쇼 데모크라시'라는 관점에서 보려는 역사 인식입니다.

시기 구분은 역사학 연구의 출발점입니다. 다이쇼 데모크라시는 연호로 구분된 '다이쇼'(1912~1926년)를 끼고 전후 각 5~6년을 늘린 시기, 즉 1905년부터 1931년까지를 그 범위로 하는 것이 통설로 되어 있습니다. 이 시기 구분은 전후역사학에 의한 구분입니다. 정확히 말하면 전후역사학이 20세기 초두의 30년간 정도를 '다이쇼 데모크라시'를 축으로 파악하려 한 역사상입니다.

그 대표적인 연구인 마쓰오 다카요시(松尾尊允)의 『다이쇼 데모크라시(大正デモクラシー)』(이와나미[岩波] 서점, 1974년. 현재는 이와나미현대문고)를 공부하면서 다시 한 번 다이쇼 데모크라시란 무엇인가를 정리해 보기로 하겠습니다.

히비야(日比谷) 폭동(1905년)을 그 시작으로 '만주사변'(1931년) 전야까지의 시기를 범위로 하여 여러 사회 운동이 전개되고, 그중에서도 정당 정치의 실현을 지향한 움직임이 크게 일어나는 시기로, 총력전에 수반하는 총동원체제가 개시되기까지가 그 대상입니다. 그리고 이 시기는 쌀소동(1918년)과 그 결과 탄생한 정우회에 의한 본격적인 첫 정당내각인 하라 다카시(原敬) 내각에 의한 시기를 경계로 하여, 전기의 '민본주의의 시대'와 후기의 '개조의 시대'로 구분됩니다(이 점은 가노 마사나오[鹿野政直], 『다이쇼 데모크라시[大正デモクラシー]』, 일본의 역사[日

本の歷史] 27, 쇼우갓칸〔小学館〕, 1976년을 참조).

　여기서 염두에 두고 있는 '데모크라시' 의 내용이란 정당 정치의 실현과 사회 운동의 활성화였습니다. 시기에 대해 부언하자면 마쓰오 설에서는 러일전쟁과 '만주사변' 사이의 시기가 됩니다. 단 이 시기는 세계적인 시야에서 보면 제1차 세계대전(1914~1918년)이 총력전으로서 진행되고, 유럽 제국에서는 이미 총동원체제를 경험하고 있으므로 또 하나의 총력전과 총동원체제의 실시인 제2차 세계대전 사이의 '전간기(戰間期)' 에 해당됩니다. 또 이 시기의 일본은 '한국병합' 등 식민지 획득이나 제1차 세계대전에의 참전과 시베리아 출병 등의 해외 파병, 중국에 대한 21개조 요구나 산동 출병 등 침략 행위도 계속하고 있습니다.

　즉 이 시기는 제1차 세계대전에의 참전을 계기로 한 경제성장에 의해 일본 사회가 변화해 가던 때이고, 동시에 식민지 지배가 본격화하여 '제국 일본' 으로서의 형태를 갖추던 시대이기도 했던 것입니다. 그런 것들 때문에 이 시기를 과연 '데모크라시' 의 시대로 부를 수 있을 것인가 하는 비판은 지금까지 계속되어 왔습니다.

　그 때문이어서인지 고등학교의 교과서 중에서도 다이쇼 데모크라시에 관해서는 공통된 견해가 나와 있지 않습니다. 원래 요시노 사쿠조는 데모크라시를 '민주주의' 로 번역해서는 천황을 주권으로 하는 대일본제국헌법에 저촉되므로 '민본주의' 를 주창했던 것입니다. 그 의미에서는 메이지헌법 체제의 틀 내에서 데모크라시를 추구한다는 한계가 처음부터 있었습니다. 이렇게 생각해 볼 때 이 시대가 과연 '데모크라시' 에 맞는 시대였던가, 하는 물음은 역사 인식 그 자체에 달하는 본질적인 물음이 됩니다.

다이쇼 데모크라시의 시기는 다양한 이중성을 내포한 시기였습니다. 모더니즘과 내셔널리즘이 얽히고, 개방감과 폐쇄감이 동거하고, 인도주의나 마르크스주의가 겹쳐졌습니다. 일반적으로 이중성을 보이지 않는 시대는 없겠지만 다이쇼 데모크라시의 시기에는 특히 현저했습니다.

전기의 '민본주의의 시대'와 후기의 '개조의 시대'의 시기 구분을 따르면서 다이쇼 데모크라시가 갖는 이중성을 보고, 앞의 물음에 대해 생각해 보도록 하겠습니다.

## 이중의 감성

우선 다이쇼 데모크라시 시기의 정치 의식에 대해서입니다. '민본주의'의 입구에 들어설 시기에는 활발하게 '입헌적 제국주의'나 '윤리적 제국주의'라는 주장이 있었습니다.

이 시기에 활약한 정치학자 우키타 가즈타미(浮田和民)는 대외 정책으로서 일본 국민이 적극적으로 해외 진출할 것을 지지하면서 "지금의 제국주의는 민족 팽창의 자연적 결과로 단순한 침략적 제국주의가 아니다"라고 말하고 있습니다. 지금의 제국주의와 과거의 제국주의를 구분하는 것입니다. 그리고 '군사적 침략'이나 '약소국을 침략 병합'하는 것을 '종극(終極)의 목적'으로 하는 것을 부정합니다(『제국주의와 교육〔帝国主義と教育〕』, 1901년). 우키타는 이 점에서 윤리적 요소를 도출하여 "결국 세계의 문명, 인류의 복지를 증진시키기에 이른다"고 하였습니다. 게다가 우키다는 국내 체제의 입헌주의화가 불가결하다고 생각하여 현재의 정부 비판과 제도의 개량을 강구합니다. 근대 국가의 정치 원리로서 입헌주의를 주장하는 것과 제국주의의 진행이 우키다 안에서 동거하며 결합하고 있는 것입니다.

이 데모크라시와 제국주의의 공존을 비판 의식과 팽창 의식이라는 이중성으로 볼 때 일반 사람들의 심성도 비슷하게 이중성을 갖고 있었습니다. 그들이 동경하는 영웅상에서 접근해 봅시다.

다이쇼 데모크라시의 시대에는 교육열과 식자율이 높아지면서 식자층이 비약적으로 확대되었습니다. 출판물 중에서 대중의 영웅이 등장하였습니다. '민본주의의 시대'의 영웅을 많이 배출한 것은 오사카의 다치가와 분메이도(立川文明堂)가 발행한 소형 고단(講談, 영웅들의 역사적 사실이나 무용담 등을 엮어낸 이야기—옮긴이) 책, 이른바 다치가와 문고(立川文庫)입니다. 1911년에 간행하기 시작하여 미토코몬(水戸黄門), 오오쿠보 히코자에몬(大久保彦左衛門) 등 실재 인물에서 사루토비 사스케(猿飛佐助), 기리가쿠레 사이조(霧隠才蔵) 등 가공의 존재까지 영웅호걸이 활약하는 이야기가 가득 들어 있습니다.

처음엔 오사카 상점의 소년 점원들이 주요 독자였다가 점차 오사카 이외의 소중학생들에게까지 퍼졌습니다. 특히 사루토비 사스케나 기리가쿠레 사이조 등 닌자술의 명인들이 인기를 모았습니다. 사루토비나 기리가쿠레는 사나다 유키무라(真田幸村, 일본 센고쿠 시대의 전설적인 무장—옮긴이)를 받들며 도쿠가와 집안을 괴롭힙니다. 그들은 성격이 명랑하였을 뿐만 아니라 도쿠가와로 상징되는 지배자에 대한 비판 의식이 그들의 인기를 떠받들고 있었습니다.

또 이 시기에는 나카자토 가이잔(中里介山) 『대보살 고개(大菩薩峠)』(1913~1941년)에 등장시킨 쓰쿠에 류노스케(机龍之助)와 같은 허무주의적인 영웅도 있습니다. 쓰쿠에 류노스케는 거의 무의미한 살인을 계속하는 낭인(浪人)입니다. 일반적으로 대중문학은 지식인들이 읽는다고도 하는데 '민본주의의 시대' 의 적지 않은 지식인들이 폐쇄감을 품으며 허무주의적인 심정에 빠져 있었음을 엿볼 수 있습니다.

비판 의식과 허무적인 심정, 명랑한 영웅호걸과 고독한 낭인— 이러한 양자가 동거하는 것이 '민본주의의 시대' 였습니다. 생각해 보면 요시노 사쿠조로 대표되는 민본주의자는 『주오코론(中央公論)』이나 『오사카아사히신문(大阪朝日新聞)』을 비롯하여 잡지나 신문에서는 활발한 활동을 펼쳤으나, 사카이 도시히코(堺利彦)나 오스기 사카에(大杉栄), 아라하타 칸손(荒畑寒村)과 같은 사회주의자들에게 이 시기는 '겨울의 시대' 나 다름없었습니다.

사회주의자들은 러일전쟁 후의 사회 상황 가운데 평민사(平民社)를 중심으로 결집하여 정부 비판의 언론 활동을 전개하고 1906년에는 일본사회당을 결성합니다. 또 지역에 거점을 만들고 사회주의의 전도 행상을 계속하는 등 폭넓은 활동을 전개합니다. 그러나 메이지 천황을 암살하려 했다는 이유로 1910년부터 검거가 시작된 '대역사건' 으로 큰 타격을 입게 됩니다. 사건을 날조하여 암살을 계획하고 폭탄을 제조한 사람들 외에도, 검거 대상을 확대하는 음모로 인해 암살 계획과 전혀 관계없는 고우토쿠 슈우수이(幸徳秋水) 등에게도 화가 미칩니다. 26명이 기소되어 12명이 사형을 당했습니다. 이렇게 사회주의자들의 활동 자체가 제한되고 운동은 급속도로 쇠퇴해 갑니다. 사건에 충격을 받은 이시카와 다쿠보쿠(石川啄木)는 '시대 폐색의 현상' 이라는 말로 자신의 심정을 토로했습니다.

이와 같이 민본주의자의 앙양과 사회주의자의 쇠퇴가 동거하고 있는 것이 이 '민본주의의 시대'였습니다. 다이쇼 데모크라시는 시계추가 어느 한 쪽으로 쏠리지 않는 이중성을 갖는 시기에서 출발한 것입니다.

## 강화되는 모더니즘

쌀소동 이후의 '개조의 시대' 특히 1920년대가 되면 큰 틀의 이중성은 유지되지만 두 요소의 역학 관계는 변용하기 시작합니다. 민본주의자들이 논의를 진행시켜 개조론을 주창하게 됩니다. 또 사회주의자가 부활하여 사카이 도시히코나 오오스기 사카에가 새로운 조직 하에 활동을 재개함과 동시에 젊은 세대도 등장합니다. 비판 의식이 강해져 가는 것입니다.

이 '개조의 시대'의 민중 영웅으로서 구라마 텐구(鞍馬天狗)가 있습니다. 작자인 오사라기 지로(大佛次郎)는 도쿄제국대학에서 요시노 사쿠조의 가르침을 받고 가와카미 하지메(河上肇)가 주재하는 잡지『사회주의연구』를 구독하고 있었습니다. 구라마 텐구는 그야말로 다이쇼 데모크라시 속에서 태어난 영웅이라고 할 수 있습니다. 간토대진재 이후인 1924년에 제1작인「귀신탈의 여인(鬼面の女)」이 발표됩니다. 그러나 구라마 텐구도 출발할 때에는 아직 강고한 이중성을 품고 있었습니다.

구라마 텐구는 막말·유신기에 활약하는데 근왕, 좌막이라는 이데올로기에 관여하지 않는 '자유로운 검객'으로 설정되어 있습니다. 요코쿠(謡曲)「구라마 텐구(鞍馬天狗)」와 영국의 대중 작가의 단편을

섞은 이 제1작은 모더니즘(영국의 근대)과 내셔널리즘(일본의 고전)이 서로 뒤섞여 사람들에게 제공되었습니다. 어느 한 쪽에 기우는 것이 아직 없습니다.

그러나 '개조의 시대' 가운데 영웅들의 이중성 중 비판성이 커지게 됩니다. 평론가 쓰루미 슌스케(鶴見俊輔) 씨의 고찰에 의하면 처음엔 구라마 텐구가 '천황중심적·가족중심주의적인 권위주의'를 갖고 있습니다. 하지만 이야기가 진행되는 가운데 자립 능력이나 페어플레이 정신, 금욕주의나 계급을 초월한 정신 그리고 옛날 방식의 속박이 많은 인간 관계와는 다른 객관적인 인간 관계를 갖게 됩니다. 다이쇼 데모크라시 가운데 구라마 텐구 자신도 바뀌어 시민 정신을 체득해 갑니다. 본장에서의 주제와 관련지어 말하면 데모크라시의 담당자가 성숙(하다고 일단 말해두기로 하겠습니다)해 가는 것입니다.

그런데 이러한 이중성의 요소의 추이에 박차를 가한 것이 영화였습니다. '개조의 시대'에도 시대극이 주류를 이루며, '다이보사쓰 토오게(大菩薩峠)' '구라마 텐구(鞍馬天狗)'를 비롯하여 많은 영화가 만들어집니다. 영웅들은 스크린을 통하여 더욱 많은 사람들의 지지를 받게 되었습니다. 회구(懷舊)의 마음(내셔널리즘의 심정)을 갖는 가운데 근대화에 의한 생활의 변화(모더니즘의 생활)가 진행되어 이중성 중 모더니즘이 증가해 갑니다.


## 가부장제의 동요와 저항

다이쇼 데모크라시 시기에는 가부장제라는 가족의 이데올로기가 아직 강하게 존재함과 동시에 그 동요도 보이기 시작합니다.

'민본주의의 시대'에는 가정소설의 시작으로 일컬어지는 오자키 코요(尾崎紅葉)의 『곤지키야샤(金色夜叉)』나 도쿠토미 로카(德富蘆花)의 『불여귀(不如帰)』가 신파극으로 이어지며 널리 읽히게 되었습니다. 여기에는 가정이나 가족이 상대화되고 논의의 대상으로 부상하는 배경이 있습니다. 그 움직임은 시대를 통해 전진하였습니다.

여성 해방의 활동가로 오스기 사카에(大杉栄)의 아내였던 이토 노에(伊藤野枝)는 "나 자신의 경험뿐 아니라 최근에 여성들이 자의식을 다소 회복할 수 있었던 동기의 대부분은 젊은 여성들에게 가장 중대한 결혼 문제로부터 시작되었음은 의심할 수 없는 사실입니다"라고 단언하고 있습니다(「자유의지에 의한 결혼의 파멸〔自由意志による結婚の破滅〕」, 『여성공론〔婦人公論〕』, 1917년 9월). 수동적 자세를 취할 수밖에 없었던 결혼 문제에 대해 여성들이 주체적으로 게다가 비판 의식을 갖고 접근하려는 것이 이토의 말에서 전해져 옵니다.

저명한 여성 운동가인 히라쓰카 라이초(平塚らいてう, 「원래 여성은 태양이었다〔元始女性は太陽であった〕」, 『세이토〔青鞜〕』, 1911년 9월)도 "나는 끊임없이 남성을 부러워하고 남성을 흉내 내고 그들이 걸어온 같은 길은 조금 늦게 걸어가려는 여성을 보는 것을 참을 수 없다"고 말하고 있습니다. 가족과 가부장제에 대하여 여성의 자립을 지향하는 새로운 주장, 페미니즘에 기초한 데모크라시가 주장된 것입니다.

'개조의 시대'에는 모더니즘이 확대되는 한편 (시대소설과 함께) 통속소설이나 추리소설이 읽히게 됩니다. 기쿠치 칸(菊池寛)의 활약은 「진주부인(真珠婦人)」으로 대표되는데, 이 소설은 남작 가문의 영애(令愛)인 루리코(瑠璃子)가 정치가인 아버지를 몰락시킨 선박 졸부에게 복수하기 위해 그의 후처가 되어 막대한 재산을 얻고, 나아가 남성들에게 복수를 하는 이야기입니다. 루리코는 첫사랑인 청년을 버리고 후처가 되면서도 그 연인에 대한 '정절'을 끝까지 지킵니다.「진주부인」에서도 남성중심주의의 관점은 변하지 않으나 '정절·정조'가 자명한 것이 아니라 논의의 대상이 되어 가는 것입니다.

이 흐름을 더 크게 전개한 것이 요시야 노부코(吉屋信子)입니다. 요시야의 소설은 여성의 관점에서 '정절'의 문제를 거론하고 있습니다. 요시야는 도시의 중산 계급 가족을 모델로 하여「땅 끝까지(地の果てまで)」를 〈오사카아사히신문(大阪朝日新聞)〉에 연재합니다(1920년). 거기서는 숙부의 양육을 받은 자매가 자신의 의지를 관철하는 모습을 그리고 있는데, 혼담이 들어온 주인공인 미도리(綠)는 제시된 결혼 조건을 듣고 나서 다음과 같이 화를 냅니다.

바보, 바보, 누가, 누가, 시집을 가줄 줄 알고. 사람을 강아지나 고양이로밖에 보고 있질 않아. 사카다(坂田)! 이 착각만 하고 거만한 위선자놈! ……이 얼마나 청년답지 못하고 되바라진 핑계(理智)로 만들어진 결혼의 조건이란 말인가.

'머리가 좋은 것' '성품이 뛰어난 것'이나 '건강' '처녀'를 결혼의 조건으로 든 것에 대해 미도리는 '착각하는 청년의 이기적 타산의 결과 만들어진 조건'을 발견하는 것입니다. 여성의 이상과 여성들의 우정을 유연하게 묘사하는 요시야이지만 여성들의 사사롭지 않은 행위에 비해 남성들의 에고이즘을 부각시켰습니다.

이러한 요시야 소설의 주인공은 남편과 아이들로 구성되는 단혼 가족=핵가족을 영위하면서 그 때문에 남편과의 감정이 유대감을 이루는 관계를 살고 있습니다. 요시야는 '근대 가족' 의 등장을 배경으로 그 모습을 그리면서 양복을 입고 쾌활하게 걷는 '직업 부인' 을 자주 작품에 등장시키고 있습니다. 요시야의 소설은 가부장제의 부조리함을 늘 일상적으로 체험하고 있는 여성들이 독자층이 되어 그녀들이 갖는 감성이 투영되어 있습니다. 그녀들 또한 '개조의 시대' 의 데모크라시의 담당자였습니다.

그런데 여성들이 상황을 비판적으로 바라보고 거기서 목소리를 내는 것은 모더니즘의 진행과 연동하고 있습니다. 모더니즘은 풍속의 측면에서 먼저 나타났습니다. 단발에 양장을 하고 번화가를 활보하는 모던 걸이 선전되었던 것은 같은 '개조의 시대' 의 일이었습니다.

그러나 여성의 풍속의 면만을 강조하는 동시대의 평론은 사회의 심층부에서 일어나고 있는 변화를 무시하고 표층의 차원에서 사태를 극소화해 버리고 있는 것입니다. 미국의 일본 연구자 밀리엄 실버버그 씨는 미디어가 패션이나 생활 태도에 초점을 맞춤으로써 여성의 자각적인 태도라고 할 수 있는 '반역적인 움직임' 을 지우고 여성들의 사회에 대한 저항을 '성적인 방종' 이라는 '일탈' 로 바꾸었다고 비판적으로 분석하고 있습니다(*Erotic Grotesque Nonsense*, 2006).

이러한 모더니즘과 개방성에 대해 가족 전체의 일체화를 지향한 움직임도 있습니다. 1925년에 창간된 〈킹구(キング)〉는 그 대표작으로, 아버지를 축으로 한 가족을 상정하고 가부장제의 새로운 모습을 그리고 있습니다. 〈킹구(キング)〉는 가정, 사회, 국가, 국제 관계를 논하고 해설하며 '재미있고 유익한' 것을 표방합니다. 바꿔 말하면 가정과 국가에 가치를 두면서 그것을 사회와 국제 관계에 접속하는 것이지만, 거기에는 새로운 내셔널리즘이 태동하고 있었습니다. 〈킹구(キ

ング）〉는 (일견 도시부를 중심으로 하는 듯이 보입니다만) 마을의 유력자들이나 청년단을 통하여 큰 판로를 갖고 있었습니다. 이 계층은 그때까지 낡은 타입의 내셔널리즘의 담당자였습니다. 그런 그들이 모더니즘이 진행되는 가운데 종래의 가부장제와는 다른 측면을 강조하면서 새로운 내셔널리즘을 향해 가고 있는 것입니다.

독신 남성들은 조금씩 모더니즘으로 기울어 갔습니다. 추리소설은 그 중요한 영역입니다. 구로이와 루이코우(黑岩淚香)가 번안한 탐정소설은 1890년 무렵 활발하게 읽혔는데, 잡지 〈신청년(新青年)〉이나 그것을 무대로 활약한 에도가와 란포(江戶川乱歩)가 1920년대에 등장하기에 이르러 그 양상이 크게 달라집니다. 〈신청년〉은 처음엔 청년 대상의 수양(修養) 잡지였으나 1923년 4월에 란포의 「이 전짜리 동전(二銭銅貨)」이 게재되자 단번에 모더니즘 잡지로 바뀝니다. 추리소설 전문 잡지도 창간되어 구미의 탐정소설의 번역 소개도 활발해졌습니다.

범죄를 조사하는 데는 합리적인 사고나 정합성, 또 범죄자의 심리 분석과 사건의 해석 등 근대적인 사고와 행동이 전제가 됩니다. 추리소설은 새로운 사회관과 인간 관계를 초래하는 것입니다. 특히 「이 전짜리 동전(二銭銅貨)」에 등장하는 두 명의 청년이 무직자로 울적한 감정을 품고 있었듯이, 독신 남성들 주위에 있는 모더니즘은 개방을 향하는 것뿐만 아니라 폐쇄감을 동반하는 것이었습니다.

여기까지 보아온 것처럼 다이쇼 데모크라시 시대는 모더니즘과 내셔널리즘, 외래성과 토착성, 개방감과 폐쇄감과 같은 이중성을 가지며 두 개의 극을 갖는 사상이 동거하고 있었습니다. 이 극은 단순한 동거가 아니고 나누기 어렵게 서로 복잡하게 얽히고 서로 의존하고 있었습니다. 이것이 이 시대 데모크라시의 성격을 복잡하게 만들고 있는 것입니다.

## 식민지에 대한 자세

이 시기의 데모크라시의 성격을 물을 때 두 개의 질문이 그것을 검증하는 리트머스 시험지가 될 것으로 생각합니다. 하나는 대일본제국이 갖는 식민지에 대해 데모크라시의 담당자가 어떤 태도를 취했는가, 또 하나는 다이쇼 데모크라시 뒤의 전쟁과 파시즘 시대가 나타난 것을 어떻게 생각하는가, 라는 것입니다. 모두 다 지금까지 보아온 다이쇼 데모크라시의 이중성, 특히 내셔널리즘과 모더니즘과의 관계가 확실히 모습을 드러내고 있는 국면입니다. 앞서 언급하였듯이 모더니즘과 내셔널리즘은 비판 의식과 팽창 의식에서 거의 겹쳐지는데, 전체적으로 모더니즘이 진행되는 가운데 내셔널리즘=팽창주의를 어떻게 제어했는가를 데모크라시의 과제로서 고찰해 보겠다는 것입니다.

식민지를 가진 민중은 대국(大國) 의식과 그것에서 유래하는 내셔널리즘을 갖고 있습니다. 예를 들면 1919년에 이미 일본의 식민지였던 조선에서 사람들이 독립을 요구하며 일으킨 3·1 독립운동에 대해 저널리즘은 소리 높여 비판하고 여론도 이에 동조합니다. 〈오사카아사히신문(大阪朝日新聞)〉(3월 8일)은 「조선의 소요(朝鮮の騷擾)」로 보도하고 "불령한 무리들이 끊임없이 선동하고 무고한 조선인들이 사건의 진상을 알지 못한 것으로 인해" 각지에 '소요'가 만연했다고 전했습니다. 〈도쿄니치니치신문(東京日日新聞)〉(4월 10일)은 '천박 무지한 조선인들이 마치 일대 복음이라도 되는 듯이 맹신하여 조선의 독립을 꿈꾸고 드디어 오늘날과 같은 소요를 야기시켰다"고 편견을 감추지 않고 있습니다.

이러한 대국 의식 아래에서 어떻게 식민지를 언급하고 그것을 제어하는 데모크라시가 주장되었는가, 우선은 그 점을 고찰해 보겠습니다. 여기서는 미술 평론을 행한 야나기 무네요시(柳宗悅)와 언론인으로 활동하고 있던 이시바시 탄잔(石橋湛山) 두 명의 주장을 들어 보겠습니다.

야나기 무네요시는 1919년의 3·1 독립운동 뒤에「조선인을 생각한다(朝鮮人を想う)」(〈요미우리신문〔読売新聞〕〉 1919년 5월 20~24일)를 씁니다.

일본은 조선을 다스리기 위해 군인을 보내고 정치가를 보냈다. 그러나 우정이나 평화의 진의를 아는 것은 종교가이고 예술가이다. 나는 국제 문제를 오직 정치가에게만 맡기는 습관은 기이하고 유치한 태도라고 생각한다.

야나기는 일본의 지식인들이 조선에 대해 "거의 어떤 영리함도 없고 깊이도 없고 또 온정도 없다" 는 것을 알고 '이웃나라 사람' 을 위해서 실망하고 있습니다. 그 때문에 '자신은 조선에 대해 충분한 예비 지식을 갖고 있는 것은 아니' 라고 하면서도 조선에 대한 공감을 이야기하고 있습니다.

야나기가 근거로 삼는 것은 '예술' 입니다. '과학' 과 '정치' 를 '예술' 과 대치시켜 '지(智)' 에 대해서 '정(情)' 을 말하고 "예술적 이해만이 사람의 마음을 안으로부터 알게 하고, 느낀 것에 무한한 사랑이 일어난다"고 합니다. 이것은 양의적(兩義的)입니다. 야나기는 마음의 세계를 중시하고 그 때문에 "조선의 역사가 받은 운명은 슬픈 것이었다"는 말을 하기도 합니다. "학대와 멸시를 받은 사람에게는 무엇보다도 인정이 필요한 것이다. 사랑이 필요한 것"이라고도 하고, "아마 그들(조선인)만큼 애정에 굶주리고 구하고 있는 인민은 없다"고 하였습니다.

여기서 야나기는 조선에 '사랑'과 '동정'을 주려고 하기 때문에 일본의 식민지주의에 대한 비판과 저항에 대한 공감을 말하고 있습니다. 그 위에 야나기는 정치 면이 아닌 예술에서 (일본과 조선과의) 접점을 구합니다. 정치적인 대항이 아니라 예술에서의 감정을 통한 공감을 중시하고 식민지 지배에 대한 대항의 수단으로서의 '폭력'을 회피하려고 하는 것입니다.

그러나 야나기의 공감의 배후에는 조선의 예술에 대한 보호자 의식이 있고 더불어서 (조선인에 대해) 그 예술의 가치를 가르친다는 태도가 무의식적이라고 하더라도 덧붙여져 있습니다. 식민지를 지배하고 있는 종주국이 식민지 사람들에 대해 이야기한다는 것—그 이야기를 거는 방식은 정말 어려운 면이 있습니다. 이러한 야나기의 말에 종주국의 우위성을 발견하고 야나기를 비판하는 논자가 있었던 것도 이유가 없는 것이 아닙니다. 그러나 야나기의 논의가 식민지 지배를 비판하는 것이고, 조선 사람들에 대한 공감을 갖고 있었던 것은 놓쳐서는 안 됩니다.

또 한 명 이시바시 탄잔의 식민지에 대한 발언을 살펴보겠습니다. 이시바시의 논의는 명쾌한 식민지주의 비판입니다. 「일체를 버릴 각오(一切を棄つるの覚悟)」(〈동양경제신보(東洋経済新報)〉, 1921년 7월 13

일)를 발표하고, 「대일본주의의 환상(大日本主義の幻想)」(상동, 1921년 7월 30일~8월 31일)을 거듭 강조하고 있습니다. 이시바시의 논의의 범위는 일본의 방침에까지 이어지고 있습니다.

이시바시는 일본의 이익을 경제와 군사의 관점에서 검증한 다음에 '어떤 경제적 이익'도 없으면서 '전쟁 발발의 위험이 가장 많은' 것은 '지나 또는 시베리아'라고 말합니다. 그리고 '대일본주의 즉 일본 본토 이외에 영토 내지는 세력 범위를 확장하려는 정책이 경제상, 군사상 가치가 없는 것'이라고 주장했습니다. 그리고 이시바시는 최근에는 세계적으로 '국민적 독립심'이 나타나고, '조선의 독립운동, 대만의 의회설치운동, 지나 및 시베리아의 배일운동은 이미 그 앞날이 어떻게 될 것인가를 말해주고 있다'고 합니다. 이들은 경찰이나 군대의 '간섭·압박'으로 누를 수 없는 것으로 가령 대일본주의에 이익이 있다고 하더라도 '오래 유지할 수 없는' 것이고 "어차피 버리지 않으면 안 될 운명이라면 일찍 이것을 버리는 것이 현명하다"고 했던 것입니다.

이시바시는 '자본'이 주(主)이고 "그 자본을 풍부하게 하는 길은 오직 평화주의에 의해 국민의 전력을 학문 기술의 연구와 산업의 진보에 쏟는 데 있다"고 하여 국민 경제(일국 단위의 경제)의 건전함을 추구합니다. 그리고 "광대한 지나의 전토를 우리의 친구로 만들고 나아가 동양 전체 아니 세계의 약소국 전체를 우리의 도덕적 지지자로 만드는 것이 얼마나 이익인지 모른다"고 말하였습니다(이상, 「대일본주의의 환상〔大日本主義の幻想〕」).

명쾌하고 강력한 논의로 다이쇼 데모크라시 시기의 데모크라시로서 가장 뛰어난 주장의 하나가 되었습니다. 이 때문에 이시바시의 논의는 동시대적으로는 〈동양경제신보(東洋経済新報)〉라는 경제 잡지의 주장에서 크게 벗어날 수 없는 제약을 안고 있었습니다.

야나기도 이시바시도 소수파의 주장에 지나지 않았고 야나기의 경우는 어려운 점도 갖고 있었습니다.

(식민지의 사람들의 행위가 아닌) 일본의 팽창주의를 향해 (조선의 사람들이 아니라) 팽창주의를 창피하게 여기지 않는 일본의 행위를 비판하였습니다. 그들의 논의는 데모크라시의 논의의 폭을 넓히고 소수파 사람들의 고립을 막게 되었습니다.


## 전쟁·파시즘으로의 단속(斷続)과 접속

전쟁 및 파시즘과의 관련은 어떠했을까요. 여기서는 하세가와 시구레(長谷川時雨)가 1928년 7월에 창간한 잡지 〈여인예술(女人芸術)〉을 열어 보겠습니다. 〈여인예술〉은 1932년 6월에 갑자기 종간하기까지 48책을 간행하였는데 그 궤적은 '개조의 시대' 시기의 하나의 전형을 보여주고 있습니다.

당초에는 「사회시론(社会時論)」과 함께 「문예월평(文芸月評)」 「연극시평(演劇時評)」 등의 난(欄)을 만들어 시나 소설, 희곡을 게재하고 문예적인 향기를 풍기고 있던 잡지였습니다. 창간호에는 야마가와 기쿠에(山川菊栄) 「페미니즘의 검토(フェミニズムの検討)」, 가미치카 이치코(上近市子) 「여성과 무의식(婦人と無意識)」, 모치즈키 유리코(望月百合子) 「여성 해방의 길(婦人解放の道)」 등을 실어 대동단결의 자세를 엿볼 수 있었습니다.

그러나 곧 지상에서 아나·볼 논쟁[47]이 일어나 균열이 일어납니다. 아나·볼 논쟁이란 혁명의 주체나 지향할 사회 구상을 둘러싼 논쟁의 하나입니다. 그리고 〈여인예술〉은 여성의 입장을 주장하여 "여성이 동반되지 않은 문화는 불구이고, 평등을 인정하지 않으면 왜곡된 인생이다"(「여인예술 3주년 기념호 예고」 1930년 6월)라며 남성 사상가나 민본주의자에 대해 강렬한 비판을 전개하고 있습니다. 체제 비판을 행하는 집단 내에서의 상호 대립이며(아나·볼 논쟁도 그런 것 중의 하나였습니다) 여성의 대동단결을 붕괴시키는 듯한 움직임을 보이는 것입니다.

그리고 급속도로 급진화합니다. 예를 들면 메이데이를 보도하고 소비에트의 소개에 정력을 쏟게 됩니다. 1931년 5월호에서는 「노동오월제, 메이데이 특집」을 들어 각국의 메이데이를 소개하고 있습니다. "메이데이 특집호를 거리에 넘치게 하라!" "메이데이 특집호로 여인예술을 진출시키라!" 라는 기사를 싣고, 또 이해 가을에는 (일본공산당에 관계하고 있었던) 경제학자 노로 에이타로(野呂榮太郎)나 가와가미 하지메(河上肇)들에게 원고를 의뢰합니다. 또 각국의 '여성의 날'에 대해서도 언급하며 중국, 조선, 터키, 인도, 투르키스탄 등의 여성들에 착목하여 "자각해 가는 동방 여성"이라는 특집을 내고 있는 것입니다(1931년 1월).

이러한 갑작스런 변화는 인도주의에서 사회주의 나아가 공산주의로 급진화해 가고 다이쇼 데모크라시 후반기의 궤적을 응축하고 있는 듯합니다. 〈여인예술〉 자체에 대해서도 스스로 '낡은 껍질을 부

---

47 다이쇼(大正) 시대 무정부주의자(아나코—상디칼리스트)와 마르크스주의자(볼쉐비스트) 사이에서 행해진 논쟁. 특히 노동운동의 조직론을 둘러싸고 정당의 지도를 배제하는 자유연합론을 주장하는 아나파에 비해 볼파는 중앙집권적인 조직론을 주장하였다.

수라!'(「고함(告)」, 1931년 6월)라고 말하며 "이 여성 태동의 발흥기에 연결된 기운을 만들어야 할 필요는 공통의 사업이라고 생각합니다. 우리들은 어제의 오류를 오늘 알게 되면 바로 고쳐 향상의 길로 전진해야 합니다. 그리고 진보적 여성 모두에게 지지받는 것을 기뻐합니다"라고 말하고 있습니다(「이것을 꼭 읽어 주십시오(ぜひ、これを読んでくださ い)」, 1931년 10월).

그러나 〈여인예술〉은 1932년 6월에 휴간해 버립니다. 하세가와 시구레(長谷川時雨)는 그 원인을 금전 문제라고 하였습니다만 내부에서의 대립이 '만주사변'으로 노출되어 파탄하였다고 생각합니다. '만주사변'에 어떻게 임할 것인가—1931년 9월 18일의 류조호(柳条 湖)에서의 사건은 비단 〈여인예술〉뿐만이 아니라 다이쇼 데모크라시에 결정적인 영향을 끼치고 있습니다. 전쟁이라는 사태가 한꺼번에 비판 의식을 위축, 쇠퇴시켜 공공의 장에서 퇴장시켜버린 것입니다. 다이쇼 데모크라시는 그만큼 약했다는 논의가 나중에 나와도 어쩔 수 없는 상황이었습니다. 전쟁의 큰 소용돌이에 데모크라시가 난파해버렸다고 할 수 있겠습니다.

그러나 데모크라시와 전쟁의 관계는 여기서 그치지 않습니다. 이미 〈여인예술〉(1931년 2월호)에서는 좌담회 「신만주국은 어떤 나라일까(新満州国とはどんなところか)」가 연재되어 '만주국'을 인지한 듯한 자세가 보입니다. 마찬가지로 이치가와 후사에(市川房枝) 등은 도쿄시회 의원선거를 계기로 도쿄부인시정정화연맹을 결성하고(1933년 3월), 공무원의 오직(汚職) 비판이나 쓰레기 처리 문제 등에 분주히 활동하며 여성의 힘을 보이는 것으로 공민권을 요구해 나가고 있습니다. 이 정화연맹은 체제로의 편입을 꾀하고 주체적으로 전시동원체제

에 협력하고 있는데, 체제와의 직접적인 일치를 지향하여 정당 비판을
하고 있으므로 결과적으로 기성정당의 기초를 붕괴시켜 가게 됩니다.
이런 움직임은 1935년, 1936년에는 국정 차원에서의 움직임이 되어 관
료가 주도하는 선거숙정운동이 전개되게 됩니다. 서두에서 말했던 요
시노 신지가 노린 노선이 여기에 있습니다.

　또 1932년에 결성된 일본노동조합회의는 삼반주의(三反主義), 즉
반무정부주의, 반공산주의, 반파시즘을 표방하고 비판 의식을 철수하
게 됩니다. 그리고 정부의 경제 정책에 협력함으로써 노동자의 기득
권을 지키려 하고 있습니다. 그리고 사회민주당은 군부를 지지하는
'만몽 문제에 관한 지령(滿蒙問題に関する指令)'을 발표하고 '지나 군
벌의 부당한 계획적 배일 행위'와 '우리나라 정부의 잘못된 전통적
부르주아 외교와 만몽 정책'을 비판하면서 "일본 국민 대중의 생존권
확보를 위해 만몽에서의 우리 조약상의 권익이 침해되는 것은 부당하
다고 할 수 있다"고 말했습니다. 다이쇼 데모크라시가 만들어 낸 사회
민주주의가 전쟁을 계기로 국가사회주의로 기울어 갑니다.

　사회대중당의 아소 히사시(麻生久)는 이러한 궤적을 뚜렷이 보이
고 있습니다. '만주 문제'를 고찰한 논문 가운데 아소는 '만주사변'
에 대해 "이것을 전부 제국주의적이라고 단정할 수 없는 많은 요소들
이 포함되어 있다"고 말합니다(「만주사변 및 5·15사건의 비판과 국가 개혁의
지도 정신〔満州事変及び5·15事件の批判と国家改革の指導精神〕」, 『해방〔解
放〕』, 1935년 11월). 아소는 "'자본가 계급의 의도'에 반하여 사변이 일
어났고('만주사변'은) '반자본주의적 경향'을 갖고 있으며 '일본의 국
가 개혁과 불가분의 관계에서 전개되었다"고 논했습니다. 도쿄제국
대학 재학 시절에 신인회에 참가한 아소는 졸업 후에도 운동을 계속하

여 일본노동총동맹 간부가 되어 1926년에는 무산정당인 일본노농당을 창당하였습니다. 말하자면 다이쇼 데모크라시의 궤적을 그대로 따라간 인물이지만, 여기서 아소는 평화를 방기하고 '만주사변'이라는 중국 대륙에의 침략 사건을 추인해 버립니다.

또 하나의 무산정당인 전국노농대중당이야말로 '제국주의전쟁 반대'의 태도를 표명하고 있었지만 총체적으로 보았을 때 비판 세력으로서의 무산정당이라는 입장을 방기하게 되어 버립니다. 데모크라시 세력이 용해해 버린 것입니다. 이러한 사태에 이르기까지는 확실히 정부에 의한 탄압이 있었지만, 다른 한편으로는 아소의 발언에서 보듯이 중국에 대한 침략을 개혁이나 구제와 연결시켜 전쟁을 지지해 간 것입니다. 이렇게 데모크라시는 안쪽에서부터 해체되었습니다. 더욱이 '만주사변' 후에는 비판 의식을 갖는 여러 세력이 입장을 방기하는 한편, 겨우 남은 소수의 비판적 집단 내에서는 여전히 작은 차이로 다른 집단을 비판하고 대립을 첨예화시킨 부분도 문제입니다. 비판적인 세력의 소실과 고립분산화가 진행됩니다.

'다이쇼 데모크라시에도 불구하고'라는 국면과 '다이쇼 데모크라시 때문에'라는 쌍방의 요소를 갖고 1930년대에는 전시 동원의 시대가 시작되는 것입니다.


## 세 명의 궤적

마지막으로 다이쇼 데모크라시의 가능성에 대해 언급하겠습니다. 이것을 생각할 때 세 명의 이름이 떠오릅니다. 히라사와 게이시치

(平沢計七), 야마모토 센지(山本宣治), 고바야시 다키지(小林多喜二)입
니다.

생활이라는 면에서 정치를 생각한 히라사와 게이시치는 '민본주
의의 시대' 의 가능성을 추진한 인물이라고 할 수 있습니다. 히라사와
는 노동운동가이며 노동자가 연기하는 노동극단을 설립하고 노동자
문화를 만들려 했습니다. 또 협동사상으로 소비조합을 설립하고 그곳
을 기초로 노동자를 위한 금융기관도 구상합니다. 노동자에 의한 공
동체를 구상하고 사회운동이나 문화운동 가운데 그것을 실현하려 하
다, 간토대진재 때 가메이도(亀戸)경찰서에서 나라시노 기병연대에
의해 죽임을 당합니다(가메이도사건〔亀戸事件〕).

신체라는 면에서 정치를 생각한 야마모토 센지는 '개조의 시대'
의 가능성에 기대를 걸었던 인물입니다. 야마모토는 생물학자로 거기
서 성교육, 성과학 나아가 산아제한운동에 관여합니다. 1928년에는 노
동당에서 입후보하여 정치의 세계에 뛰어듭니다. 성의 영역에 정면으
로 힘씀으로써 정치에 관여한 야마모토는 '개조의 시대' 의 사상을 대
표하고 있습니다. 그러나 중의원 예산위원회에서 3·15 사건의 '고문'
에 대해 대정부질문을 하고 치안유지법의 개정에 반대하는 가운데 정
우회가 강행 표결을 감행한 1929년 3월 5일 밤, 우익 단체 인물에게 칼
에 찔려 죽습니다.

다이쇼 데모크라시를 살았던 한 젊은이로서 고바야시 다키지가
있었습니다. 다키지의 29년의 생애는 1903년부터 1933년에 걸친 시기
로 다이쇼 데모크라시 시대와 거의 겹쳐 있습니다. 다키지는 히라사
와 게이시치의 추도회에 조문을 보내고 있는데 그 자신도 학살을 당합
니다.

「인도주의적인 분노(人道主義的な憤怒)」(구라하라 고레히토〔蔵原惟人〕에게 보내는 편지에서 보이는 단어)에서 사회주의로 접근해 간 다키지는 오타루고상 군사교련사건(小樽高商軍事教練事件, 1925년)을 비롯하여 이소노(磯野)소작쟁의, 오타루항만쟁의 등의 사건이 그로 하여금 '자각적 사회주의자'로 가게 합니다. 다키지는 이중 오타루 사회과학연구회에 참가하여 마르크스주의자가 되면서 자본주의 사회를 관철하는 '한 줄의 '실"(위의 편지)을 손으로 자아내어 잇고 있습니다. 인도주의에서 마르크스주의로 사상을 급진화한 것은 비단 다키지뿐만이 아닙니다. 이미 신인회에 모였던 젊은 제국대학 학생들이 같은 사상적인 코스를 걷고 있었습니다. '개조의 시대'의 또 하나의 형태를 보이고 있습니다.

동시에 채플린의 영화를 좋아하는 등 다키지의 영화 사랑은 잘 알려져 있습니다. 모더니즘과 마르크스주의가 다키지의 사상의 형태를 만들고 있는 것입니다.

앞의 내셔널리즘과 모더니즘이라는 면에서 말하면 히라사와는 내셔널리즘에 기초한 모더니즘으로 기울고, 야마모토는 모더니즘을 소셜리즘(사회주의)에 접합시키고, 다키지는 모더니즘에서 마르크시즘으로 직진해 갔다고 할 수 있습니다. 동시에 그들은 세 명 모두 현장의 사람들과 만남으로써 사상을 변화시키고 세계를 개량하는 실제적인 방향성을 모색하고 있습니다. 1928년 1월 1일의 일기에 다키지는 이렇게 쓰고 있습니다.

자, 새해가 왔다. 작년엔 무엇을 했는지. (중략) 사상적으로 분명히 마르크시즘으로 진전해 갔다. 후루카와(古川), 테라다(寺田, 사회과학연구회의 멤버), 노농당의 동지들을 얻은 것은 획기적인 일이다.

그리고 "자, 새해가 왔다. 우리들의 시대가 왔다. 우리들이 무엇을 해야할까가 아닌 어떻게 할 것인가의 시대이다"라고 쓰고 있습니다. 1920년대 말엽의 다키지(그리고 일본 사회)가 가졌던 고양감을 엿볼 수 있습니다.

데모크라시의 주장과 급진화한 마르크스주의의 주장. 다이쇼 데모크라시의 시기에는 데모크라시를 둘러싼 다양하고 중충적인 사상 상황이 보였습니다. 데모크라시의 개념을 그들 세 명으로부터 시사를 받으며 권력에 대한 규제라고 새롭게 정의할 때 여기에 다이쇼 데모크라시의 새로운 질—가능성을 볼 수 있을 것입니다. 그러나 다이쇼 데모크라시의 가능성을 보인 세 명이 당시 활동하는 가운데 죽임을 당해 버렸다는 점에서는 암울해집니다. 이 시대는 데모크라시가 압박을 당하고 베임을 당하는 폭력의 시대이기도 했음을 세 명의 죽음이 말해주고 있습니다.

① 이마이 세이이치(今井清一), 『벼락부자 천하(成金天下)』, 『지진에 흔들리며(震災にゆらぐ)』(「일본의 백 년[日本の百年]」 가운데 2권의 책, 지쿠마서점[筑摩書房], 1961년, 1978년. 나중에 학예문고[学芸文庫])

이 시기에 관해서는 재미있는 통사가 많이 있습니다. 그만큼 다이쇼기가 여러 사건으로 넘칠 정도라는 얘기겠지요. 그중에서도 「일본의 백 년(日本の百年)」이라는 사람들의 자전이나 수기 등으로 구성한 시리즈 중에서 이 2권의 책을 추천하고 싶습니다. 이마이 씨가 정치학자이면서도 사람들의 감정에까지 파고들어가 도시의 시대로서의 다이쇼 데모크라시를 그리고 있습니다.

② 마쓰오 다카요시(松尾尊兊), 『다이쇼 데모크라시(大正デモクラシー)』(이와나미서점[波書店岩], 1974년. 나중에 이와나미[岩波] 현대문고)

다이쇼 데모크라시의 사상과 운동을 축으로 그 전체상을 그리기를 시도한 저작입니다. 역사가로서 마쓰오 씨는 다이쇼 데모크라시의 여러 국면을 들어 그 가능성을 추구하였습니다. 도시뿐 아니라 농촌의 의식 변화에 착목하여 사회주의자와 민본주의자의 제휴나 피차별 부락운동에서의 움직임 등을 치밀한 사료 발굴을 통해 밝혀 갑니다.

③ 가노 마사나오(鹿野政直), 『다이쇼 데모크라시의 저류(大正デモクラシーの底流)』(일본출판협회[日本出版協会], 1973년. 『가노 마사나오 사상사논집[鹿野政直思想史論集]』 제1권, 이와나미서점[岩波書店], 2007년에 수록)

다이쇼 데모크라시의 가능성이 아닌 그 붕괴를 그린 저작입니다.

역사학자인 가노 씨는 민중사 연구로서 다이쇼 데모크라시가 얼마나 빨리 퇴장해 버렸는가를 창시종교(創唱宗教, 오모토교〔大本教〕), 청년단 운동, 대중문학(나카자토 가이잔〔中里介山〕, 『대보살고개〔大菩薩峠〕』)을 통해 고찰했습니다. 가노 씨는 다이쇼 데모크라시가 외재적인 형태로 '민중' 과 접하고 있었다는 인식을 갖고 있었습니다.

④ 후지타 쇼조(藤田省三), 『유신의 정신(維新の精神)』(미스즈서점〔みすず書房〕, 1967년)

다이쇼 데모크라시라는 생각에 대한 비판적인 저작도 들어 두겠습니다. 정치학자인 후지타(藤田) 씨는 다이쇼 데모크라시가 '보편적인 가치' 나 '규범' 을 제공할 수 없었다고 하여 부정적인 논의를 주장합니다. 여기에는 다이쇼 데모크라시가 아시아·태평양전쟁을 저지할 수 없었던 이유도 있겠지요. 후지타 씨가 유일하게 평가하는 것은 작가인 아리시마 다케오(有島武郎) 씨입니다.

⑤ 미야모토 켄이치(宮本研一), 「아름다운 자의 전설(美しきものの伝説)」(『혁명전설 4부작〔革命伝説四部作〕』, 가와데서점신사〔河出書房新社〕, 1971년에 수록)

다이쇼 데모크라시를 다룬 문예작품은 적지 않지만 그중에서 희곡을 골라 보았습니다. 대역사건에 의해 활동할 수 없게 된 가운데 동지들이 모여 재기를 꿈꾸는 사카이 도시히코(堺利彦)나 오스기 사카에(大杉栄), 사회주의자들, 또 활동을 개시하는 히라즈카 라이초(平塚らいてう)나 이토 노에(伊藤野枝) 등 여성 군상을 그립니다. 기노시타 준지(木下順二) 씨는 '겨울의 시대' (1964년)라는 희곡으로 만들고 있습니다.

## 서력(西曆)으로 생각하는 이유

제가 이 시리즈에서 담당한 것은 제5권『만주사변에서 중일전쟁
으로』입니다. 외교와 군사적 측면에서 대상 시기를 보면 관동군의 모
략에 의해 만주사변이 일어난 1931(쇼와 6)년부터 독일군에 의한 서유
럽 제국으로의 전격 침공이 일단락된 1940(쇼와 15)년(이하 특별히 언급하
지 않는 경우는 서력 뒤 두 자리로만 표기하겠습니다)까지가 됩니다. 국내 정치
적 측면에서 보면 군 내부의 불발 쿠데타인 3월 사건이 계획된 31년부
터 대정익찬회가 성립한 40년까지가 되고, 국제 경제적인 측면에서 보
면 영국이 금본위제를 이탈한 31년부터 미국이 민주주의 국가의 병기
창으로 자신을 자리매김한 40년까지로 총괄할 수 있습니다.

이상을 요약해 보면 필자가 대상으로 삼은 시기는 베르사이유·워
싱턴체제라는 국제 질서를 자신의 국가의 질곡으로 생각한 일본이나
독일이 군사력을 바탕으로 실력으로써 체제의 변혁을 시도한 10년이

라고 설명할 수 있습니다. 동시에 이 10년은 일본에서 관습화된 양당 정당제로부터 국민재조직을 포함한 정치신체제로의 이행이 모색된 10년이었습니다. 이렇게 제가 담당한 제5권은 세계와 일본의 체제가 축을 같이 하여 유동화한 시기에 상당하므로 쇼와 6년부터 쇼와 15년 까지의 10년을 생각하는 것이 아닌 '1930년대'라는 시야에서 총괄하는 것이 더 시대의 본질에 다가갈 수 있을 것이라 생각하여 이 장의 타이틀을 '1930년대의 전쟁은 무엇을 위한 투쟁이었는가'로 했습니다.

## 제2차 세계대전의 종결 지점에서

여기서 일단 이야기를 제2차 세계대전이 끝난 시점으로 옮겨가 보겠습니다. 이야기가 크게 선회하지만 나중에 반드시 원위치로 돌아 오므로 조금만 참고 읽어 주시기 바랍니다. 그런데 18세기의 철학자 루소는 그의 유고 『전쟁 및 전쟁상태론』에서 다음과 같이 말하고 있습니다. 전쟁은 적이 된 상대국의 정치의 기본적 틀, 질서=헌법에 대한 공격이라는 형태를 취한다(하세베 야스오〔長谷部恭男〕, 『헌법이란 무엇인가〔憲法とは何か〕』, 이와나미 신서〔岩波新書〕, 2006년)라고. 재미있는 것은 루소와 거의 같은 말을 19세기의 법학자 로렌츠 폰 슈타인도 하고 있습니다. 헌법이란 "사회적 질서의 표현, 국민적 사회의 실존 그 자체이다. 거기서 헌법이 공격받을 때에는 헌법과 법의 틀 외에 곧 무기의 폭력으로써 투쟁의 결착을 내지 않으면 안 된다"는 것이다(칼 슈미트, 「정치적인 것의 개념〔政治的なものの概念〕」, 나가오 류이치〔長尾龍一〕, 『칼 슈미트〔カール・シュミット〕 저작집』, 지가쿠샤출판〔慈学社出版〕, 2007년. 271

쪽, 밑줄은 원문).

　　양자 모두 헌법을 대일본제국헌법이라는 개별 헌법이 아닌 더욱 넓은 것, 국가를 성립시키는 기본 틀이라는 의미로 쓰고 있는 것은 분명합니다. 그렇다면 제2차 세계대전이라는 길고 격한 전쟁 끝에 승리한 영·미·프 등의 연합국이 패배한 독일이나 일본의 '헌법'을 어떻게 다시 쓸 것인가. 그 착지점을 확인하면 양 진영을 적대하게 만든 기본적 틀이 무엇이었는가를 도출할 수 있지 않을까요. 물론 여기서 말하는 헌법이란 전전기까지의 독일이나 일본에서의 기본적인 틀이나 질서를 말합니다. 그러므로 본고에서도 고쳐 쓴 '헌법'의 구체적 내용에 대해 고찰하지 않으면 안 됩니다. 제가 의도하는 바는 전전기까지의 독일이나 일본의 '무엇이' 연합국 측에서 문제가 되었는가 하는 이 점의 고찰에 있습니다.

　　독일군이 연합국에 항복한 것은 45년 5월 7일, 일본이 포츠담선언을 수락하고 항복한 것은 같은 해 8월 15일(항복문서 조인은 9월 2일)이고 이로써 유럽과 아시아 쌍방의 전장에서 전투가 종결되었습니다. 연합국은 독일의 전쟁범죄인을 뉘른베르크 국제군사재판(45년 11월 20일 설치)에서, 일본에 대해서는 극동국제군사재판, 이른바 도쿄재판(46년 5월 3일 개정)으로 재판하고, 국제군사재판소 조례로 뉘른베르크재판에 대해 재판소의 활동 범위나 규칙을 정했습니다.

　　이하 오누마 야스아키(大沼保昭)의 논고(『전쟁책임론서설〔戰爭責任論序説〕』, 도쿄대학출판회, 1975년)에 따라 국제법상의 '혁명'에 상당한다고 오누마가 판단하고 있는 국제군사재판조례에 따라 그 제정 과정을 확인해 보겠습니다. 이 조례는 45년 6월 26일부터 8월 8일에 걸쳐 미·영·프·소의 4개국 대표를 모아 개최된 런던회의에서 결정되었습니다. 동 조례 제6조의 내용은 두 가지로 ① 침략 전쟁을 일으키는 것은 범죄이고, ② 전쟁 지도자는 형사 책임을 진다고 쓰여 있습니다. ①을 전쟁위법관(戰爭違法觀), ②를 지도자책임관이라고 부르겠습니다.

조례는 뉘른베르크재판을 위해 준비된 것으로 도쿄재판에도 준용되어 극동국제군사재판소 조례 제5조에 같은 규정이 있습니다. 즉 제5조에서 "위에서 언급한 하나 또는 수 개의 행위는 개인 책임이 있는 것으로 보며 본 재판소의 관할에 속한 범죄로 한다"고 하여, '㈎ 평화에 대한 죄' 를 들어 "선전을 포고하거나 또는 포고하지 않는 침략 전쟁, 혹은 국제법, 조약, 협정 또는 보증에 위반하는 전쟁의 계획, 준비, 개시 또는 실행, 혹은 위 여러 행위 중 어떤 것을 달성하기 위한 계획, 또는 공동 모의에 대한 참가" 에 관여한 개인을 재판한다고 되어 있습니다(오쿠와키 나오야〔奧脇直也〕 편, 『국제조약집〔國際條約集〕』, 유히카쿠〔有斐閣〕, 2009년).

## 국제법상의 '혁명' 이란

45년 6월에 개시한 런던회의에서 결정한 방침, 즉 전승국이 패전국의 전쟁 지도자를 재판하고 그 형사 책임을 묻는다는 방침은 왜 국제법상의 '혁명' 으로 자리매김한 것일까요. ①의 전쟁위법관에 대해서는 24년의 제네바의정서, 28년의 켈로그·브리앙협정(부전조약) 등에 의해 런던회의가 개최된 시점에서 국제 사회에서의 양해가 이미 성립되어 있었다고 할 수 있습니다. 그러나 ②의 지도자책임관에 대해서는 ①과 같은 양해가 성립되어 있었다고는 할 수 없습니다. 사실 런던회의에서 프랑스 대표는 침략 전쟁을 일으킨 나라나 국민 전체가 손해 배상 책임을 지는 것은 이해되나, 전쟁 지도자를 형사 책임의 대상으로 처벌할 수 없다고 주장하며, 미국 대표인 로버트 H. 잭슨 수석검찰관(잭슨은 미국 연방 최고 재판소 판사)이 강하게 주장한 ②의 지도자책임관에 이의를 표명하였습니다.

②는 독일과의 전쟁이 종결된 45년 단계에서 여전히 논의의 여지가 있는 문제였던 것을 알 수 있습니다. 그러나 미국의 군사력과 경제력으로 결정된 전승(戰勝)이었음은 틀림없었으므로 미국의 잭슨 수석검찰관의 주장이 통하여 ②의 지도자책임관, 즉 전쟁 지도자였던 자가 형사처벌의 대상이 된다는 새로운 법개념이 45년 8월의 런던회의에서 확립되었습니다. ②의 지도자책임관에 대해서는 사후법에 해당한다는 자각을 공유하면서 ①의 전쟁위법관과 ②의 지도자책임관이 함께 확립된 것입니다. 이것이 혁명이라 불리게 된 까닭입니다.

여기에서 지도자책임관이 새로운 법 개념이었다는 인식이 동시대의 당사자들에게도 있었음을 확인해 보겠습니다. 도쿄재판이 개정되어 46년 6월 4일부터 시작된 검찰 측 입증의 모두진술에서 키난 수석검찰관(미국 대표)은 지도자책임관에 대해 다음과 같이 말하고 있습니다. '국제법상의 가장 중대한 문제의 하나이고 아마 유일하고 새로운 문제' '개인이 국가의 수뇌자로서 공공의 자격으로 범한 불법 행위에 대해 역사상 처음으로 개인에게 죄를 묻는' '선례가 없는 것임을 솔직하게 인정합니다' 라고.

변호 측 대표인 기요세 이치로(淸瀨一郞)가 47년 2월 24일부터 시작한 변호인 측 입증 모두진술에서 "주권 있는 국가가 주권의 작용으로 행한 행위에 관해 어떤 사람이 당시 국가의 기관이었다는 이유로

개인적인 책임을 지우는 것은 국제법의 원리로서는" 이라고 말하듯, 당시 현재의 시점에 있어서도 널리 국제적인 합의가 되어 있지 않다는 주장을 전개한 것은 어떤 의미에서 당연한 것이었습니다(이노우에 료〔井上亮〕외 『'도쿄재판'을 읽다〔「東京裁判」を読む〕』, 일본경제신문출판사〔日本経済新聞出版社〕, 2009년). 검찰 측, 변호 측 모두 ②의 지도자책임관이 국제법상의 개념으로서 새로운 것이라는 자각을 갖고 있었다는 것입니다.

## 침략 전쟁을 국제 범죄로 보는 필요성

그렇다면 45년까지의 기존의 국제법에서는 어떻게 전쟁 책임을 지워야 한다고 되어 있었을까요. 그것은 국가=국민 전체가 져야 한다고 되어 있었습니다. 전쟁 책임을 지는 방법으로는 상대국에 대한 영토의 할양이나 배상금의 지불이라는 형태로 실태적으로는 패전 국민 전체가 부담하는 것(국민책임론)으로 생각해 왔습니다. 청일전쟁에서 청국이 일본에 대해 배상금 지불과 타이완 할양을 이행하고, 러일전쟁에서 러시아가 동청철도 남지선이나 남부사할린의 할양을 일본에 대해 행하고, 제1차 세계대전에서 독일이 거액의 배상금 지불과 식민지의 실질적 할양(위임통치라는 형태를 띠었지만)을 연합국에 행한 것은 제1차 세계대전까지의 전쟁이 국민책임론에 기초하여 전후처리를 해온 것을 의미합니다. 국민책임론은 배상금의 지불과 토지의 할양이라는 방법으로 실현하므로 경제적인 부담을 패전 국민에게 지우는 것입니다. 뉘른베르크재판에 앞서 런던회의에서 전쟁 책임은 국민 전체가 아닌 전쟁 지도자에게만 지운다는 미국 주도의 생각이 연합국의 합의하는 바가 되어 전쟁 책임을 둘러싼 국제법은 극적으로 변용되었습니다.

그렇다면 전쟁 책임을 국가=국민 전체가 아닌 전쟁 지도자에게 지운다는 지도자책임론은 왜 생겨난 것일까요. 오누마의 연구에 의거하여 런던회의를 주도한 잭슨 미국최고재판소 판사의 생각을 두 가지 지적해 보겠습니다. ① 미국이 주장해 온 '무조건항복' 이라는 전쟁 종결 방식을 독일이나 일본에 대해서 취할 경우 국민책임론만으로는 "전쟁에 패배하면 국민은 노예가 되어 버린다"고 주장하는 적국(敵國) 프로퍼갠더(propaganda) 의 좋은 재료가 되어 버리고, 오히려 절망적인 저항을 초래하므로 국민과 지도자를 명확히 분단시킬 필요가 있었던 점. ② 침략 전쟁은 '국제 공동체에 대한 범죄' 라는 생각, 즉 '침략 전쟁은 국제 범죄' 라는 견해가 생겨났고, 그리하여 범죄에 대한 형사벌을 개인이 받는 것은 당연하다는 발상으로 이어진 점.

주목할 만한 것은 ②인데 오누마는 ②에 대해 단적으로 "잭슨은 관념적 행동체로서의 국가의 행동의 위법성을 강조하는 표현인 '범죄' 라는 용어에, 국내법상의 '범죄' 가 당연히 내포하는 개인의 형사책임의 관념을 연결시킴으로써 여기에 새로운 의미를 부여한 것이었다(밑줄)" (오누마 앞의 책, 272쪽)라고 정리하고 있습니다.

## 중립의 의무, 공평성

다음으로 ②와 같은 생각이 어떠한 경위에서 미국에서 탄생하였는가, 그 과정에 대해 고찰해 보겠습니다. 즉 침략 전쟁을 국제 공동체에 대한 범죄로 보는 발상이 어떻게 탄생하였는가. 그 이유를 생각해 보고 싶습니다. 이 '물음'을 생각함으로써 세계와 일본의 1930년대의 역사적 특질이 뚜렷이 보일 터이기 때문입니다.

여기서 '물음'을 다른 말로 바꾸어 보겠습니다. 침략 전쟁을 국제 공동체에 대한 범죄로 보는 발상이 미국에서 왜 필요했는가. '물음'에 대해 생각하기 위한 힌트는 이렇습니다. 적대하는 국가가 행한 전쟁 행위를 자신의 국가가 행한 전쟁 행위와 구별하고 난 다음에, 그것을 전시국제법이 규정하는 '전쟁'이 아닌 '범죄'라고 설정할 수 있다면, '전쟁'의 범주에 있는 경우에 국제법에서 규정된 바의 여러 법적인 구속을 받지 않고 행동할 수 있는 자유를 자국이 향수할 수 있을 것이라고 예측할 수 있습니다. 자국의 무력 행사를 '범죄'에 대한 단속 행위 혹은 제재 행위로서 정당화할 수 있을 때, 자국은 범죄에 대해 벌을 주는 주체, 상대는 범죄를 행한 주체라는 대비가 자각될 것입니다. 게다가 이 같은 대비가 가능해짐으로써 전통적인 중립 개념이 요구하는 여러 제약을 없애는 계기가 생깁니다.

17세기 사상가로 국제법의 아버지인 그로티우스 이래로 이어진 고전적인 중립 개념이 요구하는 중립국의 의무 중 가장 중요한 것은, 쌍방의 교전국에 대한 '공평'의 원칙이었습니다. 교전국을 차별적으로 취급해서는 안 된다는 것입니다. 그 위에 중립국에는 ① 용인 의무 (중립국의 해상 교통을 교전국이 봉쇄 혹은 선박을 해상 포획한 경우 중립국은 그것을 용인하지 않으면 안 된다), ② 회피 의무(중립국은 교전국에 군사 원조를 해서는 안 되고 군수품을 매각해서는 안 된다, 교전국의 공채에 보증을 서서는 안 된다), ③ 방지 의무(교전국이 중립국의 영역을 군사적으로 이용하는 것을 중립국은 실력

으로 방지하지 않으면 안 된다) 등의 제약이 부과되어 있었습니다(가토 요코〔加藤陽子〕,「아메리카중립법과 중일전쟁〔アメリカ中立法と日中戦争〕」,『모색하는 1930년대〔模索する1930年代〕』제2장, 야마카와〔山川〕출판사, 1993년). 중립인 국가가 교전국에 의한 전쟁에 휘말리지 않고 중립을 구가하고자 한다면 용인·회피·방지의 의무를 지는 것은 당연하다는 발상에서 온 것임은 알기 쉬운 논리일 겁니다.

## 일방에 대한 차별적인 경제제재

그러나 시대도 20세기를 맞아 제1차 세계대전이 총력전으로 치러진 결과, 세계는 경제제재라는 것의 효력을 뼈저리게 알게 되었습니다. 군사적으로는 뛰어난 독일이 최종적으로 패한 요인으로 영·미 등에 의한 대독해협봉쇄가 있었던 것은 잘 알려져 있습니다. 이 경험을 기초로 대전 후 20년에 만들어진 국제연맹이, 침략국의 전쟁 계속이나 확대의 의욕을 효과적으로 막는 수단으로써 경제제재를 이용하려 한 것은 당연한 흐름이라고 할 수 있습니다. 국제연맹규약 제16조는, 연맹에 의해 침략국으로 용인된 나라에 대해 연맹가맹국은 일체의 통상상, 금융상의 관계를 단절할 수 있다는 경제제재를 내용으로 하고 있습니다.

그때 중요한 포인트는 연맹가맹국이 침략국에 대해서만 경제제재를 한다고 이해되고 있었다는 점에 있습니다. 연맹가맹국은 침략국에 대해 선전포고를 할 수도, 참전할 수도 없고 중립국의 위치에 머물면서 경제제재를 차별적으로 하게 됩니다. 이와 같은 행위는 고전적인 중립 개념으로는 허용될 수 없는 것이었습니다. 기존의 중립 개념이라면 침략국과 피침략국의 쌍방 교전국에 대하여 중립국은 공평과 회피의 입장을 취해야 했기 때문입니다. 게다가 21년의 제2회 연맹총회의 결의에서는 연맹규약 제16조의 집행 방침으로, 침략국의 비전투원에 대한 식량 수송의 저지, 기아 봉쇄까지도 포함한다고 확인되기까지에 이르렀습니다.

연맹규약상에서 존재한 경제제재가 현실적으로 발동된 것은 29년의 세계공황, 31년의 영국의 금본위제 이탈을 겪은 후 30년대 중반의 일이었습니다. 35년 10월의 이탈리아, 에티오피아 간의 분쟁 때 연맹총회는 이탈리아를 침략국으로 선언한 위의 동조에 기초하여 경제제재의 운용을 결정합니다. 그때의 연맹가맹국이 아니었던 미국이 취한 행동은 주목할 만합니다. 미국은 35년 8월의 중립법을 이탈리아·에티오피아전쟁에 대하여 발동하고 연맹과 공동 보조를 취했습니다. 미국이 이 시점에서 발동한 중립법은 연맹의 경제제재와는 달리 문서상에서는 교전국 쌍방에 무차별적으로 무기, 탄약, 군용기재의 금수를 적용하는 것이었습니다.

그러나 운용이라는 점에서 35년의 미국중립법은 이탈리아에 대해서 불리하게 작용했습니다. 연맹의 방침으로는 석유류는 금수 항목에 들어가 있지 않았음에도 불구하고 미국에서는 석유와 같은 일용품을 취급하는 하주에 대한 압력이나 경고가 가해졌던 것입니다(Edwin Montefiore Borchard, *Neutrality for the United States*, New Haven: Yale University Press, 1940, p.320). 또 당연한 일이지만 미국으로부터 무기, 탄약, 군용기재를 구입하는 것이 가능했던 것은 에티오피아가 아닌 이탈리아였기 때문에 실질적으로는 교전국 쌍방에 대한 공평 원칙은 파기

되어 있었다고 할 수 있습니다.

이탈리아·에티오피아 전쟁에 중립법을 적용하면서 당시 미국 대통령 루스벨트는 평화 촉진을 위해 평화 국가와 협조하는 방향에서 대통령에게 자유 재량이 주어져야 한다는 의견을 갖고 있었습니다. 이와 같은 대통령의 생각은 한발 더 나아가면 일종의 국가 행위가 국제범죄라면, 자국은 중립의 위치에 있으면서 침략국에 대해 공평과 회피의 의무를 질 것은 없다는 사고방식으로 발전합니다. 자국을 중립 위치에 두면서 침략국에 대해 차별적인 행동을 취할 수 있다는 발상이었습니다.

## '중립' 미국의 경제적 위력

그러나 연맹의 경제제재에 참가하는 나라, 혹은 미국처럼 중립법을 발동하여 연맹의 경제제재에 참가하는 나라의 경제 규모와 힘이 보통이 아닌 경우 복잡한 도의적 문제가 발생할 수 있습니다. 예일대학 로스쿨 교수 보차드의 비판은 실로 이 점을 지적한 것입니다. 보차드는 40년에 출판된 『미국의 중립』에서 30년대의 미국이 고전적인 중립 개념을 변경하여 중립법을 경제제재의 수단으로 쓰려고 했던 것에 대해 신랄한 비판을 펼치고 있었습니다. "외국의 전쟁을 단기적으로 끝내기 위해 금수를 사용한다는 도의적인 목적은 새로운 개념을 만들어냈다. 그것은 전쟁을 방지하지 않았다는 이유에서 그 나라 국민을 아사(餓死)시키는 것이 중립의 기능이라고 하는 개념이다."(Borchard, *op. cit.*, p.325).

절대적인 경제력을 가진 미국이 자국의 중립법을 경제제재의 수단으로 사용한다는 의미의 정치적 중요성에 대해 동시대의 독일의 정치학자가 눈치채지 않을 리가 없습니다. 제1차 세계대전에서 영국이 행한 경제 봉쇄에 가장 고통을 당한 것이 독일이었기 때문입니다. 칼 슈미트는 32년의 논고 「정치적인 것의 개념」에서 "당연하게도 경제에 기초한 제국주의는 신용 봉쇄, 원료 봉쇄, 외국 통화의 신용 파괴 등 그 경제적 권력 수단을 마음껏 사용할 수 있고, 그것으로 만사 해결이라는 지상의 상태를 초래하도록 노력할 것이다"(나가오 앞의 책, 301쪽)라고 말하고 있습니다.

물론 여기서 말하는 '경제에 기초한 제국주의' 국가란 미국을 가리키고 있습니다. 이 시점에서 슈미트는 아직 나치법학의 가담자의 입장은 아니었고, 무력의 위력으로 상대국에 정책의 변경을 강요하는 행위와, 경제의 위력으로 상대국에 정책의 변경을 강요하는 행위에는 과연 어느 정도의 질적인 차이가 있는가, 이 점에 대해 원리적인 고찰을 한 것입니다. 전자가 침략적이고 후자가 평화적이라고 간단히 잘라 말할 수 있을까요. 그것이 슈미트가 품었던 '문제 제기'였습니다.

## 잭슨의 하바나 연설

이와 같은 보차드, 슈미트 등의 고찰이 지적한 일종의 진리에 대해 미국이 준비한 최종적이고 포괄적인 반론이 41년 3월 27일 하바나에서 있던 당시의 사법장관 잭슨의 연설이었습니다. 실로 45년 6월의 런던회의를 지휘한 수석검찰관이었던 잭슨이 41년 3월의 연설에서 무엇을 이야기했는지 궁금해집니다. 잭슨은 기존의 중립 개념이 부과하는 공평성이나 회피 의무를 미국이 무시해도 좋은 이유를 다음과 같이 말했습니다(오누마 앞의 책, 139쪽).

> 현재 행해지고 있는 침략 전쟁은 국제 공동체에 대한 내란이다. 현재 진행 중인 노골적인 침략에 대해서는 (중략) 미국 및 다른 나라들은 차별 조치를 취할 권리를 주장할 수 있다.

45년 8월의 런던회의의 발상이 41년 시점에서 이미 보인다는 점이 놀랍습니다. 잭슨의 논의가 미국을 중립 위반이라고 하는 비난을 봉할 논리를 구성하고 있었던 점은 실로 주목할 만합니다. 바로 침략 전쟁은 국제 공동체에 대한 내란이므로 그것을 일으킨 자에 대한 단속=제재를 가하는 데 미국은 공평성에 얽매일 것 없이 차별적으로 행동할 수 있다고. 침략 전쟁을 국제 공동체에 대한 내란으로 보는 시각은 전후 런던회의에서 전쟁 지도자에게 형사처벌을 가하기 위한 근거가 되었는데 전쟁 전의 하바나 연설에서는 미국을 중립 의무 위반이라는 비난에서 구할 근거가 되었던 것입니다.

잘 알려져 있듯이 39년 9월 1일에 발발한 제2차 세계대전에서 미국은 중립을 지키고 있었습니다. 그러나 ① 39년 11월 3일 미국의 중립법 수정(무기 수출을 철폐하고 교전국에 대한 수출을 현금·자국선〔自國船〕주의로 바꾼다. 현금·자국선주의란 물품 수출 시 현금으로의 선지불, 그리고 자국의 선박으로의 수송을 조건으로 할 것), ② 40년 9월 3일의 미영방위협정의 조인(미국이 구축함을 50척 제공하는 것에 대한 대가로 영국은 뉴펀들랜드, 버뮤다, 영국령 서인도 군사 기지를 미국에 대여) 등은 기존의 시각에서 보면 중립 위반이라 해도 지나치지 않은 것이었습니다. 41년 3월 27일의 하바나 연설이 동년 3월 11일의 무기대여법의 성립 후에 행해진 의미가 여기에 있습니다. 39년 9월부터 41년 3월까지의 기간, 즉 무기대여법 제정 이전에 미국이 실시한 중립 위반에 해당하는 사안에 대해 미국은 노골적인 침략=내란에 '차별 조치를 취할 권리' 가 있다는 관점에서 일괄하여 정당화한 것이 됩니다.

어기서 41년 3월의 무기대여법의 내용을 살펴보겠습니다. 본법은 합중국의 방위에 필요하다고 인정되는 나라 구체적으로는 영국, 소련, 중국, 프랑스 그 외의 연합국 등에게 대통령의 판단에 의해 무기 또는 그 외 물품의 매각, 대여, 무상양도를 할 수 있는 법이었습니다(아리가 타다시〔有賀貞〕 외,『세계역사대계 아메리카사〔世界歷史大系アメリカ史〕』, 야마카와〔山川〕 출판사, 1993년. 299쪽). 이 법을 제정하는 것으로 미국은 그때까지의 '중립인 척' 을 하지 않아도 되게 되었던 것입니다.


### '중립' 미국과 중일전쟁


그렇다면 무기대여법이 성립하기 이전 미국이 중립 상태인 채 영불원조(英佛援助)의 입장을 명확히 하여 연합국을 타깃으로 한 군사 원조에 들어가기 이전, 즉 30년대의 세계에서 미국의 '중립' (혹은 '중립의 가장' )이 동아시아 정세에서 가진 의미에 대해 생각해 보겠습니다. 교전국에 대해 '차별 조치를 취할 권리' 를 공공연하게 주장하기 시작한 41년 3월 이전의 미국의 입장을 확인해 둡시다. 태평양전쟁 개전 50주년을 기념하여 91년 야마나카 호(山中湖)에서 개최된 국제회의에서 일미개전에 대해 뛰어난 저작이 있는 월드 하인릭스는 30년대의 동아시아에 시스템이 없었던 점이 문제였다고 정리한 뒤 다음과 같이 일본과 미국을 자리매김하고 있습니다(호소야 치히로〔細谷千博〕 편, 『태평양전쟁〔太平洋戰爭〕』, 도쿄대학출판회, 1993년, 648쪽).

그리고 안티 시스템의 국가가 두 개 있었던 셈입니다. 1930년대의 일본. 아우타루키(autarky)[48]를 추구하고 있던 자기중심적인 제국이었습니다. 30년대의 미국도 그렇습니다.

30년대의 안티 시스템의 나라로서 일본과 미국을 일괄하여 보는 시각이 매우 인상적이었습니다. 안티 시스템의 나라라고는 하나 미국은 그때그때의 국제 정세에 응하여 중립법의 내용을 개정하며 사용하는 것으로써 대외적으로 국제적으로 큰 영향력을 갖고 있었습니다. 칼 슈미트는 32년에 저술한 논고 『현대 제국주의의 국제법적 제형태』 가운데 미국의 힘을 다음과 같이 표현하고 있습니다(나가오 앞의 책, 331쪽).

이러한 탄력성, 넓은 개념을 사용하여 전 세계의 사람들에게 그 존중을 강제하는 능력, 그것이야말로 세계사적 중요성을 가진 현상이다. 결정적 중요성을 갖는 정치적 개념에서 중요한 것은 그 해석자, 정의자, 적용자이다. (중략) 인류 일반의 법 생활, 정신 생활에서 천금의 중요성을 갖는 현상의 하나는 진정한 권력자는 스스로 개념이나 용어를 정하는 사람이라는 것이다.

미국의 중립법은 18세기 이래의 역사를 갖고 있고 한마디로 중립

48 아우타루키(autarky)란 일국 또는 한 경제블록이 경제적으로 자급자족할 수 있는 경제 상태를 말한다. 또는 그것을 목적으로 한 자급자족 경제 정책. 제국주의 시대에는 봉쇄 경제를 의미하게 되었다. 자급자족경제.

법이라 해도 20세기에 들어와서만도 15년 3월의 법, 17년 6월의 법, 33년 1월의 보라결의안, 33년 4월의 마크레이놀즈결의안, 35년 8월의 양원합동결의(양원합동결의란 대통령의 서명 후 법률과 동등의 효력을 갖는 것), 36년 2월의 양원합동결의, 37년 5월의 양원합동결의, 39년 11월의 양원합동결의 등이 있었습니다(요코타 기사부로〔橫田喜三郞〕, 「아메리카중립법의 연구〔アメリカ中立法の研究〕」, 가즈마타 마사오〔一又正雄〕 외 편, 『시국관계 국제법 외교논문집〔時局関係国際法外交論文集〕』, 엄송당〔嚴松堂〕, 1940년).

37년 7월 7일에 우발적으로 발발하여 나중에 중일전쟁으로 불리게 된 중일 간의 분쟁에 대해 일본과 중국 쌍방의 전쟁 형태에 큰 영향을 준 것이 37년 5월에 제정된 미국중립법이었습니다. 이것은 이탈리아·에티오피아전쟁에 발동된 35년의 중립법과는 다르게 법률로서의 체제가 갖추어져 있습니다. 내용으로서는 ① 무기, 탄약, 군용기재의 금수, ② 전쟁 상태의 인정에 대해 대통령의 재량을 인정한다, ③ 교전국의 공채, 유가증권의 취급 금지, 교전국에 대한 자금, 신용 제공의 금지, ④ 물자, 원재료의 수출 제한(현금, 자국선주의) 등 포괄적인 것이었습니다.

## 선전포고의 가부를 좌우한 중립법

일본 측을 괴롭힌 것은 ②와 ③의 항목이었다고 판단됩니다. 중일전쟁이 미국 대통령에 의해 전쟁으로 인정되면 일본에게 중요한 미국금융경제시장을 통한 결제나 자금 조달이 불가능해지는 점이 염려되었습니다. 중국에 비해 금과 선박을 다량으로 갖고 있던 일본에게

④의 현금, 자국선주의는 오히려 일본에게 유리한 조항으로 생각되고 있었습니다. 미국의 중립법이 중일전쟁에 적용될지의 여부는 일본에게 고민되는 문제였습니다. 이는 선전포고의 가부를 둘러싸고 내각 제4위원회에서 기획원차장, 외무·대장·육군·해군·상공의 5성의 차관을 멤버로 선전포고에 대한 손익을 연구하고 있었던 것에서도 알 수 있습니다. 37년 11월의 일이었습니다(가토 앞의 책, 70쪽).

흥미로운 것은 중국에 대해 일본이 선전포고를 할지의 가부에 대해 외무·육군·해군 3성이 벌인 논의의 대부분이 미국중립법 발동의 가능성 여부에 있었다는 것입니다. 선전포고 하는 경우 받을 수 있는 불이익의 첫 번째는 미국중립법이 발동됨으로써 일본의 무역, 금융, 해운, 보험에 파급될 영향이 심대하다는 것이었습니다.

37년 8월 중순부터 상해, 남경의 전장에서 싸운 중일 간의 전투에 대해 장제스의 독일인 고문은 '베르사이유 이래 가장 격한 전투'라고 표현했는데, 일본은 중국에 선전포고를 하지 않고 중국도 선전포고를 하지 않았습니다. 일본이 선전포고를 하지 않았던 이유는 미국중립법을 피하기 위해서였습니다. 외무·육군·해군 3성이 펴낸 문서에 따르면 선전포고를 행하면 이점도 많았던 것을 알 수 있으며 선전포고를 하면 ① 전시국제법이 인정하는 군사 점령, 군정 실시 등 전시국제법에서 정한 교전권의 행사가 가능하다, ② 중립국 선박에 대한 임검, 전시금제품의 수송 방지, 전시해상 봉쇄가 가능하다, ③ 배상을 정당하게 청구할 수 있다, 등이 열거되어 있습니다. 선전포고에는 유리한 면도 있었다는 것입니다.

이상을 정리하여 38년에 저술된 논고「전쟁 개념과 적의 개념」에 나오는 말로 슈미트에게 개탄을 하게 하면, "선전포고를 하면 당연히

불법 행위자라는 각인이 찍히므로 선전포고는 위험한 것이었다. 그뿐
이 아니다. 비군사행위가 최대의 유효성과 직접성을 가진 적대 행위
가 되는 반면, 힘을 모아 장중하게 우호적 의도를 표방하면서 군사 행
동을 수행할 수 있게 되었다"(나가오 류이치〔長尾龍一〕, 『칼 슈미트 저작집
II』, 지학사출판〔慈学社出版〕, 2007년, 105쪽)라고 할 것입니다. "그뿐만이
아니다"의 다음에 이어지는 "비군사행위가 최대의 유효성과 직접성
을 가진 적대 행위"라는 부분의 주어를 미국이라고 하고, "힘을 모아
장중하게 우호적 의도를 표방하며 군사 행동을 수행"이라는 부분의
주어를 일본으로 읽으면 슈미트의 지적이 품고 있는 일종의 진실성을
부정하는 것은 간단하지 않다고 생각합니다.


## 기묘한 전쟁의 현대적 의의

중일전쟁을 표현할 때 일본 측의 어휘가 변해가는 것은 실로 슈
미트의 논고 「전쟁 개념과 적의 개념」이 저술된 38년부터였습니다.
제1차 고노에 후미마로〔近衛文麿〕 내각에서 수상의 브레인이었던 지
식인 그룹 쇼와연구회가 작성한 것으로 추정되는 「현하 시국의 기본
적 인식과 그 대책」(38년 6월 7일자)에는 중일전쟁의 성격에 대한 다음과
같은 규정이 보입니다. '전투의 성질—영토 침략, 정치·경제적 권익
을 목표로 하는 것이 아니라 일중국교회복을 방해하고 있는 잔존 세력
의 배제를 목적으로 하는 일종의 비적토벌전이다.' 눈앞의 전쟁을 일
본 측은 비적(匪賊)을 토벌한다는 의미로 토비전(討匪戰)이라고 부르
고 있었습니다.

여기서 저는 고노에 내각이 브레인으로 썼던 쇼와연구회 등의 지식인 그룹이 가진 전쟁 인식의 부적절함에 대해 논하고 있는 것이 아닙니다. 32년의 논고「현대 제국주의의 국제법적 제형태」에서 슈미트가 말했던 "진정한 권력자란 스스로 개념이나 용어를 정하는 자"라는 말을 상기할 때, 쇼와연구회는 진정 당시의 제1급 지식인을 망라하고 있었던 만큼 '스스로 개념이나 용어를 정하는 자'인 미국을 닮아 스스로 새로운 전쟁의 '형태'에 이름을 붙이고 있었던 것은 아닌가 하는 견해를 제시하고 싶었을 뿐입니다. 30년대의 세계와 일본의 역사를 바라보고 있으면, 장차 동아시아 혹은 환태평양 지역의 '진정한 권력자'가 될 미국이 창출하고 있던 새로운 국제 규범을 곁눈으로 확인하며 자신이 수행하는 전쟁의 '형태'를 오직 미국형의 규범에 따르려 필사적으로 조형하고 있던 일본의 모습이 너무나도 생생히 떠오릅니다.

정치의 민주화, 경제의 자유화를 들어 세계의 평화와 인도의 옹호자로서 침략 전쟁을 국제 공동체에 대한 내란=범죄라고 하는 미국. '개념이나 용어'의 정의를 정하는 자인 미국. 30년대의 일본이 그와 같은 미국의 강력한 영향하에 있으면서 미국이 정하는 '개념이나 용어'를 형식적으로 모방까지 하고 있었다고 한다면 독자 여러분께서는 '에이 설마, 그럴 리가' 하고 생각하실지 모릅니다. 그러나 예를 들면 눈앞에서 싸우고 있는 상대국을 국가로서 인정하지 않고 마치 '국제 공동체에 대한 내란'을 일으킨 자로 보는 시각은 이미 살펴본 바가 있을 것입니다.

미국의 경우 41년 3월 하바나에서 했던 잭슨의 연설이 그것에 해당합니다. 일본의 경우 제1차 고노에 내각의 최초의 성명, 38년 1월 16

일의 '국민정부를 상대로 하지 않는다' 는 성명이 그것입니다. 이어서 38년 11월 3일의 '동아신질서' 성명, 같은 해 12월 22일의 '고노에 3원칙' (선린 우호, 공동 방공, 경제 제휴) 성명은 싸우고 있는 상대에 대해 '힘을 모아 장중하게 우호적 의도를 표방하면서 군사 행동을 수행' (슈미트, 「전쟁 개념과 적의 개념」)하는 행위에 해당합니다. 일본의 3개의 성명을 늘어 놓으면 지리멸렬하고 애크러배틱한 것으로 보입니다. 그러나 이것은 새로운 전쟁 개념하에 반드시 발생할 2개의 행위 중 최대의 유효성을 갖는 비군사적 적대 행위에 대해 취하는 또 하나의 행위, '우호적 의도를 표방하며 군사 행동' 을 계속한다는 전형적인 패턴에 해당합니다.

제가 제5권에서 묘사한 것은 지금까지 말해온 것과 같이 새로운 국가 규범이 미국 주도로 창출되고 있던 30년대, '개념과 용어' 를 정의하는 주체자가 되어 가고 있던 미국에 대해 '개념이나 용어' 의 해석을 둘러싸고 일본이 얼마나 자신의 행위를 정당화하려 했는가, 그 전 과정에 대한 것이었습니다. 20년대까지 시대를 거슬러 올라 '개념과 용어' 를 둘러싼 공방, 구체적으로는 ① 20년의 신4국(미·영·프·소) 차관단 가입시의 '만몽 특수권익' 해석, ② 28년의 부전조약 체결시의 자위권 해석, ③ 32~33년의 리튼보고서 중의 일본의 재화(在華) '특수권익' 해석, ④ 37년의 미국중립법과 중일전쟁 선전포고 문제 등을 논하였습니다.

전쟁 일색의 시대로 보이는 30년대이지만 슈미트가 "격한 대립은 그 결정적 순간에 말싸움이 된다" (나가오 류이치〔長尾龍一〕, 『칼 슈미트의 죽음』, 목탁사〔木鐸社〕, 1987년, 162쪽)라고 했듯이, 이 시대의 역사는 오히려 어휘와 개념을 둘러싼 투쟁의 시대였다고 할 수 있겠습니다.

　　그렇기 때문에 군사력이 아닌 경제력도 아닌 어휘의 힘으로 21세
기를 살아가야 하는 젊은 세대 여러분에게는 꼭 이 시대의 역사와 친
해지셨으면 하고 바라는 것입니다. 또 자신들이 태어난 시대였기 때
문에 거리감을 두고 이 시대를 바라볼 수 없었던 세대의 분들에게는
중립법을 경제제재의 수단으로 사용하려 했던 아메리카 스타일의 법
개념의 재미 등에서 접근해 들어감으로써 이른바 시대를 조감도로서
관망하려는 자세를 갖게 되신다면 필자로서 더없는 영광이라고 생각
합니다.

① 크리스토퍼 소온, 이치가와 요이치(市川洋一) 역, 『만주사변이란 무엇이었나(満州事変とは何だったのか)』상, 하(소오시샤〔草思社〕, 1994년)

영국국립공문서관의 문서군을 기초로 각국 사료를 폭넓고 심도 있게 읽고 쓴 명저. 걸출한 역사가가 역사의 결정적 순간을 눈앞에 보듯이 재현시키려 할 때의 엄청날 정도의 박력을 느낄 수 있습니다. 한 번 읽고 나면 타국 영토로의 침략 끝에 국제적으로 고립한 일본이라는 1930년대의 이미지가 상대화될 것은 분명합니다.

② 이리에 아키라(入江昭), 『일본의 외교(日本の外交)』(중앙공론〔中央公論〕, 1966년)

근대 일본의 외교를 지배한 원리에는 어떤 것이 존재하고 그 여러 원리가 바뀌는 국제 정세를 파악하여 그 위에 어떤 역할을 수행하였는지에 대한 큰 문제의식에 서서 유신기에서 일미안보조약 개정까지를 통관한 고전. 강한 이데올로기성이라는 점에서 1930년대의 일본 외교가 앞뒤의 시대와 비교하여 얼마나 특질이 있었는지 알 수 있습니다.

③ 하시가와 분조(橋川文三), 『일본낭만파비판서설(日本浪漫派批判序説)』(미래사〔未来社〕, 1960년, 나중에 고단샤〔講談社〕 문예문고)

하시가와가 전후의 어느 좌담회에서 중일전쟁을 가리켜 "일본인은 그것을 전쟁으로 생각하고 있었는가"라는 물음을 던진 것은 이 시리즈 제5권의 '머리말'에 썼습니다. 전시 중에 고바야시 히데오(小林

秀雄)와 야스다 요주로(保田与重郎)에게 심취한 하시가와이기 때문에, 1930년대의 사상의 주체들이 직면하고 있던 전쟁이라는 정치적 극한 상태의 가혹함의 내실에 대해 생각할 수 있었을 것입니다. 본서와『고바야시 히데오 저작집(小林秀雄著作集)』12~14권(신초샤〔新潮社〕, 2003년)을 함께 읽을 것을 특별히 추천합니다.

④ 후지와라 아키라(藤原彰),『천황의 군대와 중일전쟁(天皇の軍隊と日中戦争)』(오츠키서점〔大月書店〕, 2006년)

육사를 졸업한 장교로 중국 전선에서 중대의 지휘를 맡았던 경험을 가진 저자의 유작. 일본의 군대가 쇼와의 전쟁에서 비인도적인 전쟁 범죄에 손을 더럽힌 요인을 천황의 군대로서의 성립과 발전 과정에서 찾은 여러 논고로 구성되어 있습니다. 생명의 경시, 보급의 경시, 군기의 붕괴, 성폭력의 일상화 등의 배경이 확실히 머리에 들어올 것입니다.

⑤ 호리타 젠에이(堀田善衛),「시간(時間)」,『호리타 젠에이 전집(堀田善衛全集)』(2), (지쿠마서점〔筑摩書房〕, 1993년)

1937년 12월의 남경사건에 이르는 과정을 포위되는 측인 중국인의 눈을 통해 그린 소설. 호리타는 국제문화진흥회 상해자료실 직원으로 태평양전쟁의 패전을 상해에서 맞이하고 대일문화공작을 위해 중국국민당에 징용되는 드문 경력을 갖는 인물입니다.『호리타 젠에이 상해일기(堀田善衛 上海日記)』(슈에이샤〔集英社〕, 2008년)에는 중일전쟁의 특질에 대한 주목할 만한 성찰이 보여 이 책도 함께 읽기를 권합니다.

제6장 왜 전쟁의 시작(開戰)을
막을 수 없었던가?
―요시다 유타카(吉田裕)―

## 전쟁의 전망

개전 시점에서 미국의 국민총생산은 일본의 11.83배에나 달하고 있었고 국력으로 보는 한 일미전쟁은 명백히 '무모한 전쟁' 이었습니다. 물론 일본 정부나 군부에게 개전에 승리하기 위한 전략적 전망이 전혀 없었던 것은 아닙니다. 거의 유일하다고 해도 좋을 그런 정책문서가 1941년 11월 15일의 대본영정부연락회의에서 결정된 '대미영란장(對英美蘭將) 전쟁종결촉진에 관한 복안' 입니다. 이 문서의 중점은 다음과 같습니다.

1. 아시아에서의 미영의 근거지를 점령하여 중요 자원 지대, 교통로를 확보하고 장기전에 견딜 수 있는 자급자족권을 건설한다.
2. 미 해군의 주력 함대를 유인하여 격멸한다.
3. 일독이 삼국의 협력으로 최초로 영국을 굴복시켜 미국의 전의를 상실시킨다.

4. 모든 수단을 구사하여 중국의 장개석 정권을 굴복시킨다. 이상의 시
책으로 가능한 유리한 조건으로 강화로 이끈다.


그러나 이러한 시나리오는 매우 비현실적인 것이었습니다. 처음
부터 단독으로 중일전쟁에 승리할 수 없었던 일본이 새롭게 미영과의
전쟁을 시작하면서 어떻게 중국을 굴복시킬 수가 있을까요. 대중국전
쟁에서는 독일과 이탈리아의 실효 있는 지원은 기대할 수 없습니다.
또 혼자 힘으로 미국을 굴복시킬 정도의 국력을 일본은 갖고 있지 않
습니다. 그것은 일본 측도 인식하고 있었습니다. 따라서 영국의 항복
으로 미국의 전의를 상실시킨다는 간접적인 접근이 취해진 것입니다.

그러나 영국 타도를 위해 일본에게 가능한 것은 동남아시아에서
의 식민지 탈취가 한계이고, 기본적으로는 '독일 의존'이 되지 않을
수 없습니다. 또 미국의 항전 의사에 대해 과소평가한 것도 이 정책문
서의 큰 특징입니다. 이 정도의 전략적 전망밖에 갖고 있지 않았던 데
에 이 전쟁의 무모함이 잘 드러납니다.

그렇기는 하지만 대미영 개전에 강한 우려를 갖고 있던 사람들이
적지 않게 존재하고 있었던 것도 사실입니다. 정부의 총력전연구소가
독자적인 시뮬레이션을 행하여 다수의 선박 상실로 인해 일본의 전쟁
경제는 장기전에 견딜 수 없다는 결론을 내린 것은 잘 알려져 있습니
다(이노세 나오키〔猪瀬直樹〕, 『쇼와 16년 여름의 패전〔昭和年16年夏の敗戦〕』,
분슌〔文春〕문고, 1986년).

또 경장비의 중국군과의 전투와 대소·대미영전을 동일시하는 것
에 경종을 울리고 있던 군인도 있었습니다. 다나카 류키치〔田中隆吉〕
육군성 병무국장은 『가이코샤기사〔偕行社記事〕』 1941년 9월호에 '운

카이생(雲涯生)'이라는 필명으로 '노파심록(老婆心錄)'이라는 에세이를 쓰고 있는데, 그 가운데 다음과 같은 주장이 있습니다. 개전 직전의 주장으로서는 상당히 대담한 것이라고 할 수 있습니다. 『가이코샤기사(偕行社記事)』는 육군장교의 교육·연구지입니다.

> 장래 만약 근대화된 북방 내지 남방의 군대와 싸울 때 대지나군의 전투에서 얻은 교훈과 경험에 기초하여 훈련된 군대로 과연 소기의 성과를 거둘 수 있을 것인가. 포병 없이 겨우 박격포만의 지원하에 방어하고 어느 적진지에 대한 공격법으로, 기계화된 우세한 포병과 전차를 가진 적에 대해 과연 현재의 훈련으로 충분하다고 할 수 있는가.

그리고 일반 국민 중에서도 같은 우려가 존재했습니다. 이는 개전 후의 일인데 〈창작(創作)〉 1943년 3월호에는 야마모토 코오지(山本宏治)라는 사람이 쓴 다음과 같은 단가가 실려 있습니다(다카사키 다카하루〔高崎隆治〕, 『살아서 만날 날 있으랴. 나의 '쇼와 햐쿠닌 잇슈〔百人一首〕』, 나시노기샤〔梨の木舍〕, 1987년).

> 대부분이 미국제인 공작기계의 사용 연한〔耐用期間〕을 나는 생각해 본다.

군수 생산의 중추가 되는 공작기계의 국산화가 달성되지 않은 현실을 직시하는 냉정한 '현장의 눈'이 여기에 있습니다.

## 개전 결정의 배경

그럼에도 불구하고 왜 개전은 회피할 수 없었을까요. 이 문제를 밝힌 것이 시리즈 제6권 『아시아·태평양전쟁』의 큰 과제의 하나였고 그때 저는 다음의 시점을 중시했습니다.

첫 번째로 조직이 안고 있는 문제점입니다. 전전의 일본에서는 '통수권의 독립'이라는 생각이 강고하게 존재했습니다. 이것은 군대에 대한 지휘, 명령의 권한은 천황의 대권이고, 내각이나 의회의 관여를 허락하지 않는다는 것입니다. 동시에 이 생각은 제도화되어 있었습니다. 참모본부의 육군성으로부터의 독립, 군령부의 해군성으로부터의 독립, 육해군 대신의 임용 자격을 현역장성에 한정한 군부대신현역무관제 등이 그것입니다. 이 때문에 내각은 군부를 규제할 수 없었습니다. 또 군부의 내부에서는 육해군이 완전히 분립되어 있었고, 헌법상은 각 국무대신이 천황을 직접보필(보좌)하는 형태를 띠고 있었기 때문에 총리대신의 권한 자체도 큰 것은 아니었습니다.

이러한 분립적인 국가 기구 아래서 심각한 노선 대립이 발생한 경우에는 고도의 정치 판단에 기초한 결단이나 논리적인 논쟁을 통한 합의 형성의 노력은 방기되고, 정책 결정은 양론병기(兩論倂記)적인 성격을 짙게 띱니다(요시자와 미나미〔吉沢南〕, 『전쟁 확대의 구도〔戰争拡大の構図〕』, 아오키〔青木〕서점, 1986년). 그러나 '병기(倂記)'가 문제의 근본적 해결이 될 수 없음은 자명합니다. 오히려 '양론병기'는 새로운 항쟁의 출발점이고 두 개의 세력 간 싸움은 다음 단계로 이행합니다. 이와 같은 대립과 항쟁을 계속하며 점차 되돌릴 수 없는 지점까지 스스로를 몰아간다고 하는 것이 개전 결정에 이른 정치 과정의 특질이 아닐까요. 일부러 '스스로' 라고 쓴 것은 대미영전의 개전 결정은 미영의 강경한 대일 정책의 결과라고 단순하게 생각할 수 없기 때문입니다.

두 번째는 정치 주체의 책임이라는 시점입니다. 국가의 각 기관이 분열하여 정책 결정이 '양론병기' 적 성격을 띤다는 사실로부터, 바로 그래서 전쟁은 피할 수 없었던 것이라는 결론을 내는 데는 많은 문제가 있습니다. 그것만으로는 정치 주체 측의 책임이라는 문제가 빠져버릴 수 있습니다.

좀 구체적으로 살펴보겠습니다. 총리대신의 권한이 약하다는 것은 소관 사항에 관해서는 각 국무대신의 권한이 강한 것과 표리의 관계에 있습니다. 샌프란시스코강화조약의 조인을 앞둔 51년 4월, 외무성은 요시다 시게루(吉田茂) 수상의 지시로 '일본 외교의 과오' 라는 제목의 조서를 제출했는데, 그 가운데 전시 외교의 중심이 되어야 할 외무대신의 '연약함' 을 비판한 다음의 일절이 있습니다.

외무대신이 그만둘 결심이라도 했다면 좀 더 달라졌을 것이다. 적어도 일시적이라 해도 사태의 진행을 막을 수 있었다고 생각되는 경우가 적지 않다. 그런데도 결국은 대세를 어떻게도 하지 못했다는 것은 당사자의 변명으로 성립되지 않는다. 당시의 내각제도하에서는 한 대신이 버티면 내각의 총사직을 끌어낼 수 있었던 것이다. 중대사에서는 이것도 저것도 다 된다는 식으로 부드럽게 끝낼 필요가 없다(고쿠라 가즈오〔小倉和夫〕, 『요시다의 자문〔吉田茂の自問〕』, 후지와라서점〔藤原書店〕, 2003년).

외무대신에게는 사직이라는 카드가 있었음에도 불구하고 그것을 행사하지 않고 군부의 강경 노선에 동조하였다는 통렬한 비판입니다.

이 비판은 해군 수뇌부에도 해당됩니다. 구 해군 관계자는 전후 몇 번이나 비공식 '반성회'를 개최하고 있는데, 80년 12월의 '반성회'에서는 사나기 사다무(佐薙毅) 전 대좌가 "해군의 대신이나 차관, 군령부총장, 나중의 본부장이지만 그리고 각 부장, 군사참의관 모두가 그랬죠. 안이한 쪽을 택하여 마음속으로는 생각해도 중요한 때에는 자신의 몸을 희생해서라도 그때에는 죽임을 당할 위험을 감수하고서라도 전쟁을 막겠다는 것을 하지 않았다는 데에 해군의 지도부에게 용기와 결단이 없었다는 것을 통감했습니다"라고 발언하고 있습니다 (도다카 가즈시게[戸高一成] 편, 『「증언록[証言録]」 해군반성회[海軍反省会]』, PHP연구소, 2009년).

세 번째로 중일전쟁과의 관련성이라는 시점입니다. 아시아·태평양전쟁의 개전에 직접 책임을 갖고 있는 것은 말할 것도 없이 도조 히데키(東条英機) 내각이지만 역사적으로 보면 역시 개전의 원인(遠因)의 문제를 생각할 필요가 있을 것입니다. 이 점을 전후의 이른 시기에 지적한 것은 법학자인 가이노 미치타카(戒能通孝)였습니다. 가이노는 「중일전쟁과 태평양전쟁(中日戦争と太平洋戦争)」이라는 논문 가운데 이 두 전쟁이 불가분의 관계에 있었던 점을 강조하며 다음과 같이 말하고 있습니다. 즉 이 논문은 〈중국연구(中国研究)〉 제6호(1949년)에 게재될 예정이었는데 GHQ(General Headquarters, 연합군 최고사령부)의 검열에 의해 전문이 삭제되었습니다.

실제로 태평양전쟁은 중일전쟁의 심리적 및 논리적 확대이고 그 귀결에 지나지 않았다. 도조와 그의 내각은 중일전쟁이 심리적으로 다 조직된 것을 풀고 이에 최종적 터치를 했다는 역할을 한 것뿐이다. 차가 언덕에서 굴러 떨어진 경우 도중에 한 번 힘주어 밀었던 자의 책임은 처음에 차를 떨어뜨린 자에 비교하여 과연 더 크고 중대하다고 할 수 있는가.

그렇다면 일본이 언덕을 구르기 시작한 것은 언제부터일까. 물론 만주사변까지 거슬러 올라갈 수 있으나 일본 외교의 선택지를 크게 좁혀 버렸다는 면에서도, 임시군사비의 성립으로 통제 불능의 거대한 군사력을 만들어 버렸다는 면에서도, 중일전쟁의 발발과 확대가 결정적인 의미를 가졌다고 저는 생각합니다. 국가 지도자로서는 제1차 고노에 내각(1937년 6월~1939년 1월)의 수반 고노에 후미마로의 정치 책임이 크다고 할 수 있겠습니다.


## 계속되는 물음

지금까지 보아온 바에도 분명한 것처럼 "왜 전쟁을 회피할 수 없었는가" 라는 물음은 전쟁의 원인이나 책임에 관한 물음을 포함하고 있습니다. 중시할 필요가 있는 것은 이 나라의 전후사 가운데 이 물음이 계속 반복되어 왔다는 점입니다. 패전 직후 베스트셀러의 하나인 모리 쇼조(森正蔵)의 『선풍 20년—해금 소화이면사(旋風20年—解禁昭和裏面史)(上, 下)』(마스서점〔鱒書房〕, 1945~1946년)가 있습니다. 그 서문에서 모리는 패전이라는 '오늘날 개탄할 만한 우리 전기(轉期)의 유인(誘因)'을 해명하는 작업에 대해, "패전한 지금 이제 와서 규명하는 것이 쓸데없다고 말하지 말라. 이것은 우리들의 재건의 첫걸음에 있어서 진지하고 극명하게 행해야 하는 중요한 과제의 하나이다" 라고 쓰고 있습니다.

이 서문에는 개전 원인이 아닌 '왜 졌는가' 라는 패전원인론에 대

해 치우쳐져 있는 듯 보이지만, 같은 시기에 요미우리신문 논설위원인 초오 후미쓰라(長文連)가 쓴 『패전비사 전쟁책임각서(敗戰秘史 戰争責任覚え書き)』(지유쇼보〔自由書房〕, 1946년)는 전쟁 책임의 문제를 정면으로 논한 저작입니다. 초오는 "8월 15일 항복하고 벌써 5개월이 지났다. (중략) 그러나 진정한 데모크라시의 궤도에 오르지 못한 생각이 든다. 또 사실이 그러하다. 이것은 왜일까. 그것은 만주사변부터 지나사변, 대동아전쟁에 걸쳐 전사의 진상이 아직 밝혀지지 않아서이다" 라고 한 뒤 전쟁 책임 문제의 해명이 급무의 과제임을 강하게 주장하고 있습니다. 여하튼 이 나라의 재건이나 민주화를 위해서는 전쟁의 원인이나 전쟁 책임 문제를 해명하는 것이 필수 불가결한 과제라고 인식하고 있는 점에서 양자는 완전히 일치하고 있습니다.

그러나 그로부터 반세기 이상의 세월이 지난 2005년 8월 13일 〈요미우리신문〉은 「검증 전쟁 책임」의 연재를 시작하면서 이 기획의 목적을 다음과 같이 설명하고 있습니다.

> 일본의 패전으로부터 60년, 앞의 대전의 전쟁 책임을 둘러싸고 극동국제군사재판(도쿄재판)이 있었지만 재판의 형식에 문제가 있었을 뿐 아니라 무엇보다도 일본 국민 자신이 재판한 것이 아니다. 비참한 희생을 치른 앞의 전쟁에 대해 일본인 자신이 검증하고 전쟁을 저지할 수 없었던 정치, 군사 지도자의 책임을 지금이야말로 분명히 할 필요가 있다.

여기에는 60년이 지나도 여전히 전쟁 책임 문제를 검증할 필요성을 주장하지 않으면 안 되는 현실이 있습니다. 왜 이와 같은 상황이 나타나는 것일까요. 국제적 요인으로서는 냉전으로의 이행으로 전쟁 책임에 대한 추급이 미루어졌다는 것을 지적할 수가 있겠습니다. 즉 냉전으로 이행함에 따라 미국은 일본의 민주화나 전쟁 책임의 추급에 대한 열의를 잃고, 정책의 중심을 일본의 경제 부흥과 친미보수정권의 육성으로 옮긴 것입니다.

쇼와 천황의 전쟁 책임을 예로 이 문제를 좀 더 구체적으로 보겠습니다. 천황에게 전쟁 책임이 있는가 없는가는 현재도 의견이 나뉘는 부분이지만 적어도 일국의 원수로서 패전의 결과 심각한 참화를 초래한 데에 대해서는 도의적 책임이 있다는 주장은 패전 직후부터 끈질기게 존재했습니다. 천황 자신도 자신에게 향한 그러한 비판적 시선을 의식하고 있었던 듯합니다. 천황의 시종이었던 이리에 스케마사(入江相政)의 52년 8월 15일의 일기에는 "오늘은 종전기념일이어서 아무래도〔천황은 정원에〕 나오시지 않는 것 같다. 게다가 오늘 저녁 궁내성 기자가 오는데 또 뭔가 이래저래 쓰지는 않을까 하는 마음, 구 군인이 폐하를 원망하는 마음도 남아 있다고 생각하고 계신 듯하다"라고 쓰고 있습니다(『이리에 스케마사 일기〔入江相政日記〕』, 아사히신문사, 1990년).

이와 같은 심각한 상황이 있었으므로 점령기에는 천황의 퇴위론이 종종 거론됩니다. 또 퇴위하지는 않아도 천황이 자신의 책임을 인정하고 국민에게 사죄하는 '말씀'을 공표해야 한다는 구상도 있었습니다. 그러나 이 어떤 것도 실현되지 않았습니다. GHQ가 점령 정책을 원활히 수행하기 위해 '현재의 동맹자'로서 쇼와 천황을 이용한 것이 직접적 원인이었지만, 냉전하에서 51년 9월에 조인된 샌프란시스코 강화조약이 일본의 전쟁 책임을 애매하게 한 '관대한 강화'가 된 것도 크게 영향을 미치고 있었습니다.

강화조약은 52년 4월에 발효하여 5월에는 독립을 축하하는 헌법 시행 5주년을 기념하는 식전이 개최되었습니다. 그 석상에서 쇼와 천황은 "이때를 맞이하여 짐(朕)은 매우 부족하나 과거를 돌아보고 여론을 살피고 심사숙고 오히려 자신을 독려하여 무거운 짐을 견디길 기대하며, 밤낮으로 오로지 자신의 능력이 미치지 못할까 두려울 뿐입니다"라는 '말씀'을 읽었습니다. 퇴위론을 부정한 사실상의 '재위 선언'입니다.

쇼와 천황의 최측근으로 도쿄재판에서 종신금고형의 판결을 받아 복역 중이었던 기도 코이치(木戸幸一) 전 내대신은 이 '말씀'을 읽고 "국민에게 사죄한다든가 뭔가의 표현이 있어야 하지 않는가. 이는 뭔가 어금니에 이물질이 끼어 있는 것과 같이 에둘러 말하는 것으로 국민이 진정으로 납득할 수 없는 것이었던 점은 유감스러웠다"고 말하고 있습니다(다카하시 히로시〔高橋宏〕, 「상징 천황의 탄생〔象徵天皇の誕生〕」, 긴바라 사몬〔金原左門〕 편, 『전후사의 초점〔戦後史の焦点〕』, 유히카쿠〔有斐閣〕, 1985년). 이렇게 퇴위도 사죄도 없었으므로 천황의 책임 문제에 대해서는 그 후도 국민들에게 깊은 응어리를 남기게 됩니다.

## 끝나지 않은 전후

전쟁의 원인이나 전쟁 책임의 문제가 계속 제기되는 또 하나의 배경에는 아시아·태평양전쟁의 전후처리가 불충분한 형태로밖에 이루어지지 않았다는 문제가 있습니다. 그것은 바꾸어 말하면 '전후'가 끝나지 않았다는 말도 됩니다. 전후처리란 이른바 '전쟁의 뒤처리'이고 강화조약의 체결, 배상, 내외의 전쟁 희생자에 대한 보상, 전몰자의 유족에 대한 지원, 전몰자의 추도 등 다양하지만 여기서는 전몰자의 유골 수집의 문제를 들겠습니다.

강화조약 발효 후 52년부터 58년에 걸쳐 일본 정부는 해외 전몰자의 유골 수집을 시행하였습니다. 그러나 이때의 수집 방침은 이름이 판명되는 유골은 일본 국내로 송환하고, 판명이 안 되는 유골은 "그 일부를 해당 지점에 성명 불명의 유골의 표징을 세우고 내환(內還)한다"는 한정적인 것이었습니다. 또 일본군의 점령하에 있던 지역에서는 뿌리 깊은 반일 감정이 존재했으므로 유골 수집 작업도 생각만큼 진척되지 않았고, 필리핀에서는 '전몰 일본인의 비'의 건립도 단념할 수밖에 없었습니다. 그 결과 그때의 수집 작업에서는 11,358명의 유골을 수집하는 데 그쳤습니다. 그럼에도 불구하고 정부는 이로써 '유골 수집을 일단락'한다는 인식을 보였던 것입니다(하마이 가즈후미〔浜井和史〕,「전후 일본의 해외 전몰자 위령〔戰後日本の海外戰没者慰靈〕」,『사림〔史林〕』제91권 제1호, 2008년).

그런데 선박 침몰로 전사한 병사의 경우에는 해저에 있는 유골의 수집이 육상 이상으로 곤란하다는 문제가 있습니다. 그 때문에 해군 관계자 단체인 가이코카이(海交会)는 '유골의 수용이 곤란하다면 적어도 현지로의 해상 위령선 파견을' 정부에 요청해 왔지만, "정부에 그런 의지가 없음은 분명"했습니다. 그래서 가이코카이는 객선을 전세 내어 81년에는 솔로몬 제도의 해역에서 해상위령제를 실시했습니다(『남쪽 바다 끝에서 기도하다〔南溟の果てに祈る〕』, 가이코카이 전국연락회, 1982년). 이 위령제에 참가한 전사자의 부친인 나카지마 시게기요(中島重清)는 다음과 같은 참가기를 남겼습니다. '기나긴 전후'를 산 유족의 마음이 절절하게 전해오는 문장입니다.

내일은 아들의 영혼을 가슴에 품고 그 아이가 37년간 물에 빠진 시체가 된 채로 계속 그리워했을 그리운 고향으로, 정말 보고 싶었을 우리 집 현관으로 부모 자식이 나란히 들어설 수 있게 됩니다. 나의 전후는 85세가 된 지금에서야 드디어 종지부를 찍을 수 있게 되었습니다.

이 노인의 '기나긴 전후'에 종지부를 찍게 한 것은 정부의 전후 처리 행정이 아니고 민간 단체의 위령 활동이었음에 주의할 필요가 있습니다. 또 이 해협의 전투에서 남편을 잃은 고마쓰 하쓰에(小松はつ江)도 다음과 같이 쓰고 있습니다. 전쟁에 대한 그녀의 깊은 분노가 전해져 옵니다.

긴긴 세월 얼마나 차가웠어요. 외로우셨죠. 손자들이 뛰노는 따뜻한 우리 집으로 같이 갑시다. 조국을 위한다고 하면서 이렇게 슬프고 괴롭게 만드는 전쟁은 두 번 다시 싫습니다.

또 하나 시베리아 억류 문제도 거론하겠습니다. 아시아·태평양 전쟁이 종결된 후 소련 정부는 중국 동북 지방, 사할린, 쿠릴 열도에서 포로로 잡은 약 60만 명의 일본 군장병을 시베리아로 이송하고 강제 수용소에서 가혹한 노동에 종사시켰습니다. 그 결과 약 6만 명의 일본 군인이 사망했다고 되어 있습니다. 소련 붕괴 전후부터 소련 정부, 러시아 정부는 이 억류가 잘못된 정책이었음을 겨우 인정하고 수차에 걸쳐 사망자 명단을 일본 측에 제공해 왔습니다. 그러나 일본인의 이름이 러시아어로 표기되어 있는 점, 중복이 있는 등의 사정으로 정확한 일본인명을 확정해 가는 작업에는 큰 곤란이 수반되었습니다. 억류자였던 마쓰야마 쓰네오(松山常雄)는 혼자서 이 곤란한 작업을 시작했습니다. 70세가 되어 처음으로 컴퓨터를 배워서 명부 등 각종 데이터를 입력하고 중복을 체크하면서 억류 사망자 46,300명분의 데이터베이스를 완성했습니다. 물론 이것으로 사망자의 전부를 망라했다고는 할 수 없습니다.

원래는 정부가 해야 할 일을 개인이 대신한 것이 되었지만 마쓰야마에게는 전몰자는 한 명 한 명의 개성이나 인생이 있는 이상 고유의 인명을 밝히는 것이 망자에 대한 위령이나 추도의 전제라는 강한 신념이 있었습니다. 마쓰야마는 다음과 같이 쓰고 있습니다(『시베리아에 스러진 46,300명을 새김〔しべりあに逝きし46,300名を刻む〕』, 나나쓰서관〔七つ書館〕, 2009년).

'조문하다' 란 (중략) '찾아가는 것' 즉 '묻는' 것, '물어서 찾아가는 것' 으로 해석할 수 있는데, 더 얘기하자면 "망자의 머리맡에 앉아 친하게 그 이름을 부르고 그 소리를 마음으로 듣는" 것이라고 생각합니다. 망자는 한 명 한 명 정중히 그 고유의 이름을 불러 조문해야 하고 그 사람들을 '이름 없는 병사' 나 '무명 용사' 로 허식하여 인류사의 주름 속으로 다시 묻어버리는 무례는 결코 용서될 수 없습니다. 이름을 부르고 묻고 그 소리를 듣는 그런 진심 어린 기도만이 진정한 '조문' 이고 '위령' 이며 조문자 자신과 그것을 포함한 국가와 사회의 재생을 촉진하는 힘이 되는 것은 아닐까요.

마쓰야마에게는 억류 사망자 전부의 개인명을 확정하지 않는 한 위령도 추모도 의미가 없었습니다. 여기에서도 '끝나지 않은 전후' 가 있습니다. 이와 같은 상황이 있기 때문에 사람들의 관심이 끊임없이 전쟁으로 향해지는 것이라고 저는 생각합니다.

## 무참한 죽음

사람들이 계속 전쟁을 거론하는 세 번째 배경은 아시아·태평양 전쟁에서 전몰한 병사나 민간인들의 너무나 무참한 죽음의 상태 그 자체에서 구할 수 있을 것입니다. 2007년 8월부터 방영이 시작된 NHK의 BShi 시리즈 「증언 기록 병사들의 전쟁(証言記録　兵士たちの戦争)」가운데 계속해서 나오는 것은 압도적인 전력의 격차 아래서 일방적으로 살육당해 가는 병사, 기아와 병으로 죽어가는 병사, 가혹한 전투와 행군에 지쳐 스스로 목숨을 끊은 병사, 포로가 되지 않으려고 우군의 손으로 '처치' 되는 부상병 등등의 존재입니다.

이오지마(硫黄島)의 전투에서 살아남은 독립기관포 제44중대의 스즈키 에이노스케(鈴木栄之助)도 이오지마에서 죽은 일본군 사망자의 내역에 대해 다음과 같이 쓰고 있습니다(오가사하라전우회 편〔小笠原戦友会編〕, 『오가사하라 병단의 최후〔小笠原兵団の最後〕』, 하라쇼보〔原書房〕, 1969년)

적탄으로 전사했다고 생각되는 것은 30% 정도, 나머지 7할의 일본병은 다음과 같은 비율로 죽었다고 생각한다.
6할 자살(주사로 죽어 달라고 부탁하여 안락사한 것을 포함)
1할 타살(네가 포로가 되느니 죽인다는 것)
일부 사고사(폭발사, 대전차전투 훈련 도중의 사망 등)

이 비율이 정확한 것인가는 잘 모르겠으나 자살자, 군의나 위생병에 의해 '처치' 된 자, 미군에 투항하려다 아군에 살해된 자가 상당수에 이르는 것은 이오지마 전투 관계의 전기(戦記) 에 의해 방증할 수 있습니다. 이 점에 대해 『오가사하라 병단의 최후』의 편자(대표=호리에 요시타카[堀江芳孝], 전 소좌)도 "항복을 좋지 않게 생각하여 자살의 길을 택한 수가(전사자 약 2만 명 중) 1만 명 전후가 될 것이다"(군의가 주사로 처치한 것과 본인의 희망으로 처치된 것을 포함)라고 쓰고 있습니다. 정도의 차는 있으나 같은 상황이 아시아·태평양전쟁 말기의 일본군에는 공통적으로 보입니다.

중요한 것은 이러한 처참한 전장의 기억이 살아남은 병사들의 뇌리에 깊이 각인되어 있다는 것입니다. 비아크 섬(뉴기니아 북서)의 격전에서 살아남은 사사키 기요스케(佐々木清助)는 "하루도 잊은 적이 없다네. 거의 한 시간도 잊을 수 없지. 조금도 잊을 수 없어. 비아크는"이라고 말하고 있습니다(NHK, '전쟁 증언' 프로젝트 『증언 기록 병사들의 전쟁[証言記録　兵士たちの戦争]②』, 일본방송출판협회, 2009년). 미군 함재기의 공격을 받아 침몰한 전함 '무사시(武蔵)'의 조타원 스가노 히토시(菅野等)는 침몰 당시의 상황이 환청이 되어 계속 들린다고 이야기합니다.

아마 그건 사람의 비명이 아닌가 생각합니다. 마치 신음소리 같기도 하고 뭐랄까 필사적인 비명을 울리고 있다고 할까. 저쪽에서 그런 소리가 들리고 (대공용의 기관총의) 탄피가 쿵쾅쿵쾅거리며 구르는 소리, 넘어지는 소리가 한꺼번에 뒤섞여 시끄러운 소리가 계속해서 아직도 귓가에 쟁쟁하게 들릴 때가 있습니다. 아무리 세월이 지나도 이 소리는 사라지지 않네요(위의 『증언 기록 병사들의 전쟁[証言記録　兵士たちの戦争]③』, 일본방송출판협회, 2009년)

동시에 전장의 기억은 살아남은 병사들의 전후의 삶에도 큰 영

향을 미칩니다. 다이에(ダイエー)의 창업자로 독자적인 저가격 노선으로 소매업 매출액 부분에서 일본 최고가 된 나카우치 이사오(中内功)는 필리핀 전선의 생존자였습니다. 나카우치에 대해 뛰어난 평전을 쓴 사노 신이치(佐野真一)는 다이에의 탐욕스런 경영 확대 전략의 배경에는 나카우치 자신이 필리핀 전선에서 겪은 기아 체험이 있다고 하여 나카우치를 '정신적인 상이군인'이라고 불렀습니다. 사노는 다음과 같은 에피소드를 소개하고 있습니다(사노 신이치 편저〔佐野真一 編著〕,『전후전기―나카우치 다이에와 고도경제성장의 시대〔戦後戦記―中内ダイエーと高度経済成長の時代〕』, 헤이본샤〔平凡社〕, 2006년).

나카우치와는 몇 번이나 인터뷰를 했으나 지금까지 가장 인상에 남는 것은 이런 대화이다. "전쟁에서 가장 무서운 게 무엇이었다고 생각해요?" 문득 나카우치 씨에게 질문을 받고, 평화에 젖어 있는 전후 세대인 나 자신의 전쟁에 관한 무지를 그대로 드러내어 "글쎄요, 적의 총알 아닌가요" 하고 대답했다. 그러자 나카우치는 "그렇지가 않아"라고 말했다. "가장 무섭다고 생각한 것은 옆에 앉아 있는 일본군 병사이다. 졸면 옆의 일본 병사에게 언제 죽임을 당할지 모른다는 생각에 잠 못 이루는 밤이 며칠이나 계속되었다."

사실 나카우치가 있었던 루손 섬에는 극도의 식량 부족 때문에 아군을 공격하여 식료를 약탈하는 병사나 인육을 먹을 목적으로 아군을 습격하는 병사가 횡행하고 있었습니다. 나카우치의 부대가 속해 있던 신부(振武) 집단 참조장인 스미 켄시(角健之)는, 헌병대에 '현장 처형(총살)권'을 부여하여 '인육을 먹고 있는 현행범' '인육을 휴대 소지하는 자' '인육의 지방 등이 반합 등'에 부착하여 인육을 '먹은 실중이 명백한 자'를 단속하게 했다고 회상하고 있습니다(「지옥 전선의 일본 병사〔地獄戦線の日本兵〕」,『특집 문예춘추〔特集文藝春秋〕 일본 육해군의 총결산〔日本海陸軍の総決算〕』, 1955년).

## 문제의식과 서술의 스타일

총무성의 추계에 의하면 전후 출생 인구는 2008년 10월 시점으로 총인구의 75.5%에 달하고, 아시아·태평양전쟁에서 가장 많은 전사자를 낸 세대인 '다이쇼 출생'이 총인구 중에 점하는 비율이 불과 4.4%가 되었습니다(『아사히신문〔朝日新聞〕』 2009년 4월 17일자).

또 정확한 통계가 없어 군인 은급의 본인 수급자 수 등으로 추계해 보면 군대 경험을 가진 사람의 수는 40여만 명에서 90여만 명으로 추계됩니다(졸고 「병사들이 증언하기 시작한 아시아·태평양전쟁의 기억〔兵士たちが語り始めたアジア・太平洋戦争の記憶〕」, NHK '전쟁 증언' 프로젝트 『증언 기록 병사들의 전쟁〔証言記録　兵士たちの戦争〕』①, 일본방송출판회, 2009년).

육군사관학교 제57기생(44년 4월 졸업)을 예로 들면 2009년 3월 현재 사관학교 졸업자=2,438명 중 전사자=714명, 전후 사망자=969명, 생존자=755명으로, 이미 전후 사망자가 전사자를 상회하고 생존자율은 31%가 되어 있습니다(육사57기 가이코문고 대책위원회 전후 경력 작성반 편, 『전후 동기들의 발자취〔戦後同期生の歩み〕』 비매품, 2009년). 가장 젊은 세대의 군대 경험자에 속하는 57기생의 생존자율이 31%이므로 전체적으로는 더욱 낮아질 것입니다. 이런 가운데 전우회의 대부분은 해산 내지 활동 정지 상태에 있고, 야스쿠니신사에서 개최되는 부대전우회,

군학교전우회 주최의 전몰자위령제의 수도 급격하게 감소하고 있습니다. 분명히 한 세대가 끝나려 하고 있습니다.

그런 시대에 『아시아·태평양전쟁』을 쓰게 된 저는 특히 다음의 두 가지를 의식하며 이 책을 썼습니다. 먼저 문제의식 부분에서는 전쟁 책임의 문제를 계속 염두에 두면서, 전쟁 중에 비명으로 무참하게 마감한 죽음의 형태를 가능한 한 기록으로 남긴다는 것입니다. 중국 대륙을 전전한 역전의 중대장이었던 후지와라 아키라(藤原彰, 육사55기)는 전장에서의 아사의 실태를 밝힌 선구적 연구『굶어죽은 영령들(餓死した英霊たち)』(青木書店, 2001년)에서 다음과 같이 쓰고 있습니다.

전사보다도 전병사(아사)가 많다. 이것이 한 국면의 특수한 상황이 아닌 전장 전체에 걸쳐 발생한 것이 이 전쟁의 특징이고, 무엇보다도 거기에 일본군의 특질을 볼 수가 있다. 비참한 죽음을 강요당한 젊은이들의 무참함을 생각하고, 대량 아사를 초래한 일본군의 책임과 특질을 밝혀 그것을 역사에 남기고 싶다. 대량 아사는 인위적인 것으로 그 책임은 명료하다. 그것을 망자를 대신하여 고발하고자 한다.

『아시아·태평양전쟁』은 후지와라의 이 문제의식을 직접 계승하는 것에서부터 출발하고 있습니다. 그 의미에서 이 책은 나 자신의 은사이기도 했던 후지와라 전 육군대위에 대한 제 나름의 진혼의 책이기도 합니다.

단 그 경우에 외국인 전쟁 희생자의 존재를 잊어서는 안 될 것입니다. '가해' 실태의 해명은 역사학에서 여전히 중요한 과제입니다. 그럼에도 불구하고 여기서 '피해' 의 문제에 고집하는 것은 '피해' 와 '가해' 의 관계는 중층적으로 겹쳐져 있다고 생각하기 때문입니다.

‘피해’ 의 문제에서도 독자적인 고찰이 필요할 것입니다.

역사 서술의 방법 면에서는 큰 시대 상황과 국민 한 명 한 명의 전쟁 책임의 디테일함을 교차시키면서 전쟁의 시대를 서술하려고 주의를 기울였습니다. 말하자면 줌아웃과 줌인을 반복하며 역사를 서술하는 방법입니다. 그때 염두에 둔 것은 히다카 로쿠로(日高六郎)『전후사상을 생각한다(戰後思想を考える)』(이와나미〔岩波〕신서, 1980년)에서의 다음과 같은 지적입니다.

> 체험자가 비체험자를 말하는 것은 적극적인 측면이 있다. 즉 만약 체험을 지식과 사상의 관련 속에서 번역할 수 있다면 그 지식과 사상에 체험자가 갖는 독특한 감각과 생기를 불어 넣을 수 있기 때문이다. 그 독특한 감각이란 첫째로 한 시대를 지배하고 있는 전체적인 분위기, 두 번째는 그 시대 속에서 (동시에 그 시대 속의 ‘자신’ 안에서) 생긴 때로는 중요하고 때로는 평범한 디테일(작은 일상)에 대한 감각이다.

저는 직접 전쟁을 체험하지 못한 세대의 연구자에 속하지만 근 이십몇 년 사이에 상당한 수의 전쟁체험기, 그것도 서민이나 병사의 체험기를 읽어 왔습니다. 그것을 통해 히다카가 말하는 ‘독특한 감각’ 을 다소간은 이해할 수 있게 되었다고 한다면(그것이 전쟁 체험의 계승이라는 것의 의미가 아닐까요), 그것을 역사 서술 가운데서 활용하고 싶다는 그런 생각을 감히 품으면서 원고를 계속 써온 것이 이『아시아·태평양전쟁』입니다.

① 혼다 쇼이치(本田勝一)·나가누마 세쓰오(長沼節夫),『천황의 군대(天皇の軍隊)』(아사히문고〔朝日文庫〕, 1991년)

구마자와 쿄지로(熊沢京次郎)『천황의 군대(天皇の軍隊)』(현대평론사〔現代評論社〕, 1974년)의 문고본으로, 구마자와는 혼다(本田)·나가누마(長沼)의 펜네임입니다. 아시아·태평양전쟁 중에 중국전선에서 치안전에 종사하고 있던 제59사단의 관계자로부터 청취한 내용에 기초하여 '천황의 군대'의 생생한 실태를 밝힌 저작입니다. '가해'의 실태뿐 아니라 병사의 눈높이에서 이른바 '천황의 군대'의 '생활사'를 분명하게 한 점이 뛰어납니다.

② 이에나가 사부로(家永三朗),『전쟁 책임(戦争責任)』(이와나미서점〔岩波書店〕, 1985년. 나중에 이와나미〔岩波〕현대문고)

만주사변에서 아시아·태평양전쟁에 이르는 일련의 침략 전쟁에 대한 전쟁 책임 문제를 역사적 사실과 경과에 입각하여 포괄적이고 구체적으로 논한 최초의 연구서입니다. 일본의 대외적 책임뿐 아니라 국가 지도자의 국민에 대한 책임, 연합국 측의 일본에 대한 책임, 나아가 전후세대의 책임 문제까지 논급하고 있습니다.

③ 존·다워(ジョン·W·ダワー), 사이토 겐이치(斎藤元一) 역,『용서 없는 전쟁(容赦なき戦争)』(헤이본샤〔平凡社〕라이브러리, 2001년)

저자는 미국의 일본 근현대 연구의 제일인자. 미국 측에서 보았을 때 아시아·태평양전쟁이 인종 전쟁의 성격을 갖고 있음을 미국 측의 인종 편견 문제에 착목하여 구체적으로 밝힌 저작입니다. 이와 함께 일본 측의 아시아에 대한 인종 편견이나 우월 의식의 문제에도 예리한 분석을 더하고 있습니다.

④ 사와치 히사에(沢地久枝), 『창해여 잠들라(蒼海よ眠れ)』 전 6권 (마이니치〔毎日〕신문사, 1984~1985년)

미드웨이해전에서 전사한 일미 양국 남자들의 인생과 그 죽음의 형태를 남겨진 가족의 전후사까지 시야에 넣어 치밀하게 조사한 논픽션. 일미 양국의 전사자 한 명 한 명의 이름을 밝히려는 저자의 집념에 압도당합니다. 또 저자가 한 취재 활동의 성과를 묶은 『기록 미드웨이해전(記録　ミッドウェー海戦)』(분게이슌슈〔文芸春秋〕, 1986년)도 중요한 문헌입니다.

⑤ 기요사와 기요시(清沢洌), 『암흑일기(暗黒日記) 1942~1945년』(이와나미문고〔岩波文庫〕, 1990년)

전전의 외교평론가이자 전투적인 자유주의자로서 알려진 기요사와의 아시아·태평양전쟁기의 일기입니다(단 초록). 통렬한 시국 비판이나 대본영 발표의 속내를 읽어내는 예리한 분석력이 놀랍습니다. 동시에 전시하의 사회 상황에 관한 사료로서도 매우 귀중한 것이라고 할 수 있습니다.

# 제7장 점령기 개혁은 일본을 변화시켰던 것일까?

—아메미야 쇼이치(雨宮昭一)—

## 시작하며

제7권 『점령과 개혁』에서는 일본에서의 점령과 개혁을 ① 사실, ② 사실과 관련된 시스템, ③ 점령과 개혁에 대한 생각이라는 세 가지 차원에서 생각해 보았습니다.

전후체제가 끝나고 새로운 시스템을 구상해야 하는 현재, 사실도 시스템도 매우 중요하나 세 번째의 점령과 개혁에 대한 구상의 검토가 더욱 중요하다고 생각합니다. 일본의 점령과 개혁은 이런 것이다, 대답은 하나밖에 없다고 생각하는 것이 아니라 '사실'과 '시스템'을 생각하면서 다양한 생각을 표출하는 장을 만들고자 노력해 왔습니다.

## 점령과 개혁의 시대란

일본 근현대사에서 아니 일본의 역사에서 처음으로 전면적으로 사회를 조직하려 한 총력전체제가 만들어져 그 체제 아래 처음으로 전면적으로 패전하고 그리고 처음으로 전면적으로 외국에 점령당한 것이 바로 이 시대입니다. 이와 같은 사태는 대량으로 다양한 사실을 만들어냄과 동시에 그것들을 체험한, 점령한 측에서도 점령당한 측에서도 그것들을 해석하거나 의미를 두면서 여러 환상이나 신화나 신념을 만들어 냈습니다. 예를 들면 각각의 사태에 대한 전체적 평가나 역사적 문맥을 무시하는 과대 내지 과소평가 혹은 점령은 성공하였다는 성공담이나 미국에 점령당해 행운이라고 하는 럭키스토리 등입니다.

그리고 앞서 말한 총력전―패전―점령을 거쳐 드디어 국제적으로는 전승국의 국제 질서로서의 포츠담체제, 연합국이 대립하는 냉전체제의 일환으로서의 일미안보체제, 자민당과 사회당을 중심으로 하는 정치의 55년 체제, 법적인 일본국헌법체제, 경제면에서의 민수중심의 일본경영체제 등에 의해 구성된 전후체제가 만들어졌습니다.

## 현재 사회의 상황은

그리고 현재 일본에서는 이 체제가 붕괴하면서 새로운 체제로 한창 옮겨가고 있는 중입니다. 한편 세계적으로는 1990년대 초기에 소련이 붕괴하고 냉전체제가 끝났습니다. 냉전이 끝났다는 것은 사회주의권에 있었던 방대한 노동력과 자원이 국제 시장에 던져졌음을 의미합니다.

그것에 의해 일본에서는 지금까지 국내 각 지역에서 행해져 온 생산을 국외의 값싼 노동력과 자본을 사용하여 해외에서 하게 됩니다. 일본의 다수의 다국적기업은 물론 중소기업까지도 포함한 경제계와 중앙정부는 국내에서의 지역 개발이나 지역에 지급하는 보조금을 중지시키게 되었습니다(그것은 지방분권으로 표현되고 있습니다). 또 지금까지는 국내의 노동력을 주로 사용하는 것이 전제였으므로 노사협조, 연공서열, 종신고용 등을 기조로 하는 이른바 일본적 경영이 흔들리고 있습니다. 그리고 냉전에 대응한 정치 시스템으로서의 자민당 우위의 체제도 끝났습니다.

1990년대부터 21세기에 걸쳐 냉전 대신에 생긴 미국의 세계 지배와 그 구체화로서의 이라크에서의 '점령과 개혁', 금융자본주의를 중심으로 하는 글로벌리즘, 그리고 '자기 책임' '작은 정부' '복지국가의 해체' 등을 내용으로 하는 신자유주의 등이 일본을 포함한 전 세계로 확대되어 이라크전쟁을 일으키고 국내의 격차를 확대하고 사회 안전망을 잃게 하였습니다.

그리고 이와 같은 미국에 의한 이라크의 '점령과 개혁', 일본의 대아시아 관계와 대미 관계의 형태, 신자유주의에 의한 사회의 해체, 복지의 후퇴 등은 모두 일본의 '점령과 개혁' 시대에 대한 취급이나 평가와 관련되어 있습니다.

지금 전후체제의 다음 시스템을 누가 어떤 내용으로 구성하는가를 생각할 때 다양한 주체, 다양한 가능성, 다양한 선택지를 갖고 자유롭고 유연하게 생각하지 않으면 안 됩니다. 그것을 생각하는 또 하나의 중요한 출발점이 된 총력전－패전－점령의 시대 가운데 '점령과 개혁' 시대에 대한 평가를 "자유와 평등을 실현하고 점령개혁으로 인해 일본의 모든 것이 바뀌었다" 등으로 보는 하나의 틀, 하나의 해석, 하나의 이야기가 아닌 가변적이고 다양한 가능성(현실적 가능성이라는 말도 있는 것처럼 가능성도 하나의 사실이고 단순한 이프[if, 가정]는 아닙니다) 안에서 다시 고찰할 필요가 있습니다. 이를 통해 앞으로의 포스트전후체제를 자유롭게 구성하는 것이 가능해집니다. 현실은 항상 사실과 가능성에 의해 구성되어 있는 것입니다.

그러므로 이 시대에 대한 물음은 '점령개혁은 일본을 변화시켰는가' 라는 것이 됩니다.


## 점령개혁은 일본을 변화시켰는가

그런데 이 물음에 어떻게 접근해야 할까요.

우선 다음과 같은 지금까지의 점령, 개혁, 전후 등에 녹아 있는 이미지의 재검토가 필요합니다. 그 이미지는 요약하자면 대개 다음과 같은 것이 됩니다.

전후는 자유롭고 평등해지고 빈곤으로부터의 탈출이 달성된 점령개혁으로 일본의 모든 것이 바뀌었다, 일본의 전전(戰前), 전시(戰時)에서 취할 것은 아무것도 없고, 일본의 전시체제는 연합국과는 아무 공통성도 없으며 일본의 주요 정당이나 리더는 너무나 진부하여 아무것도 바꾸려 하지 않았다 등등입니다.

이에 대해 일본의 전전, 전시에 자유도 평등도 부유함도 없었는지, 전후에는 부자유도 불평등도 빈곤도 없었는지, 전전·전시기에 시장전체주의와도 국가주의와도 전혀 다른 협동자치의 생각은 없었는지, 제국주의, 총동원체제, 관리사회라는 점에서 전시기의 일본과 연합국과의 공통성은 없었던가, 점령기의 일본 정부나 리더들은 체제나 헌법 구상에서 정말 스스로를 바꿀 능력이 없었던 것인가 하는 물음을 던질 필요가 있지 않을까요.

이런 구체적인 검토를 하기 위해서는 사실의 차원, 그러한 사실의 관련성 즉 시스템 차원 및 그 인식 방식 그 자체 즉 메타레벨이 되는 세 가지 차원을 구별하면서 생각해 보고 싶습니다. 첫 번째로 '점령과 개혁'에 대해 믿고 있는 생각, 이야기되고 있는 것과 '사실'은 어떻게 관련되어 있는가. 두 번째로 그것을 부분적이 아니라 국제 관계, 정치, 경제, 법, 사회, 사상, 문화, 지역 등을 포함하여 전체적으로 그 위치와 의미를 생각하는 것. 세 번째로 그것들을 말하는 모델은 어떠한 것일까. 네 번째로 그와 같은 설명 방법이 아닌 다른 방법은 어떻게 하면 가능할까에 대해 생각하고자 합니다.

제1의 과제에 대해서는 하나는 GHQ(연합국총사령부)가 의도적, 전략적으로 때와 장소에 따라서는 자각하지 못하고 자신의 기준이나 희망에 따라 설명 방식을 만들었던 것은 아닐까, 또 하나는 연구자를 포함하여 GHQ의 공적 자료나 각 담당자들이 나중에 쓴 '공훈담(功勳談)' 등의 자료, 문헌을 그대로 받아들여 점령과 개혁의 시대를 묘사했던 것은 아닐까. 예를 들면 "내가 직접 관여했던 기록은 보건복지 문제의 진보를 측정하고 평가하기 위한 기준에서 보더라도 일본의 의료·복지 분야에서 큰 개혁을 성취하였음을 보여주고 있다. 이 성공은……"(C·F·사무스 『GHQ 사무스 준장의 개혁─전후 일본의 의료복지정책의 원점』〔원제 Medic〕, 다케마에 에이지〔竹前栄治〕 번역, 기리쇼보〔桐書房〕, 2007년,

294쪽)이라고 GHQ의 담당자인 사무스는 회상하고 있다. 하지만 일본에서는 의료·복지에 관한 중앙 성청(省庁)이 전시 중인 1938년에 이미 의료복지정책이 만들어져 있었고, 패전 후에도 그 시스템은 가동되고 있었습니다(예를 들면 콜레라 대책, 위생조합 등에 대해서는 구리타 히사야〔栗田尚弥〕편, 『지역과 점령―수도와 그 주변〔地域と占領―首都とその周辺〕』, 일본경제평론사, 2007년, 제2장·제5장). 또 무엇보다 국민건강보험도 같은 해에 발족하고 있습니다. 즉 일본에서의 의료, 복지 시스템은 패전이나 인플레에 의한 혼란은 있었어도 전시부터 기능하고 있었습니다. 따라서 국민건강보험제도가 존재하지 않고 현재에도 그것이 여전히 과제인 미국과는 패전 시에 이미 상당히 다른 시스템이었던 것입니다(아메미야 쇼이치〔雨宮昭一〕, 『전시전후체제론〔戦時戦後体制論〕』제6장, 이와나미〔岩波〕서점, 1997년).

제2의 과제에 대해서는 '세계신질서'와 '동아신질서'로서의 국제체제, 비정당정치체제로서의 '정치신체제', 비자유주의 경제를 내용으로 하는 '경제신체제' 등에 의해 구성되는 전시체제=익찬체제가 패전―점령―강화를 거쳐 1950년대에 어떠한 전후체제로서 형성되었는가를 밝히면서, 냉전체제 등을 요소로 하는 그 전후체제가 어떠한 붕괴 방식을 거쳐 가는지를 해명함으로써 이 과제 해결이 가능해지는 것은 아닐까.

현재 전후체제로부터 다음 체제(포스트전후체제)로의 이행이 국제적으로도 국내적으로도 많은 알력을 초래하고 있습니다. 그러므로 전시체제로부터 전후체제로의 이행의 이야기가 그 모델로서 주목되고 있는 것입니다.

제3의 과제의 대상은 무조건항복 모델하에서의 점령의 성공담=

성공 스토리입니다. 여기서 무조건항복 모델이라는 것은 개전 과정에서는 상대에 대한 일체의 혹은 기본적인 자립성의 방기를 요구하고 그렇지 않으면 전쟁을 시작할 수밖에 없는 선택을 강요하며, 전투 과정에서는 철저하게 섬멸하려 하고, 전쟁 종결 과정에서는 강화가 아닌 무조건항복을 강요하며, 점령 과정에서는 피점령 측의 삶의 방식, 사고방식을 전면적으로 개조하려 한 것입니다. 그것은 있는 그대로 이야기하면 미국에서의 선주민(아메리카 인디언)과의 내전 과정, 남북전쟁의 내전 과정과 동일하며, 상대를 자립된 단위(국가)로 보는 것을 근본적으로 부정하는 것, 즉 자립한 단위(국가) 간의 관계 그 자체의 부정입니다. 그리고 이 일본의 점령은 승자·패자, 점령자·피점령자만이 아니라 패자들 속의 지배자는 물론 피지배자인 하층 사람까지도 승자, 점령자와 포용하여 민주적이고 좋은 일본을 만들었다는 점령 성공 이야기로서 언급되어 왔습니다(『점령과 개혁〔占領と改革〕』 vi쪽). 그리고 그 이야기가 현재도 미국의 대외적인 '점령과 개혁' 정책의 추진력이 되고 있는 것입니다.

제4의 과제는 이상과 같은 무조건항복 모델의 성공담과는 다른 설명은 어떻게 가능할까 하는 것입니다.

그것은 ① 두 번째에서 언급했듯이 체계적, 전체적, 장기적인 방법을 의식적으로 사용할 것, ② 구체적으로는 점령 및 그 시기에 '개혁' 되었다고 하는 것에 대해 전전·전시·패전 직전에 그 계기가 있었는지 없었는지, 혹 있었다고 한다면 그것이 총력전체제에 의한 변혁인가, 그 체제하에서의 패전에 의한 변혁인가, 점령에 의한 변혁인가, 패전이나 점령과는 상관없이 행해진 변혁인가를 구별함으로써 설명이 가능해집니다.

점령은 전쟁의 엄연한 하나의 과정이고, 점령당국에 의한 강제가 '사실'을 만들었음은 말할 것도 없습니다. 그러나 그것은 그 이외에 '사실'과 '가능성'=현실적 가능성·역사적 가능성이 있었음을 부정할 수 없습니다. 따라서 여기서의 검토는 그 가능성과 '사실'을 대조하는 방법을 전제로 합니다. 그리고 그 관계를 매개하는 주체는 점령 측임과 동시에 정당이나 제도를 초월한 정책과 사상까지 갖고 있었던 국방국가파, 사회국민주의파, 자유주의파, 반동파라는 4개의 조류(상세한 것은 『점령과 개혁』 서문의 표 참조) 사이에서, 나아가 그들 조류와 점령 측의 관계의 변화를 통하여 생각해 보기로 하겠습니다.

이상의 방법 즉 무조건항복 모델이라는 발상의 분석과 이미 이 20년간의 근현대사 연구에서 패러다임의 전환을 한 총력전체제론(전후사회를 규정하는 것으로서 점령 정책보다도 전시기의 중요성, 전시로부터의 구조적 연속성을 지적하여 포스트전후체제의 설명을 준비하고 있는 학설입니다)이 접합되면, '자립한 단위 간의 관계 그 자체의 부정'에 의해 '소멸'한 일미관계의 재창조, 아시아의 협동성의 창조, 신자유주의에 의해 해체된 듯이 보이는 사회나 사회의 연대의 재생을 생각하기 위한 재료가 나올 것이라고 생각합니다.


## 어떤 방향으로 갈 것인가

이상에서 얻을 수 있는 결과는 첫 번째로 전후과정의 원점은 점령으로부터가 아니라 전시 중 정치적으로는 반도조(反東条) 연합으로서의 자유주의파와 반동파의 승리, 사회적으로는 총력전체제에 의해 일어난 경제, 사회, 복지, 교육, 문화 등에 이르는 사회의 변화에 있는 것은 아닐까요.

두 번째로 점령 개혁이 현실화되기 전부터 일본의 정치가나 관료나 사회운동의 리더들이 전후의 개혁 구상을 갖고 행동을 개시하고 있었음이 새롭게 보이게 될 것입니다.

세 번째로 전시체제에서 1950년대 전반까지를 통일적으로 보려면 가타야마(片山), 아시타(芦田) 등의 '중도(中道)' 내각기를 포함하여 안팎의 자유주의와 협동주의를 축으로 볼 수 있지 않을까. 1950년대 후반에 성립한 전후체제는, 국제적인 냉전체제하에서 일미안보조약과 헌법을 쟁점으로 하는 보수와 혁신의 언설 공간이 되는 것이 분명해질 것입니다. 그 때문에 냉전체제가 붕괴함에 따라 보수와 혁신 쌍방이 해체되고, 잠재적으로 존재하고 있던 자유주의와 협동주의라는 축이 두드러지게 될 것입니다.

이상을 통하여 첫 번째로는 객관적으로든 주관적으로든 일본의 여러 세력에 의한 전후개혁의 가능성이 확인될 것으로 생각합니다. GHQ는 그 가능성을 누르고 '민주적' 개혁을 강제한 점 그리고 그 '성공 이야기'가 그 후 미국의 대외 정책의 형태를 규정해 가는 점. 즉 그 후 미국이 세계 각지에서 행한 '점령과 개혁'은 일본에 대한 '점령과 개혁'과 비교할 대상이 아니고, 인과관계 다시 말해 '성공한 일본 점령과 개혁' 모델의 이야기가 다른 나라에 대한 '점령과 개혁'을 규정시키고 실천시키는 결과가 되고 있는 것입니다.

두 번째로 무제한의 시장 지배가 되기 쉬운 자유주의를 사회적으로 통제하고, 때로는 시장을 디자인하고 사회적 연대와 비영리적 사회관계에 의해 구성되어 전전 이래의 계보를 갖는 협동주의를 발견할 수 있지 않을까요.

## 앞으로 생각할 것

　『점령과 개혁』을 출판한 이래 합평회 등을 통하여 학계는 물론, 출판 관계자, 매스컴, 중·고등학교의 현역 선생님들, 각 지역의 근현대사연구회, 학생, 자치체나 공민관의 직원 등 여러분들로부터 의견을 들었습니다. 이 지면을 빌려 그 의견 등을 소개하며 필자가 앞으로 생각할 과제에 대해 이야기하고자 합니다.

　첫째로 특히 학계로부터 이야기가 많았습니다만 필자가 전시체제=총력전체제를 '긍정적' 으로 보고 있다는 등의 의견입니다. 그 말을 뒤집어서 보면 점령군에 의한 개혁 없이 개혁은 있을 수 없었다는 의견이고 필자가 '만약에' 라는 가정에 근거하고 있다는 지적입니다. 나아가 점령이 없는 경우의 개혁은 '상상' 할 수 없으니까 문제다, 라는 의견도 적지 않게 있었습니다.

　이 지적은 총력전체제에 의한 일본 사회의 변혁, 즉 평준화, 평등화, 근대화 등의 내용을 23년 전에(1987년 2월, 일본사연구회대회) 처음으로 발표했을 때, 학계에서 받은 그야말로 격한 반발과 공통되어 있습니다. 그리고 최근 학계에서의 연구 상황에 대해서는 예를 들면 미나가와 마키(源川真希)『고노에 신체제의 사상과 정치(近衛新体制の思想と政治)』(유시샤〔有志舎〕, 2009년)의 서장을 보아 주십시오.

　이 총력전체제에 의한 '해결' 은『점령과 개혁』에도 썼듯이, 일본 근대 이래의 격차나 불평등을 1920년대까지 정계, 경제계, 관계의 주류를 점하고 있던 자유주의파가 소작법안이나 노동조합법안 등을 부정하고 치안유지법 등을 만듦으로써 해결해야 할 것을 하지 않았다. 혹은 할 수 없었으므로 총력전체제를 위로부터 아래로 추진하는 세력과 체제에 의해 그 '해결'이 이루어져 버렸다는 '괴로운 진실'입니다. 물론 총력전을 위한 평등화이므로 총력전에 도움이 되지 않는 자나 반대하는 자에 대한 배제와 선별이 있었던 것도 자명하고 그것은 현재까지 연속되고 있습니다(아메미야 쇼이치〔雨宮昭一〕, 『총력전과 지방자치〔総力戦と地方自治〕』, 아오키서점〔青木書店〕, 1999년. 324쪽). 여하튼 이 괴로운 진실의 확인은 자유주의파의 책임을 떠나서는 완성되지 않습니다.

그리고 그 총력전체제에 의한 변혁 위에 점령 개혁이 행해진 것입니다. 또 패전이라는 사태는 패전한 국가가 더이상 패권국가가 아니게 되는 것을 의미합니다. 이것은 점령이 있든 없든 엄연한 사실이고 그러한 제한 속에서 전후개혁이 행해질 수밖에 없습니다. 그 때문에 점령이 없어도 변혁이 진척되는 것은 만약이 아닌 현실적 가능성으로 존재하는 것입니다. 이것은 점령군에 의한 개혁이 사실로 존재하는 것을 부정하는 것은 절대 아닙니다.

총력전체제에 의해 사회적 변혁이 진척되었다는 '괴로운 진실'은 지금까지 이어지는 복지의 문제에서 전형적으로 나타나고 있습니다. 후생성의 설립, 국민건강보험의 창설 등 일본의 복지체제가 총력전체제 가운데 기시 노부스케 등의 국방국가파나 사회국민주의파의 사람들에 의해 형성된 것은 엄연한 사실입니다. 그리고 전후가 되어 국민건강보험의 전면화나 연금제도를 만든 것도 기시 노부스케 유파의 사람들이었습니다(아메미야〔雨宮〕, 「기시 노부스케와 일본의 복지정책〔岸

信介と日本の福祉体制」, 〈현대사상〔現代思想〕〉, 2007년 1월호). 자유주의와
협동주의가 합류한 보수합동으로 자민당 내에 존재하고 있던 위로부
터와 아래로부터의 협동주의의 작동이라고 해도 좋을 것입니다(2008년
10월 12일, 일본정치학회「전후정치와 1970년대」부회에서의 아메미야의 코멘트). 다
른 선진국에서는 노동자 계급의 정당도 총력전체제 형성에 참가함으
로써 일반 노동자도 조세 부담뿐만 아니라 엄청난 부담을 지는 복지국
가를 만듭니다. 일본의 경우는 이상과 같은 상황인데도 노동자의 정
당이 일반 노동자의 복지국가로의 부담을 지는 것에 관여하고 있지 않
은 상태였습니다. 그 때문에 저부담, 고복지를 주장해도 경제성장기
의 재정 때에는 일반 노동자에 대한 부담의 문제가 현재화되지 않았으
나, 저성장 시대에는 작은 정부라는 자유주의와 공통의 형식이 나타나
복지의 혼란 상태가 나타나게 됩니다.

  이상과 관련지어 말하면 점령 개혁이 모든 것을 바꾸었다는 이야
기를 믿어버리면 확실히 다른 가능성이나 선택지는 '상상' 할 수 없게
됩니다. 그러나 민주주의 즉 인민이 주권자로서 다양한 가능성을 발
견하고 때로는 구성하기 위해서는 '이미지' 를 '상상' 하는 것이 불가
결합니다. 이 상상력과 앞서 말한 '괴로운 진실' 을 합쳐서 생각하면
전후체제의 흔들림 속에서 자립적인 개혁의 가능성, 눈앞의 전쟁 책
임 등 전후체제 속에서 봉인된 것이 현재화합니다(『점령과 개혁〔占領と
改革〕』본문 중에서). 그 가운데 오키나와의 문제는 점령기, 전후기에 더
욱 확대되었습니다. GHQ는 천황의 전쟁 책임을 면책하기 위해 전쟁
방기의 조항(제9조)을 두고, 나중에는 9조에 의해 공백이 되는 일본 본
토의 방위는 오키나와에 미군기지를 둠으로써 가능하다고 생각했습
니다(앞의 책, 본문 중에서). 그 위에 본토가 독립한 후 일어난 기지반대운

동에 의해 설치가 불가능해진 기지는 오키나와로 모았습니다. 이것은 오키나와 주민에게는 대단한 부담입니다. 동시에 방법은 다르나 일 국이나 지역의 안전 보장의 문제가 한 지역에 집중되는 것은 한 지역 의 동향에 의해 기능부전(機能不全)이 될 가능성도 갖고 있는 것입니 다. 필자는 1995년에 일미안보조약에 찬성이든 반대이든 오키나와 이 외의 '전 도도부현(都道府県)에 균등하게 미군기지를 두어야 한다는' 것을 제안한 바 있습니다(아메미야〔雨宮〕, 「전후를 이야기하는 방식〔戦後の 語り方〕」, 『독협법학〔独協法学〕』 67호, 2005년, 403쪽). 기지 문제에 대해서도 깊은 상상력이 필요하겠습니다.


## 협동주의의 다양한 측면

두 번째로 전전·전시·전후의 정치적·경제적·사회적인 동향을 이해하는 축으로서 자유주의와 협동주의(이 두 가지가 현재까지 계속되는 정당제도를 넘은 4개의 조류의 다양한 조합을 통해 전개됩니다)를 『점령과 개혁 (占領と改革)』에서 제기한 것에 대해서는 블로그를 포함하여 많은 주 목을 받았습니다. 여기서는 이 문제를 좀 더 깊이 그리고 폭넓게 고찰 하고자 합니다.

그것은 위로부터의 협동주의와 아래로부터의 협동주의, 국가적 협동주의와 사회적 협동주의, 국가의 안팎의 협동주의, 나아가 전근대 와 근현대의 협동주의, 자유주의자와 협동주의, 1950년대 사회와 협동 주의, 웹과 협동주의 등 다양합니다. 여기서는 각각을 반드시 대립적 으로 취급하지 않고 검토하겠습니다.

위로부터의 협동주의는 국가적 협동주의와 대개 중복되고 육군 통제파, 혁신관료 등에 의한 국방국가파가 담당한 것이라고 할 수 있습니다. 또 아래로부터의 협동주의는 사회적 협동주의와 중복되며 쇼와연구회를 중심으로 하는 사회국민주의파가 지향한 것이라고 할 수 있습니다.

이상은 주로 국내의 경우이고 자본주의를 수정하여 비영리 공간을 만들고 노동자, 여성, 중소기업 등의 협동성을 조직하여 큰 정부하에서 시장을 통제한다는 점에서는 국제적인 공통점을 갖고 있습니다. 민주주의에서의 자유와 평등의 계기로 말하면, 협동주의는 평등의 측면과 강하게 관련되어 있고, 협동과 공통의 감정에 기초한 커뮤니티(community)와 개인주의에 의한 계약 관계에 기초한 어소시에이션(association)으로 말하면 전자의 커뮤니티와 강한 관련성을 갖습니다. 그리고 지금까지의 내셔널 데모크라시로 말해오던 데모크라시 뒤에 '포스트 내셔널' 데모크라시(사가모토 요시카즈〔坂本義和〕,「포스트 내셔널 데모크라시」, 〈미래〔未来〕〉 2009년 12월호)를 생각할 때, 이 불가결한 계기와 내용이 위의 국제적 협동주의에 있을 가능성이 있습니다.

전근대와 근현대의 협동주의에 대해서는, 근세 이래 통속경제에서의 고오(講, 돈 마련을 위한 모임. 계―옮긴이), 무진(無盡, 상호신용계―옮긴이) 등에 의한 관련 및 상호부조와 공동체의 규범으로서의 덕의(德義), 덕에 의한 제민(濟民)과 공생·공영이라는 언설이 있었던 점이 있습니다. 그리고 미우라 바이엔(三浦梅園), 안도 쇼에키(安藤昌益), 니노미야 손토쿠(二宮尊徳), 다나카 쇼조(田中正造), 오카다 료이치(岡田良一), 센고쿠 코타로(千石興太郎), 구로사와 도리조(黒沢酉蔵), 야베 테이지(矢部貞治) 등 전후의 협동주의 정당의 리더 등에 그

와 같은 협동주의의 흐름이 있었다는 연구도 있습니다(Tetsuo Najita, *Ordinary Economies in Japan—A Historical Perspective*, 1750~1950년, University of Califonia Press, 2009년). 또 메이지의 사상가 구가 가쓰난(陸羯南)의 정론을 분석하여 개인주의적이고 계약설적인 사회관과 다른 덕의에 기초한 사회의 형태를 발견하고, 그것이 하버마스가 말한 시민적 공공과 연결될 가능성을 지적한 업적도 있습니다(사카이 유키치〔坂井雄吉〕,「'국민론파'의 사명─구가 가쓰난의 초기정론을 중심으로〔「国民論派」の使命─陸羯南の初期政論をめぐって〕〕④,『대동법학〔大東法学〕』 제17권 제1호, 2007년, 195쪽. 그리고 ①, ②, ③은 동 15권 1·2호, 16권 1호). 사카이 씨의 업적에서는 협동성은 '전기적'=전근대적인 것이라고 지적하고 있습니다. 이 문제에는 그 같은 통시적, 단계적인 측면이 있으나 필자는 나중에 말할 커뮤니티와 어소시에이션의 공시적=동시적 존재의 측면도 있다고 생각합니다. 이것은 1950년대부터 1960년대에 공동체적인 사고에 나타난 횡적 연대감에 주목하여 서클로 그 질을 파괴하지 않은 채 현재화시킨다고 하는 다니가와 간(谷川雁)의 주장과도 관련됩니다(〈서클촌〔サークル村〕〉 1958년 9월호. 다케자와 코이치로〔竹沢尚一郎〕『사회란 무엇인가〔社会とは何か〕』, 중앙공론사, 2010년. 인용). 또 최근의 미나마타(水俣) 시에서 예로부터의 인간의 연결 조직인 모야이(もやい, 공동으로 일을 함─옮긴이)에 의해 지역 사회를 재건한 사례도 있습니다(아메미야〔雨宮〕,「풍평 피해의 극복과 지역 만들기〔風評被害の克服っと地域づくり〕」,『이바라기대학 종합연구소연보별책〔茨城大学地域総合研究所年報別冊〕』, 2002년 3월).

　　이상과 관련시켜 말하면 자유주의와 협동주의는 항상 대립적인 것이 아니라 역사적으로는 양자가 접합하는 경우도 있습니다.『점령과 개혁』에서 언급한 아시다 히토시(芦田均)라는 교토 출신의 정치가

는 전전·전후에 하토야마 이치로(鳩山一郞) 등과 자유주의 경제, 정당 정치, 워싱턴체제 등을 지키려 하여 총력전체제에는 소극적이었던 동교회(同交會)의 멤버였던 바와 같이 명확한 자유주의파입니다. 그러나 그는 전전에도 전후에도 '중도' '큰 정부' '사회적 연대' '노사협조' 등 협동적인 정책을 주장하고 실천했습니다. 그는 중학에서는 보덕(報德)사상에, 대학에서는 기노시타 나오에(木下尙江)의 기독교사회주의에 크게 영향을 받고 있습니다(미야노 노보루〔宮野澄〕, 『최후의 리버럴리스트 아시다 히토시〔最後のリベラリス 芦田均〕』, 분게이슌슈〔文藝春秋〕, 1987년).

그리고 아시다 히토시의 일기 등에서도 알 수 있듯이 숙부가 창립 멤버이자 사장이었던 군제(郡是)제사회사는 그의 경제적 지원자이자 전시 중에 그가 사장을 지내기도 했는데, 1895(메이지 28)년에 교토부의 양잠 농가나 제사업에 종사하던 사람들이 조합을 만들어 공동출자하여 만든 것이었습니다. 그 운영도 단순한 영리 단체가 아닌 커뮤니티와 생산 활동, 소비 활동을 연결시켰습니다. 전후 1946~1947년에는 '생산협동체'의 이념하에 경영협의회가 만들어져 창립 이래 지역의 경제, 교육, 복지에 책임을 지려고 한 것이었습니다(군제주식회사〔グンゼ株式会社〕, 『군제 백년사〔グンゼ百年史〕』, 1998년. 2009년 9월 10일 「아시다 히토시 심포지엄 기조보고〔芦田均シンポジウム基調報告〕」〔아메미야 쇼이치〔雨宮昭一〕〕 및 일본정치학회, 「전전, 전중기 일본정치분석〔戰前、戰中期の日本政治分析〕」, 「신외교와 중도정치의 전개―아시다 히토시의 전전, 전후〔新外交と中道政治の展開―芦田均の戰前、戰後〕」 양 세션에서의 코멘트〔雨宮〕, 2009년 10월 11일). 즉 전전·전시에도 협동주의와 반자유주의가 반드시 결합되어 있던 것도 아닙니다. 그것은 앞으로도 그렇게 말할 수 있는 측면이 나올 것이라 생각합니다.

마지막으로 구체적인 사회와 협동주의에 대해 생각해 보겠습니다. 『점령과 개혁』에서도 썼듯이 일본의 1950년대 사회는 국가로부터도 자본으로부터도 자립한 다양한 공간 커뮤니티가 존재할 정도로 근현대 일본에서 전무후무한 고유한 사회였습니다. 이것은 한편으로는 협동주의적 사회로 불러도 좋을지도 모릅니다. 그러나 경제의 고도성장 과정에서 이 공간은 자본에 의해 해체되어 갔습니다. 하지만 최근의 연구에 의하면 이 자립한 커뮤니티나 공간을 50년대부터 60년대에 걸쳐 대기업에서의 직장, 중소기업의 밀집 지대, 농촌부의 지역을 기초로 하여 결성된 서클이 계승하여, 그것이 나중의 '시민운동'의 지하 수맥이 되어 국가나 기업으로부터 자립한 창조적인 삶의 방식을 기초로 하고 있다는 지적도 있습니다(미치바 치카노부〔道場親信〕, 「50년대 일본 서클운동의 의미〔五〇年代日本サークル運動の意味〕」, 〈아사히신문〔朝日新聞〕〉, 2009년 11월 26일 석간).

필자는 최근 협동주의 사회가 해체되어 자유주의 사회가 된다는 설명보다도 앞에서 말한 커뮤니티와 어소시에이션은 공시적으로 존재하고 있다는 입장에 서 있습니다. 그 점에서 보면 일본의 고도성장의 시대는 자본의 헤게모니하에서 협동주의가 자유주의와 접합되었다고 생각할 수 있을 것입니다. 노사협조, 직장의 치밀한 조직화 등에 의한 '일본식 경영'은 그 결과라고 생각합니다. 또 고도성장 가운데 발전한 60년대, 70년대의 시민운동은 50년대 사회의 커뮤니티와 협동주의 조직의 조합으로서의 '지역 전체' '직장 전체'를 '보수적' '전근대적'으로 간주하여 조직에 대해 개인을 대치하였지만, 그것은 노동자의 조직을 약체화, 해체하는 기능도 수행하였습니다. 그 실태는 두

시에 새롭게 살게 된 신주민인 어퍼 미들(upper middle, 중류 계급의 상위층—옮긴이)이 기존 주민의 규제를 배제하고 '자유'롭게 그곳에 살기 위한 헤게모니 담론으로서의 시민민주주의라는 측면도 있었습니다. 이것은 공시적으로 존재하고 있는 커뮤니티를 해체하고 어퍼 미들로서는 저부담, 저복지로의 '지방분권'(지방 간 격차, 계층 간 격차를 증대)론으로서 전개함으로써 작은 정부로 귀결되어 왔습니다. 그 점에서 신자유주의에 접근하는 측면도 큽니다.

1950년대의 국가나 자본으로부터 자립한 다양한 공간=커뮤니티가 서클 등에 의해 개(個, 개체 혹은 개인—옮긴이)의 표현에 대한 욕망을 출발점으로 하면서 집단의 다이내미즘(Dynamism)으로 이어져 분단된 개인이 욕망을 통하여 공동성을 획득해 간다는 지적이 있었습니다(앞의 책, 미치바〔道場〕). 이에 대해 최근의 한 블로그(katsuontheweb 2009년 11월 27일)에서는 "마치 웹 2.0(쌍방향 통신)'에 대해 말하고 있는 듯하다" '국가나 자본으로부터 자립한 다양한 공간=커뮤니티가 21세기가되어 임시로 웹상에서 발흥하고 있다는' 등의 지적도 받고 있습니다. 이 웹에서의 상호부조를 포함한 커뮤니티의 존재, 연속성, 계속성은 주목할 만하다고 생각합니다.

지금 다시 자유주의와 협동주의의 재구성의 조건이 넓혀지고 있다는 생각이 듭니다.

이상 '점령과 개혁'을 계기로 '사실', 사실의 관련으로서의 '시스템', 그것들을 생각하는 '방식'에 대해 말씀드렸습니다. 모두 큰 주제이지만 사고하는 방식을 논의하는 것이 필요한 단계가 되었음을 거듭 강조하고 싶습니다.

그것을 위해 일본에서의 점령과 개혁은 이런 것이다, 답은 하나밖에 없다고 생각하는 것이 아닌, 다양한 생각을 꺼내어 상대화시키고 자유롭게 구성하는 보편적인 장을 만들고자 노력해 왔습니다. 그것도 포함하여 사고하는 방식을 만들어 갔으면 하는 바람입니다.

① 일본 전후음악사 연구회편, 『일본 전후음악사(日本戦後音楽史)(상)―전후에서 전위의 시대로(戦後から前衛の時代へ) 1945~1973년』(헤이본샤〔平凡社〕, 2007년)

제1부가「전전·전시·전후―그 연속과 불연속(戦前·戦中·戦後―その連続と不連続) 1945~1951년」로 이하 전후 세대의 대두, 전위음악과 일본의 오리지널리티, 카운터컬처와 현대음악으로 이어진다. 예를 들면「즐거운 파시즘 가요(たのしいファシズム歌謡)」와「즐거운 민주주의 계몽가요(楽しい民主主義啓蒙歌謡)」로 음악상의 차이가 없거나, 야마다 코사쿠(山田耕筰)나 노부토키 키요시(信時潔, 바다로 가면〔海ゆかば〕칸타타〔해도동정〕〔カンタータ〔海道東征〕〕의 작곡자) 등의 전시기의 활동이 전후로 이어져 '무르익고' 모로이 사부로(諸井三郎)의 '근대의 초극'에의 참가 등 음악의 세계에서의 전시, 전후의 관계가 생생하게 그려져 있습니다.

② 이바라기의 점령시대연구회(茨城の占領時代研究会)편, 『이바라기의 점령시대 40명의 증언(茨城の占領時代 40人の証言)』(이바라기〔茨城〕신문사, 2001년)

점령에 대한 연구는 여전히 중앙정부 혹은 점령당국의 중심 인물의 것이 많다고 생각합니다. 이 책은 거의 처음이라고 해도 좋을 정도인데 지역의 군정부 직원 및 그 주변 인물, 구 명망가나 각 영역의 지역 리더, 점령군과 지역 민중 사이에 있었던 현청 직원, 여성, 소수 에스니시티(ethnicity)의 무명인 40명에 대해 청취 조사를 행한 것입니다.

점령기뿐 아니라 그 전후도 포함하여 그 사람들이 살아온 상황과 사회
와 역사를 알 수 있습니다.

③ 도쿠토미 소호(德富蘇峰), 『도쿠토미 소호 종전 후 일기(德富
蘇峰 終戰後日記―『頑蘇夢物語』)』(고단샤〔講談社〕, 2006)

1945년 8월 18일부터 1946년 1월 13일까지의 일기입니다. 언론보
국회, 문학보국회의 간부이고 제2차 세계대전에 전면적으로 협력한
소호가 패전 직후에 전쟁의 패인, 점령군에 대한 일본 리더들의 대응
에 대한 불만 등을 솔직하게 쓴 것입니다. 패전은 원폭이나 소련 참전
보다도 '화평운동자'에 의한 것(1945년 8월 18일), 세상의 많은 사람들은
천황이 '양위' 될 것이라고 생각하고 있었던 점, 소호도 '양위' 가 '현
명한 것' 으로 말하고 있는 등 (10월 11일) 생생한 일기입니다.

④ 조지 케난(ジョジ·F·ケナン), 『조지 케난 회고록(ジョジ·F·ケ
ナン回顧録)』상·하(요미우리〔読売〕신문사, 1973년)

미국의 세계 전략, 소련 봉쇄 정책의 기획자이기도 하며 일본에
대한 점령 정책과 강화 정책에도 영향력을 미친 미국 국방성 정책기획
본부장 케난의 회고록입니다. 그는 『점령과 개혁』에서 말한 미국에서
지배적이었던 무조건항복 모델에 의해 제2차 세계대전 중에 무조건항
복을 하도록 요구할 것, 피점령 국민의 전면적인 개조, 냉전 시대의 원
폭 투하의 사항에 반대하였습니다. 또 소련은 침략욕을 가진 비합리
적인 국가가 아니고, 전쟁은 불가피한 것이 아니며 전쟁을 피하는 것
이 패배를 의미하지 않는다(341쪽)는 등 당시의 미국 안팎에 있는 감정
적, 종교적 사고와 다른 정치적 사고가 있었음을 알 수 있습니다.

⑤ 히로세 나오토(広瀬直人), 후쿠다 고코(福田甲子) 감수, 『이이다 류타 집(飯田龍太集) 제1권(하이쿠〔俳句〕)』(제10권까지 있습니다. 가도카와〔角川〕학예출판, 2005년)

필자는 하이쿠 시인 이이다 다고쓰(飯田蛇笏)의 사남으로 〈운모(雲母)〉의 편집을 맡고 있었습니다. 1945년을 25세에 맞이하여 형 3명을 전사(레히테), 병사, 전병사(외몽고)로 잃었습니다. 큰형의 사망을 알았을 때에 "―가을에 켜는 등불에 가라앉은 영정이여"라고 쓰고 셋째 형의 시에는 "짧은 해의 갈매기 빛에 무거운 바다" 등을 짓고 있습니다. 또 어린아이를 잃고 히로시마의 "……잘못을 다시 하지 않을 테니"라고 쓰여 있는 비문을 불쾌하게 생각한다고 말하고 있습니다(10권). 그리고 사토 에이사쿠(佐藤栄作) 내각 때에는 미국의 우주비행사에게 문화훈장을 수여한 것에 반대하기도 하고(제3권), "후방(銃後) 이라는 이상한 동네를 언덕에서 보았다" 등을 짓고 치안유지법으로 체포된 적이 있는 와타나베 하쿠센(渡辺白泉)을 염려하기도(제5권) 합니다. 그 가운데 "모든 아이들에게 시원한 바람이 불기를" 등의 시구를 통하여 그 시대 보통 사람들의 감정을 잘 표현하고 있습니다.

제8장 왜 일본은 고도경제성장이
가능했던 것일까?
―다케다 하루히토(武田晴人)―

## '후진성'과 '특수성'의 속박

고도성장의 시대를 역사적인 시점에서 되돌아볼 때 '왜 일본에서' '예외적인 고성장이' 실현되었는가라는 질문은 당연히 나오게 됩니다. 이 질문은 일본의 근현대사와 관련된 역사 인식에 진하게 물들어 있는 일본의 경제발전의 예외성과 후진성이라는 과제에서 유래하고 있습니다. 쇼와 초기의 일본 자본주의 논쟁 이래 역사 연구는 서양 근현대를 참조 기준으로 삼으면서 ① 일본은 그 근대화의 모델과는 다른 '예외적인' 발전의 코스를 밟아 왔다고 파악하는 방식과 ② 일본은 그 모델에 단지 '뒤늦게' 같은 길을 걸어가고 있을 뿐이라고 파악하는 방식 사이에서 논쟁을 계속해 왔습니다.

예를 들어 강좌파는 일본 자본주의의 특수성을 강조하며 천황제 지배체제하에서 기생지주제(寄生地主制, 농촌에서 농토를 빌려주고 소작료를 받고 사는 제도—옮긴이)를 불가결한 일환으로 삼고 있는 것과 같이 특수한 정치·경제 구조를 갖고 있다고 지적했습니다. 이와는 달리 노농파는 전제적인 국가 기구의 존재는 인정할 수 있지만 일본의 근대화는 자본주의적인 경제발전의 코스에 따라서 후발국으로서 서둘러 뒤따라가는 과정을 거치고 있을 뿐이라고 주장하였습니다.

그리고 이러한 파악 방식은 전전에서 전후에 걸쳐 더구나 학회에서만이 아니라 일반인들의 역사 인식 속에 널리 침투해 있습니다.

'이런 상태라서 일본인은 안 되는 거야'라고 자조적으로 평가하는 것을 종종 듣게 됩니다. 그런 경우 비교 기준이 되고 있는 것은 대부분이 선진국의 '발전된' 제도입니다. 그러나 그렇게 제도가 발전되어 있다고 하는 평가의 근거가 되고 있는 것은 선진국 측이 생활 수준이 높다, GNP가 높다, 경제성장률이 높다 등등의 현상입니다. 그리고 그러한 논의의 목소리는 일본 경제가 슬럼프에 빠질 때 한층 더 톤이 높아집니다.

예외였던 것은 1980년대 일본 경제가 세계에서 최고의 성과를 올리고 있던 때입니다. 그 시대에는 일본적인 경영이나 도요타 생산 방식 등이 세계의 교범이 되는 '발전된' 제도라고 높이 평가하는 사람들이 나왔습니다. 그 당시의 평가 방식은 일본은 선진국과는 다른 경로를 거쳐 선진국보다 조금 더 앞서 나간 것은 아닐까, 라는 것이었습니다. 자본주의경제론 중에서 앵글로색슨형에 대비되는 일본형이라는 유형론이 나온 것도 그즈음이었습니다. 또 경제발전론에서는 선진국 모델이라는 단선적인 발전 경로가 아니라 복선적인 발전 경로가 있다고 하는 논의가 등장하였습니다. 이는 경제 대국이 된 일본이 '후진성'을 갖고 있다고 하는 사고방식은 이제는 통용될 수 없는 것처럼 생각하게 만들었습니다. 그러나 동시에 '특수성'이라는 점에서는 기본적인 사고방식이 유지되고 있었습니다.

그러니까 저성장에 허덕이던 선진국 경제인들이 특히 아메리카를 중심으로 '이질적인 나라 일본' 이라는 논조로 상당히 강하게 일본 비판을 전개하기 시작했을 때, 그러한 관점에 동조하는 일본의 경제학자도 적지 않게 있었습니다. 그러한 논의에서는 일본 경제와 일본적 경영의 강점을 상징하는 것이라고 생각되고 있던 '계열 거래' 나 '종신고용과 연공임금이라는 노동 관행' 그리고 '정부와 기업과의 관계' 등이 비판을 받았습니다. 그러한 제도적인 특징은 아메리칸 스탠더드를 신봉하는 사람들 입장에서 보면 이해를 넘어서 있었던 것입니다.

칭찬을 하거나 비판을 하는 경우에도 그 대상이 되었던 특징적인 점은 동일한 것이었습니다. 그것들은 그 이전의 고도성장기에는 일본이 선진국 경제와는 다른 '후진성' 과 '특수성' 을 갖고 있다는 것을 나타내는 것으로 논해지고 있었습니다. 그리고 1990년대에 들어와 장기적인 불황에 허덕이게 되자 다시 비판적인 논조가 강해졌고 선진국의 제도를 배워야 한다는 의견이 눈에 띄게 되었습니다. 이러한 국외의 논조도 국내의 논의도 일본의 예외성을 강조한다는 점에서는 자본주의 논쟁 이래의 역사 인식과 근저에서는 통하고 있는 것입니다. 일본 경제의 현상에 의해서 평가가 두세 번씩 뒤죽박죽이 되는 시점이 정해지지 않은 논의에 휘둘리는 것이 아니라 확실한 역사 인식을 가질 필요가 있다고 생각합니다.

특히 1980년대 이후의 세계를 돌아볼 때 아시아의 공업 지역으로서 한국, 타이완, 홍콩, 싱가포르 등이 등장하고 나아가 최근에는 중국과 인도, 브라질 등 예전의 개발도상국이 공업화에 의해 급격한 경제성장을 이룩하고 있습니다. 이러한 현실을 앞에 두고 예전과 같이 일본만이 '예외적으로' 라는 질문 그 자체는 어느 역사적인 조건하에서 형성된 관념에 불과한 것입니다.

이러한 점을 시야에 넣고서 고도성장기의 일본을 다시 파악할 것이 요구되고 있다는 것입니다. 시리즈 제8권 『고도성장』에서 말하고자 했던 저자의 목적이 여기에 있습니다.


## '경제성장이라는 신화'

고도경제성장의 실현이 일본만의 예외적인 현상이 아니라고 한다면 경제성장은 모든 국민 경제에 약속되어 있는 것일까요? 이 질문에 대한 답은 '예스' 가 될 수도 있고 '노' 가 될 수도 있습니다.

장기적으로 보면 선진국의 경제성장률이 10%를 넘는 고수준에 달한 것은 극히 한정된 기간에 불과합니다. 일본에서도 제2차 세계대전 이후 겨우 20년 정도의 기간에 고성장경제의 시대는 끝났습니다. 영국과 같이 빠른 시기부터 공업화를 시작한 나라에서는 이 정도의 고성장은 기록된 적도 없습니다. 세계의 공장이 되었던 산업혁명 시대에도 GNP 성장률은 2%가 될까 말까 하는 정도였습니다.

고성장의 가능성을 갖고 있는 것은 일반적으로는 후발 국가들입니다. 선진국의 우수한 기술 등을 이용할 수 있어 추격하는 입장에서 유리한 조건이 있기 때문입니다. 그러나 그러한 조건은 영속적인 것이 아닙니다. 추격이 성공한 순간에 후발주자의 유리함은 사라지기 때문입니다.

그뿐만이 아닙니다. 공업화 초기에는 생산성이 낮은 농업 부문과 전통적인 상업 부문 등이 국민 경제의 대반을 점하고 있습니다. 따라서 상대적으로 생산성이 높은 공업 부문으로 산업 구조의 중심이 옮겨가면 그것만으로도 국가 레벨의 생산성은 높아지고 고도성장이 실현되고 있는 것처럼 보입니다. 그리고 그 생산성이 낮은 부문이 제공하는 국내 경제 발전의 프런티어(frontier, 경계—옮긴이)가 없어져 버리면 어떤 나라라도 성장률은 슬로다운(slowdown, 둔화—옮긴이)하게 됩니다.

역사적으로 보면 높은 경제성장은 제2차 세계대전 후의 동서 대립 속에서 실현된 것입니다. GATT나 IMF 등의 국제 기관하에서 실현되어 가는 자유로운 무역 체제와 안정된 통화 시스템 속에서 그 은혜를 가장 많이 받고 급성장한 경제가 일본이었습니다. 같은 시대에 선진 공업국은 세계대공황에 의해 실업 문제가 심각해져 가는 경험을 받아들여 완전고용의 실현을 경제 정책의 기본적인 목표로 삼게 됩니다.

케인스 경제학의 영향을 강하게 받으면서 수요를 관리하여 실업 문제에 대처하고 더욱 풍요로운 사회를 만드는 것이 사회주의적인 조류에 대항하기 위해서도 필요했고, 이러한 '풍요로운 사회' 의 실현이 목표가 되어 있었던 것입니다. 이를 위해서는 생산의 확대가 불가결했고 기술 혁신이 요구되었습니다. 그러나 기술 혁신에 의해 진행되는 단위당 생산에 필요한 노동 역량의 감소는 실업 문제를 회피하고 싶다는 경제 정책의 목표와 부딪쳐 버리게 될 가능성이 있습니다. 생산성 향상의 필요와 완전고용의 실현이라는 두 가지 목표를 양립시켰던 것이 고도성장이었던 것입니다. 생산성의 향상에 의해 불필요했던 노동 역량을 흡수할 수 있을 정도로 생산 수량이 증가하면 이 모순은 회피할 수 있기 때문입니다.

이렇게 경제성장을 추구하는 것이 선진국 경제에 공통되는 특징이 되었습니다. 질적인 문제도 포함되어 있는 듯이 보이는 '경제발전'이라는 용어에서 단순히 수량적으로 비교 가능한 성장률에 의해 표현되는 '경제성장'이라고 말이 바뀌어 갑니다. 그것은 1940년대에서 1950년대에 걸쳐서 일어난 '새로운' 현상이었습니다. 일본에서도 하토야마 이치로(鳩山一郎) 내각의 경제자립계획에서 '완전고용'이 정치적인 이유에서 삽입되어 논의를 불러일으키게 되었던 것은 『고도성장』에서 소개한 바와 같습니다. 이렇게 일본에서도 점차 경제성장에 관심이 생겨났고, 성장률의 상하에 일희일비하게 되는 시대가 찾아옵니다. 정책 입안자들도 매스컴도 경제학자들도 그리고 보통 사람들까지도 경제성장률에 주목하게 되었던 것입니다.

『고도성장』에서 「경제성장 신화의 탄생」이라는 부제를 붙인 도입부를 쓴 것은 경제성장을 당연한 전제로 생각하는 현대 사회에 침투되어 있는 사고방식이 고도성장 시대에 처음으로 생겨났다는 점에 주의를 환기하고 싶었기 때문입니다.

이렇게 되돌아보면 현재 일본 사회가 고용을 유지할 것인가, 성장률을 회복할 것인가를 두고 망설이고 있는 것은 기묘한 현상입니다. 그리고 어느 쪽이냐고 한다면 경제성장을 우선하고 이를 위해서는 고용의 조정에 의한 실업의 증가도 어쩔 수 없다고 하는 주장이 강해지고 있습니다. 실직을 하는 것은 '자기 책임'이라고 하면서 성장이 고용보다 우선하고 있는 것 같습니다. 이상한 일입니다.

왜냐하면 경제성장이 문제가 되었던 것은 완전고용을 실현하기 위한 수단으로서 채용되었기 때문입니다. 적어도 1950년대에는 완전고용이냐, 경제성장이냐, 라는 양자택일의 선택지가 설정되어 있지 않았습니다. 성장 추구는 수단에 지나지 않았기 때문입니다. 만일 완전고용이라는 목표를 실현하는 과정에서 그 수단으로서의 경제성장에 한계가 있다고 한다면 다른 수단을 고안하지 않으면 안 될 것입니다. 예를 들어 1970년대부터 네덜란드에서는 저성장하에서 고용을 확보하기 위해 정계·재계·노동계의 삼자 협의에 의한 워크 쉐어(Work Share, 근무 시간을 줄여서 일자리 나누기)에 근거하여 만들어진 방책 등을 추진하는 것이 국민적인 합의가 되고 있습니다. 이러한 예가 있는데도 불구하고 현재 일본에서는 이 둘 중에 어느 것을 택할 것인가 하는 문제로 우리들의 선택을 강요하고 있는 것처럼 보입니다. 고성장 시대를 살아온 연장자들 중에는 고성장 경제로 복귀하는 것이 바람직하다는 생각이 우선 강한 것 같고, 경제계와 경제학자들 중에도 성장률의 회복을 가장 중시하는 생각이 있습니다.

물론 각자의 생활이 더 풍요로워지는 것은 바람직한 일이겠지요. 그러나 그 '풍요로움'은 국민소득 총량의 증가에 의해서만 실현된다고는 단정할 수 없는 것입니다. 소득의 분배를 더욱 평등하게 함으로써 더 많은 사람들이 지금 이상으로 풍요로운 생활을 보낼 수 있는 사회로 개혁하는 일은 불가능한 것은 아닙니다. 국민소득이 증가하지 않더라도 노동 시간을 줄임으로써 더 많은 사람들이 스스로의 선택에 따른 활동의 장에서 활약하는 사회를 실현하는 일은 불가능한 것이 아닙니다. 고전경제학파 시대 이후의 경제학자 중에는 예를 들어 J.S. 밀이나 K.E. 볼딩과 같이 제로성장의 정상(定常) 상태의 경제에서 사람들이 어떻게 풍요로운 생활을 보낼 수 있을까를 검토해 온 사람들이 있습니다. 물질적인 풍요로움만이 문제가 아니라는 것을 이해할 수 있다면 선택의 폭은 훨씬 더 넓어질 것입니다. 사람들이 다람쥐 챗바퀴 돌듯이 계속 노동하고 기업이 활발한 설비 투자를 계속하는 것만이 장래의 선택지는 아닐 것입니다. 반대로 사람들이 각자가 활동적으로 활기차게 생활을 즐기는데도 경제성장률은 제로인 사회도 구상할 수 있을 것입니다. 그런 의미에서 우리들의 시대는 고성장 시대를 경험한 사람이 많고 동시에 다른 국가들의 높은 성장을 직접 목격한 적도 있어서 경제성장의 추구에 병적일 정도로 지나치게 집착하고 있는 것 같습니다.

## 국제정치경제 속의 일본이라는 시각

그런데 이상과 같은 문제의식하에서 『고도성장』은 어떻게 서술되어 왔을까요. 그 제목에서 보면 경제적인 문제를 주제로 하고 있는 책에서는 정치와 경제 관계에 관심이 집중되어 있습니다. 사회적인 문제들을 더욱 넓은 시야에서 본다면 별도의 고도성장론이 있을 수 있을지도 모르지만, 문고판 정도 책의 분량에서 그 전부를 다루기 위해서는 수박 겉핥기식으로밖에는 말할 수가 없습니다. 그런 의미에서 사회사적인 시점에서의 서술은 부분적인 것에 한정되고 희생되었습니다.

그 대신에 저자가 주의했던 것은 첫째로 이 시대 일본의 발자취를 국제정치경제사회의 동향 속에서 자리매김하면서 서술해 갈 것, 두 번째로 높은 성장을 실현해 가는 과정에서 정치의 역할이었습니다.

1950년대부터 1960년대는 동서 대립의 시대이기도 했고 동시에 남북 대립의 시대였습니다. 그러한 세계의 움직임 속에서 이 시리즈를 통하여 공통적인 시점이 되었던 문제의 하나인 '식민지' 문제가 아시아와의 관계를 서술하는 과정에서 의식되고 있습니다. 거의 10년을 주기로 해서 대외전쟁을 경험했던 전전기의 일본이라면 대외 관계를 무리하게 의식하지 않아도 자연스럽게 아시아 속의 일본이라는 시점은 들어올지도 모르지만 제2차 세계대전 후에는 그렇지도 않습니다. 일본의 고도성장을 설명하는 기본적인 요인은 국내의 왕성한 투자 수요와 대중적 소비사회의 출현을 초래할 수 있는 개인 소비의 높은 신장이었다고 말합니다. 그러한 국내적인 면에만 관심을 집중하면 대외 관계는 별로 상관이 없게 되니까, 국제적인 시야를 가지고 동서·남북이라는 두 가지 문제를 의식적으로 서술 속에 포함시키는 작업이 꼭 필요했습니다.

동서냉전 문제가 전후 일본의 진로에 중대한 영향을 준 것은 누구라도 잘 알고 있는 일이므로 그 중요성은 지나치게 강조할 필요는 없겠지요. 점령기의 개혁만이 아니라 그 후의 선택에서도 무엇보다 아메리카의 영향은 큰 것이었습니다. 샌프란시스코 강화조약에서 시작하여 60년 일미안보조약 개정 문제, 오키나와 반환 문제 등의 중요한 정치적인 쟁점은 항상 아메리카의 선택과의 협의를 의도하는 자민당 정권과 이를 비판하는 혁신 야당과의 대립을 낳았습니다. 미군기지 반대투쟁이나 원·수폭금지운동 등의 주민 운동의 흐름에도 미군기지와 아메리카의 수폭 실험이라는 형태로 관계하고 있습니다. 일미 섬유교섭으로 비롯되는 무역 마찰은 1980년대에는 일본의 정책 선택을 크게 제약하는 요인이 되었고, 버블경제를 초래한 원인의 하나가

되기도 합니다. 닉슨 대통령의 달러방위정책 발표에 의해 대외 금융의 혼란이 일어났던 것은 일본만의 일이 아니었지만 이 노도(怒濤)와 같은 변동에 의해 일본은 궁지에 몰리게 됩니다.

아시아와의 관계는 강화조약에 대한 불참가와 배상 문제, 국교 회복 문제 등이라는 형태로서, 전전의 침략과 전쟁 그리고 식민지화라는 역사의 직접적인 영향을 남겨 놓고 있었습니다. 그리고 국가 레벨에서의 문제가 외교적으로 해결된 다음에도 예를 들어 교과서 문제, 혹은 일본 상품 보이콧이나 일본 기업의 진출에 대한 경계심으로 이어졌습니다. 그만큼 상처가 컸던 것이지요. 그런 점을 다시 한 번 절실하게 느끼게 만든 것이 다나카 가쿠에이(田中角栄) 수상이 동남아를 방문했을 때 치솟았던 대일 비판이었습니다. 여기서 중요한 것은 공신적인 화해(강화와 배상)가 성립하더라도 대일 비판의 불꽃이 사람들의 기억 속에서는 꺼질 줄을 모른다는 것입니다.

그러나 이러한 문제가 현재화한 것은 일본의 '과거'만이 문제였던 것은 아니라는 점에도 주의를 할 필요가 있습니다. 사실의 확정이라는 점에서는 미묘한 문제가 남아 있지만, 적어도 당시 한국의 신문에 의하면 일본이 한국의 교과서 서술에 주문을 제시하여 강력한 대일 비판의 계기를 만들어 버리기도 하였습니다. 그것은 일본 교과서에 대한 비판적인 의견이 한국에서 표명되기 이전의 사건입니다. 식민지 시대에 형성된 재일조선인에 대한 차별 의식이 지금도 여전히 남아 있는 국가의 오만함이 나타나고 있는 것 같군요.

일본이 행한 아시아에 대한 개발 원조에도 문제가 있었습니다. 그것이 독재적인 정권의 고관들에 의한 부정 축재와 관련되어 있다는 의혹이 각지에서 발생하거나, 일본 기업이 동남아시아의 여러 나라로 진출하는 것은 공해 수출이라고 했습니다. 이러한 실태 등이 '제국주의 일본' 이라는 기억과 더불어 일본에 대한 매서운 눈초리로 이어지고 있었던 것은 틀림이 없겠지요. 이와 같은 아시아와의 관계의 어려움은 그 지역들이 제2차 세계대전 전에는 중요한 수출 시장이었던 만큼 해결해야 할 문제점이었습니다. 그러나 중국과의 국교 회복이 대폭 늦어졌던 점에서도 알 수 있듯이 그러한 개선에는 한계가 있었고, 그만큼 무역 면에서도 대미 관계에 대한 의존도가 높아지게 되었던 것입니다.

## 정치의 역할이라는 시각

두 번째로 정치의 역할에 관해서는 '일본주식회사' 론과 같은 형태로 정부와 기업과의 긴밀한 관계가 지금까지 논의되어 왔습니다. 그러나 그 경우에 논의되는 것은 '관청과 업계' 와의 관계입니다. 예를 들어 통산성과 철강업계라든가 대장성과 은행업계 등입니다. 찰머스 존슨의『통산성과 일본의 기적』은 이러한 측면을 묘사하여 논의를 불러일으킨 저서로서 '정부와 기업과의 관계' 에서 보이는 일본적인 특수성을 강조하고 있습니다. 여기서 묘사되는 '관청과 업계' 와의 관계가 고도성장의 전반기에 나타나는 것은 사실이지요. 그러나 그것은 언제까지나 계속되었던 것은 아닙니다. 1960년대 전반기에 벌써 산업계의 이해와 통산성의 산업 정책이 종종 대립하게 됩니다. 그 상징적인 사건이 특정산업진흥임시조치법안의 좌절입니다. '스폰서 없는 법안' 이라고 불렸던 특진법의 경위를 소재로 시로야마 사부로(城

山三郎)가『관료들의 여름(官僚たちの夏)』이라는 소설을 썼는데, 이 소설은 '관청과 업계'와의 관계가 '모유 수유를 끊는' 시대가 되었다는 것을 유려한 필치로 서술하고 있습니다. 대학에서 경제학을 강의하고 있었던 저자의 경력을 잘 살린 작품이기도 합니다. 이에 비해서 대장성과 금융업계의 관계는 1965년 증권공황을 계기로 오히려 강화되어 보호주의적인 정책 체제가 정비되어 갑니다.

이와 같은 관계는 비교적 잘 알려져 있지만 이것과는 달리 '정부와 업계'의 관계는 어떠한 것이었을까요. 정치적인 지도가 커다란 전환점을 초래한 것은 사실이지요. 하토야마 내각이 일소국교회복을 실현하여 국제 사회로 복귀하는 길을 열고 일본 경제를 확대되는 세계무역의 은혜를 받을 수 있는 국제 환경에 속하게 한 것과, 완전고용을 경제자립계획의 목표로 강력하게 설정한 것은 고성장 실현의 전제 조건을 정비한 것이었습니다. 무엇보다도 이 내각이 추진했던 헌법개정과 재군비정책이 실현되었더라면 나중에 다시 한 번 언급하겠지만 군비의 중압으로 인해 고성장은 상당히 제약을 받았을 테니까 이 점에서는 실현되지 않았다는 사실이 중요했습니다. 이케다(池田) 내각이 정책의 기본으로 하였던 국민소득배증계획도 적극적인 기업 행동을 이끌어내는 데 중요한 의미를 갖고 있습니다. 그리고 이들 내각이 교체될 때마다 책정되는 경제 계획은 정부의 공공사업투자 등의 방향성에 관한 합의 형성에 중요한 의미를 가졌던 것입니다.

그러나 '정부와 업계'의 관계를 정치가 담당했던 역할이라는 측면에서 보면 전반적으로는 그다지 높은 평가는 줄 수 없을 것 같습니다. 지역 격차의 시정이라는 목표 자체가 긍정적으로 파악되어야 하겠지만 다나카(田中) 내각의 열도개조론은 엔고(円高) 불황에 대한 공포와 겹쳐져서 과대한 재정 지출로 연결되어 그때까지 없었던 격렬한 물가 상승을 동반한 경제적 혼란을 초래했습니다. 또 사토(佐藤) 내각의 복지 사회 실현을 위한 정책도 충분한 재원 확보가 없는 채로 고성장에 의해 실현되어 온 세수(稅收)의 증가에 의존하고 있었기 때문에 성장률의 슬로다운과 더불어 후계 내각에서는 점차 무거운 짐이 되어 버렸습니다. 이런 사실은 정치가들이 성장경제로 전환하는 데 지도적인 역할을 담당했다고 하기보다는 경제성장의 은혜를 향유하는 측에서 있었다는 것을 보여주고 있는 것 같습니다. 1980년대에 시작되는 '증세 없는 재정 재건'이라는 경제계의 요구는 이러한 정치라는 얌체 무임승차에 대한 지위를 재검토할 것을 요구하는 것이었습니다. 다른 한편으로 고도성장기에는 경제계로부터 윤택한 정치 자금을 공급받아 자민당의 정치 권력을 강화하는 데 도움이 되고 있었습니다. 그러한 관계 속에서 정치 자금을 둘러싼 의혹이 많이 발생하였으며 자민당 정권은 이것에 대한 비판의 목소리로 인해 종종 각료의 경질을 반복하였고, 국내적으로는 정치에 대한 불신이 강화되었습니다. 이렇게 자민당은 시민적인 선거 기반을 상실하고 혁신자치체의 약진에 의해 정치적으로 막다른 길로 몰리기 시작합니다. 그 결과 선심 행정에 의해 선거 기반을 확보하려는 이익유도형 정치가 재원(財源) 면에서는 재계에 의존하는 정도를 심화시키게 됩니다. 그리고 그 앞에서 기다리고 있던 것이 '무역자유화계획'의 결정 과정입니다. 안보소동으로 자민당 정권이 위기적인 상황에 처해 있던 1960년 6월에 이 계획은 각의에서 결정되었습니다. 이와 같이 중요한 정책 과제임에도 불구하고 정권 내부에서 논의되었던 혼적은 없습니다. 그럴 여유가 없었다고 해야 되겠지요. 이와 같이 구체적인 정책은 '관청과 업계' 사이에

서 형성되고 정치는 그것을 추인하는 것에 불과했다고 하는 것이 고성
장하에서의 정치의 역할이라는 것입니다. 고성장 시대의 이러한 측면
을 분명히 하더라도 역대 내각의 움직임에 주목하는 정치사적인 시점
이 중요한 의미를 가지고 있다고 생각합니다.


### 기반으로서의 전후개혁


한편 '왜 고도성장이 실현되었는가' 라는 질문에 대답할 준비는
일단 정리되었습니다.

동시대적으로는 고도성장이 당초부터 사람들의 관심을 강하게
끌고 있었던 것은 아니라는 점은 이미 지적한 대로입니다. 그러나 이
시대에는 경제성장의 추진이 '바람직한 것' 으로서 사람들의 마음속
에 받아들여졌고, 점차로 그러한 감각적인 수용이 '성장이야말로 바
람직하다' 는 시대의 주류로 변화해 갔습니다.

그러한 변화는 전후개혁이 정착되어 가는 과정을 추적하는 것을
통해 알 수 있습니다. 개혁의 정착은 고성장경제가 실현되어 가는 기
본적인 조건을 나타내고 있기 때문입니다.

전후사 속에서 고도성장기를 자리매김하기 위한 『고도성장』에
서는 이 시기에 전후개혁이 정착하여 국민적인 합의를 이루었다는 것
을 강조하고 있습니다. 그것은 오늘날의 주요 관심 문제에 상당한 영
향을 미치고 있습니다. 왜냐하면 헌법개정에 의한 재군비 등의 논의
가 '강요된' 개혁이라는 것이 증거로 주장되어, 고용이 불안한 가운
데 평등을 제약하고서라도 개개의 경제 주체에게 강한 인센티브를 부

여해야 한다는 논의가 지금 바야흐로 전개되고 있기 때문입니다. 이 논의 가운데에는 소득 격차가 적은 사회는 활력을 잃어버린다는 근거도 없는 언설까지 등장하고 있습니다. 아메리카적인 사회 시스템이 성공한 자에게 높은 보수를 주고 있는 점에 주목하면서 그러는 편이 경제성장에는 바람직하다는 것이겠지요.

그러나 이러한 논의에 대하여 고도성장기의 일본의 현실은 유력한 반증이 됩니다. 개혁의 정착에는 국민 주권, 기본적인 인권의 존중, 전쟁 방기 등의 기본 원칙을 정한 일본국헌법과 관련된 문제, 경제 면에서의 기본법이 되는 독점금지법의 문제가 중심이 됩니다. 1950년대 후반기에 하토야마 내각이 헌법개정과 재군비정책을 주요한 정강(政綱)으로 들고 나왔을 때, 또 기시(岸) 내각기에 걸쳐서 독점금지법안 간담회 등에서 독점금지법의 개정이 논의되었던 것을 되돌아보면 이중 어떠한 제안도 인정받지 못했습니다.

헌법개정은 보수합동에 의해 의회에서 압도적인 다수를 점하게 되었던 자민당 정권에서도 개헌 제안에 필요한 의석 수를 확보할 수 없어서 좌절됩니다. 사회당을 중심으로 한 혁신 정당의 반대가 시민적인 기반을 가질 수 있었고 그 후의 안전보장조약 개정 문제에서 보여준 반전·평화라는 국민 요구의 거대함에 이후의 자민당 정권은 이 문제를 다시는 제출할 수 있는 힘을 얻지 못했다고 하겠습니다.

그것은 일본국헌법이 그 당초의 입안에 있어서는 GHQ 등의 강한 입김이 작용했다고는 하더라도 그로부터 10여 년이 지나면서 일본국의 모습을 정하는 기본법으로서 받아들여졌다는 것을 의미하였습니다. 적어도 이 시기에는 자주헌법을 다시 만들자는 요구는 사람들의 선택지에서 제외되어 있었습니다.

이렇게 선택된 새로운 헌법 체제는 두 가지 면에서 고도경제성장의 실현에 중요한 의의를 갖게 됩니다. 첫 번째는 전쟁 방기를 제창한 제9조의 조문에서 일탈했다고 할 수 있는, 자위를 위한 군사력이 창설되었다고는 하더라도 그 조항을 기반으로 일본은 '경무장'을 선택할 수 있었다는 점입니다. 군사비 부담이 적은 경제가 이로써 실현됩니다. 고도성장기를 통해서 대GNP 비율에서 군사비는 1% 수준을 넘는 경우는 없었습니다. 제2차 세계대전 전의 일본은 평시에도 이 비율은 5% 이상이었고 재정상 군사비의 비율도 높은 상태가 지속되고 있었습니다. 만약 이와 같은 정도의 부담이 전후 일본을 압박하고 있었다고 가정하면 일본의 성장률은 훨씬 낮은 수준에 머물렀을 것이라고 생각합니다. 군사비 지출은 생산적인 설비 투자를 제약하고 정부 재정에 의한 공공사업투자 등 사회 자본의 확충을 제한했을 것이기 때문입니다.

물론 '경무장'을 선택함에 있어서 혁신 세력의 역할은 한정된 것이었다는 점에도 유의할 필요가 있습니다. 자유당의 요시다(吉田) 정권에 의해 이루어진 '경무장'이라는 선택은 자민당 정권 내부에서도 그리고 보수 세력 안에서 중요한 조류를 형성하여 개헌론을 주창하는 구 민주당계의 조류와는 분명히 선을 긋고 있기 때문입니다. 한편으로 노동조합운동에 의존하는 경향이 강했던 사회당의 힘이 부족한 가운데 평화운동이나 공해반대운동 등의 주민 운동이 점차로 활발하게 전개됩니다. 이러한 운동이 안보 투쟁의 좌절 속에서도 체제 비판 세력으로 일정한 지반을 구축했던 것은 경무장이라는 선택을 유지하는 점에 있어서는 중요한 역할을 수행하였습니다.

또 하나는 기본적인 인권의 존중으로 나타나는 권리의 보장과 평등 사회의 실현이라는 이념이 경제적인 면에서는 전전과 같은 높은 소득 격차를 가진 사회와는 다른 더욱 평등한 사회 구조를 만들어 내는 기반적인 조건이 되었다는 것입니다. 농지 개혁과 노동 개혁을 기점으로 사회적 약자의 권리가 보장되었던 것은 전후개혁의 성과로서 종종 지적되어 왔습니다. 여기에 덧붙여서 일본국헌법의 이념이 널리 수용되었다는 의의는 소득 분배의 평등화를 기초로 하는 노동자의 소득 증가를 초래하였고, 대중적인 소비사회의 형성으로 이어졌던 것입니다. 노동자의 소득 상승은 노동조합운동이 임금 투쟁을 중심으로 한 운동 방침으로 전환하여 협조적인 노사 관계를 구축해 가면서 착실한 변화를 이끌어 갑니다. 이 협조적인 노사 관계는 생산 현장에서 제안제도(提案制度)를 통해 생산성을 향상하는 데 공헌하였고, 배치 전환 등으로 유연하게 대응할 수 있도록 하는 종업원의 기업 내 유동성 증가는 기술 혁신을 용이하게 만드는 등의 장점을 발휘하게 했습니다. 한편 농민들의 소득에 대해서도 쌀값 인상을 통한 소득 보상을 함으로써 보수정권 기반을 유지할 수 있다는 관점에서도 전개됩니다.

이러한 특징들 즉 경무장과 소득 분배의 평등성은 고도성장기 일본 경제를 특징짓게 하였고 그러한 고성장의 기반이 되었던 것입니다. 소득 격차가 확대되어도 그것은 성장을 위해서는 어쩔 수 없는 대가라고 생각하고 있는 오늘날의 일본의 상황과 대비하면 이러한 신자유주의적인 논의는 근거가 빈약한 것 같습니다.

## 경쟁적인 질서와 정책 개입이라는 조건

일본국헌법이 정착되었다고 보이는 1950년대 후반에 일본 경제
는 고도경제성장으로 전환되었고 국제적으로도 주목을 받을 정도로
약진을 이루었습니다. 거기에는 더욱 평등한 사회로의 접근이 '완전
고용의 실현'과 국민소득의 배증과 같은 정치적인 과제를 설정하게
되었습니다. 그것은 당시 사람들의 인식으로서는 약간 기지개를 켠
높은 목표가 국민적인 합의를 이루었다는 것을 의미합니다. 이 높은
목표는 적극적인 기업의 투자 행동을 불러 일으켰습니다. '투자가 투
자를 부르는' 시대가 이렇게 막을 열게 됩니다. 그러나 고성장의 원천
은 국내 투자 수요만이 아니었습니다. 소득 분배의 평등화를 기초로
한 개인 소비 지출의 건실한 성장이 가전제품이나 자동차 등의 내구소
비재 산업의 발전을 초래하였고 산업 구조가 한층 더 고도화되어 갔
습니다. 또 농업 등 생산성이 낮은 분야가 점차 축소되고 제3차 산업
중에서도 금융, 대규모 소매점 등의 상업 부문, 운송 부문 등에서 높은
효율성을 발휘하는 경영체가 등장하여 이러한 부문에서도 생산성이
높아져 갑니다. 이렇게 해서 고도성장이 실현되어 가는 것입니다.

이러한 기업 행동의 기초에는 독점금지법에 근거한 경쟁적인 질
서가 있었습니다. 이 점에서도 개혁의 정착이 중요한 의미를 갖고 있
습니다. 전후개혁에 의해 지주회사가 금지되었고 기업 합병에도 제약
이 따르고 카르텔과 같은 공동 행위는 예외적인 경우를 제외하고는 인
정되지 않게 되었습니다. 경제계는 1950년대 후반에 카르텔 행위에
대해서는 폐해 규제로 전환해야 한다고 요구하고 있었습니다. 그럼에
도 불구하고 이러한 요구는 산업계의 일부에서도 반대가 있었고 소비

자단체 등의 강력한 반대 운동으로 인해서 좌절됩니다. 그리고 그 이후 독점금지법에 의한 자유경쟁적인 시장경제를 원칙으로 하는 점은 부동의 위치를 차지하게 되었습니다.

물론 자유가 인정되었다고 해서 기업이 적극적인 투자로 전환되어 갔던 것은 아닙니다. 그러나 신규 참가의 자유를 제한하는 카르텔 규제가 존재했던 전전의 산업과는 다른 시장 환경이 생겨난 것은 사실이었습니다. 그리고 그 이상으로 중요한 것은 역설적이지만 이 독점금지법에 근거한 경쟁적 질서로의 이행이 정책 개입의 여지를 확대시켜 정책관청의 역할이 커졌다는 것입니다. 독점금지법은 민간 기업의 자주적인 공동 행위는 금지하고 있었지만 행정적인 개입에 의한 공동 행위를 배제하고 있지 않았습니다. 수많은 적용 제외 입법에 의해 조정적인 정책 개입의 길이 열리게 되었습니다. 그중에는 중소기업대책 등 경쟁적인 질서 유지를 목적으로 하기보다는 분배의 평등성을 요구하는 등의 사회정책적인 시점에서 제정된 법률도 있었습니다. 그 한편으로 중요한 산업 분야에서도 설비투자조정이나 권고조업단축 등이 행정지도하에서 전개되었고 혹은 불황 카르텔이나 합리화 카르텔이 인정되었습니다. 이러한 조치에 대해서 공정거래위원회가 엄격한 감시의 눈초리로 지켜보고 있었기에 그것들이 무제한으로 전개되지는 않았다는 점은 말할 필요도 없습니다. 그런 의미에서 원칙은 변하지 않았던 것입니다.

그러한 원칙하에서 정부의 개입적인 조치에 의해 실현된 아직 기반이 정비되지 않은 신흥 산업에 대한 보호와 중점 산업에 대한 정책금융의 전개, 쇠퇴 산업에 대한 조정 정책은 산업 발전의 원활한 전개를 촉진시켰습니다. 그러나 그것만이 아니라 이러한 정책 개입은 다양한 영향을 주었습니다. 설비투자조정 등의 조치가 뒤처지지 않으려는 기업들의 투자 행동을 유발한 것은 석유화학공업의 육성 정책 등의 예에서 잘 알려져 있습니다. 정책 개입은 과잉 투자의 억제를 의도한 것이었지만 결과적으로는 이러한 개입적인 시스템 속에서 정부가 인정한 투자 계획은 문제가 생기면 정부의 조정에 의해 궁지를 벗어날 수 있다고 하는 기대감을 기업에게 가지게 하였습니다. 즉 산업 정책의 전개가 세이프티 네트(safety-net)로서 기능하여 기업의 투자 행동은 더욱 적극적이고 과감하게 가속되었던 것입니다.

더구나 이러한 개입적인 조치는 무역자유화와 자본거래자유화 등의 국제적인 시스템을 전제로 했을 때 언젠가는 소멸될 것이라고 생각되었습니다. 국제적인 압력 속에서 통산성 등의 정책관청은 정책 관여의 폭을 넓히려고 그 수단을 모색하게 됩니다. 그러나 특정산업 진흥법의 좌절이 보여주듯이 이러한 방책은 실현되지 않았습니다. 자율성을 강화해 온 민간 대기업은 정부로부터의 자유를 선택한 것입니다. 고성장경제로의 전환점에 독점금지법에 근거한 경쟁적인 경제 질서라는 원칙이 갖고 있었던 의미는 이상과 같은 것입니다. 이것도 전후개혁을 계승한 것이며 독점금지법은 전후 경제 사회의 기본법으로서 존중되었던 것입니다.

이상과 같이 전후개혁의 기본적인 이념이 정착되는 가운데 일본 경제는 고성장경제로 전환되었습니다. 그것은 고도성장이 어떠한 틀 속에서 실현되었느냐는 문제에 대해서 다양한 시사점을 보여주는 역사적인 경험이었다고 말할 수 있습니다. 현재의 문제를 고려할 때에도 그 시대에서 무엇을 배울 수 있겠는가에 대해서 저자의 메시지가 전달될 수 있을 정도로 스스로의 글 솜씨가 좋다고는 생각하지 않지만

무엇인가를 생각할 수 있는 계기가 될 수 있다면 좋겠다는 것이 탈고
한 지 조금 시간이 지난 지금도 바라고 있는 바입니다.

**추천도서 5권**

① 이시무레 미치코(石牟礼道子), 『고해정토-나의 미나마타병(苦海浄土-わが水俣病)』(고단샤〔講談社〕, 1969년. 나중에 고단샤문고)

아직 그다지 주목을 받지 못하고 있던 1960년대부터 미나마타병에 걸린 사람들과 밀착하여 저자가 썼던 작품들을 단행본으로 간행한 책. 공해 문제에 대한 높은 관심 속에서 주목을 받게 되었는데 피해자 측의 입장에 서서 그 생생한 증언을 전해준 저자의 성실한 자세에서 고도성장의 그늘 속에 신음하고 있는 비참함이 전해지는 작품입니다.

② 이코노미스트편집부 편, 『고도성장기에 대한 증언(高度成長期への証言)』상, 하(일본경제평론사, 1999년)

고도성장기란 어떠한 시대였는가를 그 당시 활약했던 사람들을 직접 인터뷰해서 정리한 증언기록집. 다채로운 증언자의 증언을 통하여 그 시대의 생생한 분위기와 당사자가 직면했던 문제 등을 밝히고 있어 새롭게 발견하는 것이 많은 증언록입니다.

③ 가세 가즈토시(加瀬和俊), 『집단취직의 시대(集団就職の時代)-고도성장의 역군들』(아오키〔青木〕서점, 1997년)

고도성장기에 많은 젊은이들이 태어나서 자란 고향을 등지고 도시로 일하러 왔습니다. 그 모습을 '집단취직' 이라는 시점에서 탐구하여 그들이 어떠한 구조 속에서 도시로 나오게 되었고 어떠한 직업 생활을 보내게 되었는가를 연구적인 시점에서 평이하게 밝힌 책입니다.

④ 아마노 마사코(天野正子)·사쿠라이 아쓰시(桜井厚), 『사물과 여성의 전후사—신체성·가정성·사회성을 축으로(『「モノと女」の戦後史—身体性·家庭性·社会性を軸に』, 유신도쿄분샤〔有信堂高文社〕, 1992년. 나중에 헤이본샤〔平凡社〕라이브러리)

경제성장이 주부의 생활 등을 어떻게 변화시켰는가를 사물의 변화에 주목하면서 묘사한 연구서. 친근한 문제이면서 놓치기 쉬운 생활 면에서의 변화가 갖는 의미를 되묻는 것으로서 고도성장의 의미를 생활 면에서 생각하기에는 놓칠 수 없는 책입니다.


⑤ 고사이 유타카(香西泰), 『고도성장의 시대—현대 일본 경제사 노트』(일본평론사, 1981년. 나중에 닛케이〔日經〕비즈니스문고)

경제기획청의 창가에서 고도성장을 지켜본 저자가 정책입안자로서의 지식과 견해를 기초로 조리있게 정리한 고도경제성장기의 경제 분석. 경제적인 시점에서 일관되게 분석하고 있어 정치·사회 등의 역사의 여러 측면에 대해 언급하는 면은 적지만 정책입안에 직접 관여하고 있었던 만큼 넓은 시점에서의 분석에는 참고할 만한 점이 많은 책입니다.

# 제9장  역사는 어디로 가는 것일까?
## ―요시미 슌야(吉見俊哉)―

## 역사의 단층이란 무엇일까

역사의 변화에는 누구의 눈에도 확실히 보이는 단층과 동시대인의 눈에는 보이지 않지만 우리들이 경험하는 세계를 그 기반부터 바꾸어 버릴 수 있는 구조적인 변화가 있습니다. 예를 들어 1945년의 패전과 60년 안보 등은 전자의 좋은 사례이겠지요. 이에 비해 후자는 언제 어떠한 계기로 인해 변화가 일어났던가를 간단하게 단정할 수는 없습니다. 수백 년 단위의 변화도 있을 것이고 수십 년 단위의 변화도 있습니다. 이른바 근대화 즉 근대 이전의 다양한 형태의 사회가 근대라는 거대한 제도의 내부로 포함되어져 가야만 하는 프로세스(process)는 인류사에 있어서 매우 커다란 수백 년 단위의 변화입니다. 이에 비해서 본 시리즈의 제9권에서 논했던 것은 이와 같은 근대의 내부 변화일지도 모르겠지만 전후 일본이라고 하는 냉전체제 속에 1950년대에서 1960년대에 걸쳐 일어난 역사적 주체가 1970년대 중반 이후에 서서히 그 중심을 공동화(空洞化)시켜 내부에서부터 붕괴되어 가는 수십 년 단위의 프로세스입니다.

분명 그 붕괴가 많은 사람들의 눈에 확실히 보이게 되었던 것은 1990년대 중반의 일이었습니다. 버블경제의 붕괴와 자민당 장기 단독 정권의 종식 그리고 그와 같이 경제, 정치, 사회의 각 방면에서 나타나기 시작한 전후 일본의 '붕괴'의 기저에는 어떠한 구조적인 단층이 존재했던 것일까요. 버블경제의 출현과 붕괴, 보수정치의 불안정화의 배경에는 어떠한 새로운 정체경제의 구조 변동이 존재하는 것일까요. 그리고 또 옴진리교사건과 같은 일은 현대 일본인의 어떠한 의식과 감각의 변화와 연결되어 있는 것일까요.

1990년대 이후 일본에서는 무엇인가가 끝나려고 하고 있었습니다. 90년대의 호소카와(細川) 정권에서는 불완전하게 끝난 '정권교대'가 그 후 16년간에 걸쳐 우여곡절을 겪으면서 겨우 본격적으로 실현되었고, 고심하면서도 민주당에 의한 다양한 도전이 시작되고 있는 현재, 우리들은 90년대에 나타난 사회의 구조적 변화가 어떠한 역사와 구조 속에서 일어났던 것이었나를 분명하게 할 필요가 있습니다. 본 시리즈의 제9권은 바로 이 과제에 도전했던 것입니다.

지금 나는 '구조(構造)'라는 단어를 사용했습니다. 실은 이 '구조'라는 것은 골치 아픈 용어입니다. 여러 요소가 복잡하게 얽혀 있는 상태가 있고, 각각의 요소가 구체적인 내용물의 변화에 관계없이 서로 얽혀서 전체를 성립시키고 있는 어떤 방정식과 같은 것을 '구조'라고 부르는 점에서는 대부분 입장이 일치하고 있습니다. 그러나 그 다음에는 대상으로 삼는 사회의 기능과 활동의 연쇄(連鎖) 관계에 주목하거나, 아니면 그 사회를 사회로서 성립시키고 있는 세계상(世界像)이나 의미에 주목하는가에 따라서 '구조' 에 대한 이해는 상당히 달라집니다. 여기에는 우선 전자를 시스템 전개의 차원에서는 우리들이 자주 경제 구조나 정치 구조, 사회 구조라는 용어로 표현하는 '구조' 의 여러 국면이 존재합니다. 이런 차원의 구조 변화는 객관적인 데이터에 근거하여 조감적(鳥瞰的)으로 관찰됩니다. 이에 비해서 리얼리티의 존립의 차원에서는 무의식적인 위상과 의식적인 위상 혹은 개인의 위상과 집합적인 위상 등이 존재합니다. 이 차원은 어찌되었건 '누구에게 있어서의' 리얼리티인가, 라는 인식 주체 측에서의 시점을 무시하고서는 언급할 수 없습니다. 역사라고 하는 것은 이와 같은 두 가지 '구조' 의 차원이 서로 연결되어 있는 것이라서 구체적인 사상(事象) 속에서 시스템의 전개와 리얼리티의 존립이 어떻게 서로 연결되어 있는가를 고려하지 않으면 안 됩니다.

시스템 전개의 차원과 리얼리티 존립의 차원은 서로 겹쳐진 2단 도시락과 같은 관계이며, 한 쪽이 중심이고 다른 한 쪽이 종속인 관계는 아닙니다. 즉 이른바 하부구조와 상부구조의 관계는 아니라는 것입니다. 사람들이 공유하는 리얼리티는 분명히 사회 시스템 속에서 생산되기 때문에 리얼리티는 시스템 전개의 부산물이라고 생각될지도 모릅니다. 그러나 더 근저의 차원에서 사회를 사회로서 성립시키고 그 재생산을 지탱하고 있는 것은 무의식적, 의식적으로 사람들이 공유하고 있는 리얼리티의 구조입니다. 언어학의 지식과 견해를 미개 사회의 분석에 응용하여 성공을 거두었던 구조주의 이후 실로 많은 인류학자, 역사학자, 사회학자가 현대에 이르는 제 사회에 관해서 그러한 의미에서의 '구조' 해석을 시도해 왔습니다. 그리고 그 문맥에서 일찍이 마르크스주의가 왕성하게 주장했던 '이데올로기' 에 대해서도 새로운 입장에서 고찰하게끔 되었습니다. 최근에는 '구조'와 '이데올로기'를 가교로 삼으면서 식민지주의와 젠더의 차별, 계급 관계가 문화 차원에서 해석되어 왔습니다.

## 전환점으로서의 1970년대

이야기를 90년대 이후의 일본으로 돌려보면 그 시점까지는 분명히 나타나는 일본 사회의 구조 변화도 시스템의 전개와 리얼리티의 존립이라는 양쪽 차원을 포함하고 있습니다. 전자는 주로 마크로적인 이야기로서 이런 차원에서 90년대에 현저하게 나타나는 최대의 변화는 글로벌라이제이션(globalization) 입니다. 이 움직임이 본격화한 것은 세계 금융이 변동환율제(floating exchange rate system)로 이행한 70년대 후반 이후로서, 중동의 오일 머니의 발흥과 사회주의 국가의 붕괴, 반복되는 금융 위기와 국민 국가의 동요 등이 이어졌습니다. 한편으로 리얼리티의 존립이라는 차원에서는 70년대 초까지 사람들이 현실과는 동떨어진 '꿈'을 쫓아가던 시대가 끝나고 80년대를 통해 일상의 리얼리티는 이미 '현실'과 건너편에 있어야 할 '꿈'과의 긴장 관계가 상실된 '허구'의 지평에서 영위됩니다. 그렇게 90년대에 현재화하는 '붕괴'의 여러 모습은 시스템과 리얼리티의 어느 쪽에서 보더라도 이미 70년대부터 일어나고 있었던 변화의 결과였다는 것을 알게 됩니다.

본 시리즈 제9권에서는 그렇게 70년대를 전환점으로 하는 현대 일본 사회의 구조 변화를 몇 가지 구체적인 사상(事象)을 대조하면서 제시하였습니다. 예를 들어 같은 자민당 정권이라도 '이케다 하야토 (池田勇人)에서 다나카 가쿠에이(田中角栄)까지'의 정권과 '나카소네 야스히로(中曽根康弘)에서 고이즈미 준이치로(小泉純一郎)까지'의 정 권에서는 그 지향하는 정책의 축이 분명히 다릅니다. 다나카 가쿠에 이까지의 보수정권은 고도경제성장에 의한 개발 이익을 지방으로 환 원, 즉 성장의 부를 지방 산업 기반 정비나 도로, 댐 개발에 투자하고 그 보답으로 선거민의 지지표를 모으는 것으로 성립되고 있었습니다. 그 이익재분배 구조는 '복지국가'라기보다도 '토건국가'라고 부를 수 있는 것이었지만 80년대 이후 나카소네 정권에서 고이즈미 정권까 지 지향했던 것은 신자유주의(작은 정부)로서 거대 정부라는 발상은 서 서히 부정되어 갔습니다. 그렇게 영국의 대처 정권과 미국의 레이건 정권에서 부시 부자(父子) 정권까지와 마찬가지로 신자유주의적인 국 가 모델이 글로벌화하는 가운데 일본에서도 국철 민영화에서 우정 민 영화까지 공공서비스의 민영화가 추진되었습니다. 경제적 부의 추구 가 제일이 되었고 국립대학이나 박물관과 같은 학술기관까지도 경영 적인 관점이 도입되어 갔습니다.

당연히 이러한 국가 모델의 전환은 산업 구조의 커다란 전환에 대응하는 것이었습니다. 즉 석유화학콤비나트로 대표되는 중화학공 업 주도형(중후장대〔重厚長大〕) 경제에서 반도체에서 인터넷까지의 정 보서비스산업 중심(경박단소〔輕薄短小〕)의 자본편제로의 전환입니다. 이 전환은 기업의 조직 원리도 변화시켜 연공서열과 집단주의를 기조 로 한 '일본형 경영'의 우수성을 선전하는 소리는 위축되고, 개인의 능력과 업적을 엄격하게 사정(査正)하는 성과주의적인 경영 관리가 확대되어 갔습니다. 네트워크화된 정보의 고속 처리를 기반으로 한 새로운 산업 체제는 이때까지의 체제보다도 훨씬 변화가 빠르고 유동적입니다. 이에 대응하기 위해서라도 기업은 정규직 종업원을 줄이고 구조조정을 추진하여 비정규직 고용의 비율을 확대시켜 갔습니다. 결과적으로 불황이 오면 한꺼번에 고용이 붕괴되고 사회 전체가 안정을 잃어버리게 되었습니다. 이러한 급격한 사회의 불안정화는 80년대까지는 상상도 할 수 없었던 것입니다.

이러한 정치와 경제의 구조 변동과 '허구'의 전면화라고나 할 수 있는 리얼리티의 존립 기제의 변용이 과연 어떻게 연결되어 있는가에 대해 답을 하는 것은 간단한 일은 아닙니다. 후자의 변용은 상징적으로는 1958년에 완성된 도쿄타워와 1983년에 개원한 도쿄디즈니랜드와의 대조에 의해 나타낼 수 있습니다. 60년대 집단취직으로 상경하기 시작했을 무렵에 도쿄타워에 올라가 내려다보이는 프린스호텔의 잔디와 풀장의 눈부신 풍경을 뇌리에 새겨 넣었던 소년 나가야마 노리오(永山則夫)는 68년 가을에 그 프린스호텔 풀장에 침입했다가 경비원에게 발각당한 것으로 인해 연쇄 권총 살인사건을 저지르게 됩니다. 나가야마의 범죄는 '꿈'의 시대의 음화(陰畵), 대중적인 '꿈'의 실현에서 배제당한 자의 '꿈'이 깨어지는 궤적의 결말이었습니다. 이에 비해 80년대 말에 일어났던 미야자키 쓰토무(宮崎勤)의 연쇄 여자아이 유괴 살인사건에서는 살인 그 자체가 현실적인 회로가 상실된 '허구'의 감각 속에서 실행됩니다. 그러한 변화는 젊은이들이 불러일으킨 사회적 사건에서도 인정되고 있습니다. '꿈'의 시대가 내포하는 자기 부정의 계기를 극단적인 단계로까지 밀어붙였던 것이 1971년에서 1972년에 걸쳐 발생한 연합적군(連合赤軍)사건이었다면, 90년대 '허구'의 시대의 리얼리티 감각을 극단적으로 밀어붙였을 때 일어났던 것은 옴진리교사건이었습니다.

이상에서 개괄한 두 가지 차원의 구조 변화, 즉 글로벌라이제이션 속에서 신자유주의적 국가 모델과 탄력적인 자본편제의 전면화와 사회적인 리얼리티의 허구화는 깊은 곳에서 연결되어 있습니다. 그 연결 고리는 복잡하지만 하나의 병행적인 현상이 나타나고 있다고 생각합니다. 그것은 국민 국가의 공동화와 그러한 국민 국가 안에서 상상=창조되어 온 근대적 자아의 공동화(空洞化)입니다. 전전까지의 일본은 천황을 초월적인 준거점으로 삼으면서 국가의 통합과 제국으로의 전개 그러한 팽창 국가와 그 국민의 주체성을 기술적인 우수성과 경제 발전에 가탁(假託)하는 것에 의해 재구축하는 모드로 전태(轉態)하여 왔습니다. 그런데 90년대 이후에 현재화되었던 것은 이 전후적인 국민 국가의 용해와 거기서 자라난 자아의 공동화입니다. 우리 시대의 리얼리티의 허구성은 단순히 텔레비전 등의 시청각 미디어의 편재화에 의해 세계가 유사(類似) 이벤트화되었기 때문이 아니라, 국민 국가가 서서히 붕괴되어 가는 가운데 원래의 리얼리티의 잠금 장치인 자아가 애매한 존재가 되어 버린 것과 관련이 있는 것은 아닐까 하는 생각이 듭니다.


## 제기된 문제점

제9권 『포스트(Post) 전후사회』에서 다룬 것은 이상과 같은 1970년대 이후 일본 사회의 역사입니다. 이 책에 대해서 제가 가르치고 있는 대학교의 학생들에게 책의 내용에 대한 비판적인 의견을 제시하도록 하였습니다. 그 의견 중에 가장 많았던 것은 '가족' '지방' '사회운동' 의 세 가지 테마에 관한 것이었습니다. 저자가 사회학과 문화연구 수업을 담당하고 있는 탓에 '정치' 나 '경제' 에 대한 의견이 적었던 것이 이상하지는 않습니다. 그러나 사회문화적인 분야에서도 '미디어' 나 '도시' '소비사회' 등의 테마도 있었는데 '가족' '지방' '사회운동' 이라는 테마에 의견이 집중되었던 것은 요즘 젊은 친구들의 관심을 상징하고 있는 것이겠지요.

예를 들어 우선 '가족' 에 대해서는 저는 제9권에서 가족의 결속력이 약해진 것에 대해 언급했습니다만 그것을 전자미디어와 관련시킨 점에 대해서는 "전자미디어의 이용도가 높은 사람이 가족들과의 커뮤니케이션도 빈번하게 이루어지고 있다는 데이터도 있고, 전화와 같은 퍼스널 미디어가 가족을 전자적으로 분해시키는 원인이 되었다고는 할 수 없다" 는 의견이 있었습니다. 또 격차의 확대와 미혼(未婚) 현상, 출생률 저하(小子化) 경향을 연결시킨 점에 대해서도 "미혼 현상, 출생률 저하의 원인을 격차의 확대에서 찾는 것은 지나친 비약이 아닌가. '임신 결혼' 의 비율이 꽤 늘어나고 있는 점을 보면 경제적인 이유에 의한 결혼의 억제라는 현상이 얼마나 클 것인가는 의심스럽다" 는 의견도 나왔습니다.

저는 위의 책에서 전자미디어가 일방적으로 가족을 해체시킨다든지 격차 확대가 출생률 저하의 주요 원인이라고도 쓴 적이 없습니다만, 그렇다면 현대 일본에서 확대되고 있는 가족적인 유대감의 약화와 미혼 현상, 출생률 저하라는 경향의 원인은 무엇인가는 질문에 대해서 명확하게 대답하는 것은 곤란합니다. 일상생활 속에 휴대전화와 인터넷의 침투는 가족 관계를 유지하는 방향으로도 분해하는 방향으로도 움직일 수 있고, 경제적인 격차의 확대가 현재화하는 것은 최근 십여 년간의 현상이지만 출생률 저하는 훨씬 이전부터 시작되었으니까 격차의 확대는 출생률 저하의 주요한 원인은 아닙니다. 그러나 이미 가족이 분해되고 있다는 면에서는 전자미디어는 해체를 촉진시킬 가능성이 있고, 출생률 저하의 근본적인 요인이 변화하지 않은 채 격차 확대가 진전되어 가면 이러한 경향을 더욱더 강하게 할 가능성이 있습니다. 90년대 이후 일본 사회의 다양한 영역에서 사회적인 결합이 느슨해져 왔지만 그 근저에는 시장 원리의 전면화와 그 결과로서 생겨난 공공 영역과 공동성 영역의 축소 내지 감소라는 사태가 있었습니다. 가족의 영역에서 다양하게 일어났던 것은 그러한 시장 원리의 전면화와 개개인의 리얼리티의 세계에서 일어난 변화를 매개하는 위치에 있었던 사건이었다고 할 수 있겠지요.

그렇다면 동시대에 지방에서 일어난 것에 대한 분석은 어떨까요. 의견에서는 "도쿄를 제외하면 일괄적으로 '지방'이라고 정의하는 것은 문제가 있는 것은 아닌가. 중앙과 지방의 격차 시정을 목표로 한 전국종합개발계획과 신전국종합개발계획의 지방분산형 개발주의가 지방 간 격차를 발생시켰던 것도 지적해야 할 것"이라는 비판도 있었습니다. 꽤 날카로운 비판으로 분명히 지역 개발 문제를 적절하게 파악하기 위해서는 지방 간의 격차 문제에 본격적으로 주목하지 않으면 안 되겠지요. 더구나 똑같은 격차와 불균형은 지방 내부에도 있으며 어느 학생은, 정부의 농업 지원책은 "개별 농가가 아니라 농협의 이권을 보호하고 있을 따름"이면서 이것은 "단순히 농업 방기 정책이라기보다도 농협과 농가, 전업농가와 겸업농가의 관계"가 온존되어 온 것을 문제로 삼아야 할 것이라고 주장하였습니다. 지역 간의 불균형뿐만 아니라 지역 내부에서도 농협과 농가, 전업과 겸업 간의 불균형이 구조를 복잡하게 하고 있습니다.

포스트 고도성장시대, 지방이 지역 레벨에서 직면해 온 문제를 극복해 가는 방법도 간단하지 않습니다. 저는 위의 책에서 지역 주도의 '마을 만들기'를 긍정적으로 평가했습니다만 이에 관해서도 "관광과 연계시킨 마을 만들기의 경우 '아련한 추억'이나 '고향'이라는 이미지를 찾는 외지인들의 시선에 맞춰 마을 경관이 바뀌는 경우가 많다"며 저자의 낙관주의를 비판하는 의견이 있었습니다. 사실 정말로 맞는 말입니다. 문제는 관광과 연계된 마을 만들기의 허구성을 비판하는 것만이 아니라 중앙과 지방, 지방 상호 간, 지방 내부의 어느 레벨에서도 지방이 직면하고 있는 곤란을 극복할 수 없다는 것입니다. 지방이 이중 삼중으로 구조화된 불균형을 낳고 중앙과 또 지역 상호 간의 관계를 고쳐 나가기 위해서는 이미 존재하는 구조 밖으로 나가는 것이 아니라 그 속에서 스스로를 깨닫고 그것에서 반전을 꾀하는 전략이 필요합니다. 실제로 각지의 마을 만들기가 모두 그러한 자각을 가져다 주었다고는 할 수 없겠지만, 지방에는 중앙보다도 모순이 더 집적되기 때문에 전자가 후자보다 더 영리하고 능숙해질 가능성도 있을 것이라고 생각합니다.

그리고 또 하나의 초점이 사회운동입니다. 1950년대에서 1970년대까지의 전개는 대체로 '정치'에서 '경제'로, '혁명'에서 '소비'로, '좌익'에서 '시민'으로, 라는 표어로 요약됩니다. 그러나 학생들의 의견 중에는 "소비사회와 사회운동을 대립적인 관계로 파악하는 것은 너무 단순화시키는 것"이라든가 "1970년대 이후에 대두하는 새로운 사회운동도 일종의 '소비'로서 분석해야 할 것"이라는 의견도 있었

습니다. 분명히 현상을 사회적인 수용의 면에서 파악한다면 70년대까지 소비사회는 '운동'을 집어삼켜 버렸던 것인지도 모르겠습니다. 미디어에 의한 사건의 스펙터클화는 점점 진화되었으니까 "아사마산장(あさま山荘)사건은 이미 '허구'의 시대의 사건이라고 봐야 할 것"이라는 의견에도 일리는 있습니다. 그러나 시점을 수용의 면에서 운동하는 사람들의 주관적인 의식의 면으로 옮길 때에는 70년대 전후는 아직 이전 시대로부터의 연속성 측면이 강하고, 그것과 수용의 면에서의 소비사회화와의 격차가 심했던 것을 아사마산장=가루이자와 역(軽井沢駅)이라는 장소에 주목하여 나타내려고 한 것입니다.

　　최근에 전후 사회운동에 다시 관심이 집중되고 있습니다만 70년대까지의 운동과 동시대의 소비사회의 관계는 복잡하여 한꺼번에 묶을 수가 없습니다. 이번에 학생들로부터 받은 의견에서도 "왜 젊은이들만이 60년대 말까지 강한 정치 의식을 계속 가질 수 있었는지가 이해가 안 된다"는 의견이 있는 한편, "운동 내부의 세대 간 대립 혹은 학생들의 학력편차치(学歴偏差値) 대립의 시점이 없다" "전공투(全共闘, 전학공투회의의 약칭)와의 관계에서 미시마 유키오(三島由紀夫)의 위치에 대해서도 언급해야 할 것이다" "연합적군에 의한 일련의 사건을 지나치게 시스템적으로 파악하고 있다. 좀 더 인간적인 냄새가 나는 드라마가 있었을 것이다"라는 의견도 있었습니다. 모두 다 사회운동의 내부 구조와 관련된 논점으로서 이 문제들에 답하기 위해서는 60년대 운동을 좀 더 내재적으로 기술할 필요가 있습니다. 다행히 이 시대의 당사자들이 아직 많이 생존해 있으니까 인류학 내지 구술사(오럴히스토리)의 방법이 유효합니다. 뒤에서 언급하겠지만 20세기를 다루는 현대사는 그 이전의 역사와는 기술(記述)의 사료적 환경이 근본적으로 달라서 신문과 주간지 기사를 포함한 방대한 문헌 자료, 일반인들에 의해 촬영된 방대한 영상 자료, 살아 있는 중인들의 구술사 등등의 여러 가지 시도를 서로 참조하면서 종합할 필요가 있습니다. 50년대, 60년대의 운동사는 그러한 작업을 할 수 있는 최적의 장르가 되겠지요.

## 역사 기술(歷史記述)의 디지털적인 지각변동

결론에 들어가기 전에 지금 언급했던 역사 기술의 자료적 기반 중 '문헌'과 '영상'이 인터넷과 디지털 기술의 발전 속에서 급속도로 팽창하고 있다는 점에 대해 말해 두지요. 먼저 문헌 자료에 근거한 역사의 기술은 지금까지 역사학이 가장 장점으로 삼아 온 방법이며, 특히 공문서 기록이나 통계 자료에 대한 취급은 역사학이 고도로 숙달되어 있습니다. 저는 사회학 계통의 연구자이지만 이 점에서는 역사학자의 정밀한 검증에 깊은 경의를 표하고 싶습니다. 이러한 근대사 등의 분야에서 배양된 방법론적 엄밀성을 현대의 역사 분석에서도 깊이를 더해가는 것은 물론 필요합니다.

그러나 최근에 인터넷의 보급과 국립공문서관 아시아역사자료센터 등을 비롯한 기관에서 디지털아카이브를 공개한 흐름 속에, 일본에서도 인터넷에 접속할 수 있는 자료가 극적으로 확대되고 있습니다. 실제로 아시아역사자료센터의 횡단검색시스템은 획기적인 시도였고, 인간문화연구기구의 연구자원공유화 데이터베이스에도 상당한 자료 데이터가 축적되고 있습니다. 이러한 디지털아카이브가 홍미 깊은 것은 많은 귀중한 현대사 자료가 공개되고 있을 뿐만 아니라 양 기관이 다 다른 아카이브와 연결시키는 횡단검색시스템을 발전시키고 있기 때문입니다. 나아가 최근에 국립국회도서관도 전자도서관화를 적극적으로 추진하기 시작했고, 국회도서관의 근대디지털라이브러리에서는 이미 메이지·다이쇼기의 서적 15만 권 이상이 네트에 공개되고 있습니다. 한편으로 대학교 등에서 공개되고 있는 디지털아카이브를 추가하면 이미 일본에서도 방대한 문헌 자료가 네트상의 검색시스템에 탑재되어 있습니다. 국회도서관에서는 이미 40개에 이르는 디지털아카이브를 연결시킨 포털사이트도 개설하였습니다.

근현대사에서는 공문서와 통계 자료만이 아니라 신문과 잡지도 중요한 역사 자료입니다. 이것에 관해서도 최근에 지면데이터베이스화가 추진되고 있습니다. 이러한 움직임에 선구적인 역할을 한 것은 요미우리(読売)신문사의 데이터베이스 '메이지·다이쇼·쇼와'(현재 '요미다스역사관')였습니다. 이 데이터베이스는 요미우리신문사가 발간되었던 1874(메이지 7)년부터 현재에 이르는 135년간의 신문 지면을 일반 기사뿐만 아니라 광고까지도 포함하여 검색 가능하게 하였다는 점에서 획기적이었습니다. 이것에 의해 동 신문에 게재된 자세한 3면 기사적인 사건까지 포함하여 검색이 가능하게 되었던 것입니다. 요미우리에 이어 아사히(朝日)신문도 메이지·다이쇼기의 모든 신문 지면을 데이터베이스화하는 작업을 추진하고 있습니다. 이에 비해 다른 주요 전국 신문이나 지방 신문도 매우 중요한 자료 기반인데 재정적인 여유가 없는 곳에서는 전 지면의 데이터베이스화는 곤란합니다. 또 몇몇 신문데이터베이스는 일반 연구자와 학생들은 거의 이용할 수 없는 유료 시스템으로 되어 있는 경우도 있습니다. 앞으로 어떠한 형태의 공

적 지원에 의해서든 주요한 모든 신문 지면의 데이터베이스화를 추진
해 연구 교육의 관점에서도 공공성이 있는 유료 시스템과 횡단검색시
스템의 구축을 추진해 나가야 할 것입니다.

디지털화 속에서 자료 환경이 격변하고 있는 것은 문헌(텍스트 형
식의) 자료만이 아닙니다. 또 하나 20세기의 역사가 기술되는 과정에서
지금까지의 세기와는 결정적으로 다른 조건이 나타나고 있습니다. 그
것은 방대한 영상 자료(사진과 동영상)의 존재, 더 정확하게는 그 보존과
활용을 향한 움직임이 활발해지고 있다는 것입니다. 물론 사진이 발
명된 것은 19세기 초엽이니까 19세기 중엽부터 적지 않은 예전 사진
자료가 존재하고 있습니다. 그러나 프로 사진사가 찍은 풍경 사진과
인물 사진이 상품으로 유통되는 영역을 넘어서, 사진이 극히 보통 사
람들에 의해 일상적으로 찍히게 되는 것은 20세기에 들어와서의 일입
니다. 동시에 19세기 말에 발명된 영화가 정착되어 가는 가운데 기록
영화의 장르가 성립되고, 도시의 번잡함에서 댐의 건설, 수많은 사회
적 사건까지 각각의 시대 사건이 영상에 기록되는 기회가 급격히 증가
되어 갑니다.

극히 최근까지 이러한 사진과 동영상은 그 소장자 이외 일부의
수집가나 해당 분야의 전문 연구자에게는 알려져 있었지만 더욱 널리
연구자나 학생이 부담 없이 이용할 수 있는 것은 아니었습니다. 그러
나 이것도 인터넷의 보급과 디지털화의 추진에 의해 결정적인 변화가
일어나고 있습니다. 전국의 공문서관과 박물관에서 사진 공개를 시작
하고 있는 곳이 적지 않아서, 예를 들면 오키나와 현 공문서관에서는 6
만 점에 이르는 오키나와전투와 미군 통치기의 사진 자료가 네트상에
공개되어 있습니다. 국내의 아카이브는 아니지만 구글사도 〈LIFE〉지

의 사진을 공개하고 있으며, 전후 일본의 역사적 순간을 찍은 사진도 적지 않습니다.

한편 동영상 분야의 디지털아카이브는 공공적인 영상 보급이란 점에서도 아직 발달되지 않았습니다. You Tube 등에는 역사적인 영상도 업로드되어 있지만 출전이 애매하고 관련 데이터도 불충분하기 때문에 연구 소재로서는 적당하지 않습니다. 국제적으로는 프랑스 국립시청각연구소(INA)를 비롯해 구미의 영상아카이브가 혁신적인 영상 보급을 시작하고 있고, 한국 영상자료원 영상 보급 체제도 급격히 발전되어 왔습니다. 이에 비해 일본에서는 NHK아카이브가 연구자용 영상의 공공 이용에 겨우 길을 만들기 시작하고 있습니다. 이 NHK아카이브에는 프로그램 숫자로 70만 작품, 뉴스 영상이 480만 항목이 축적되어 있어서, TV영상아카이브로서는 아시아 최대가 될 가능성이 있습니다. 또 국립근대미술관 필름센터에도 이미 20만 권(장편영화 4만 개 분량)의 영화 필름이 보관되어 있습니다.

강조하고 싶은 것은 일본에는 이들 기관 이외에도 방대한 영상 필름이 아직 남아 있다는 것입니다. 개인 애호가들은 별도로 치더라도 각지의 공민관과 도서관의 창고에는 전후 그 지역에서 공개되어 온 기록영화가 사장(死藏)되고 있는 경우가 있고, 또 각지의 영화현상소의 창고에는 필름복제용으로 보관된 영화 필름이 5만 개 이상은 남아 있다고 합니다. 전자의 경우 필름은 섬세한 보관 상태의 관리가 필요함에도 불구하고 부적절한 온도·습도 속에 보관되고 있기 때문에 부식이 되어 버린 경우가 적지 않습니다. 원래대로라면 이러한 많은 영상은 가능한 빨리 보존 환경이 정비된 필름센터로 이관하여 관리하고 공공적인 활용의 길을 열어가야 할 것입니다. 그런데 실제로는 이들

필름의 원판소유권이나 저작권의 처리가 매우 복잡해서 소장자는 보관하고 있는 필름을 기증하고 싶어도 할 수 없는 법적 환경에 놓여 있는 경우가 있습니다. 학술적으로 귀중한 과거의 영상이 더 이상 상실되지 않도록 하기 위해서는 어찌되었든 이것에 대한 권리 처리를 공공자격으로 담보하는 법 제도의 정비가 필요합니다.

## 역사 기술의 미래에 무엇이 일어날까

이상과 같이 근현대사의 자료 환경은 '문헌' 과 '영상' 이란 양 측면에서 디지털적인 지각변동을 일으키고 있습니다. 그리 멀지 않은 장래에 근현대사의 경우에는 공문서와 신문 자료, 각종의 영상 자료를 상호 대조하면서 고찰을 깊게 해나가는 것이 가능하게 될 것입니다. 국회도서관의 포털사이트가 시사하는 바와 같이, 어떠한 테마에 대해 특정한 포털사이트에서 세계 각지에 흩어져 있는 다양한 형태의 자료를 횡단 검색할 수 있게 될 것입니다. 앞으로 적어도 역사 기술에 있어서 다음과 같은 중대한 변화가 생길 것이라고 예상됩니다.

우선 지금까지와는 비교가 되지 않을 정도로 멀리 떨어진 각지의 기록이 쉽게 상호 참조할 수 있게 됩니다. 일찍이 코페르니쿠스가 지동설을 확신할 수 있었던 것은 뭔가 새로운 과학적인 발견이 있었기 때문이 아닙니다. 인쇄술의 발명에 의해 그는 그때까지 과학자들에게는 불가능했던 정도의 많은 인쇄된 지식을 장서로 가질 수 있었습니다. 그것이 그때까지 축적되어 왔던 과학적인 데이터의 상호 대조를 가능하게 했던 것입니다. 그것과 유사한 것이 지금 인터넷의 보급과 디지털아카이브의 번성에 의해 생겨나고 있습니다. 다른 지역에서 보존되었던 정부와 자치체, 행정기관의 공문서와 신문 기사, 영상 기록을 상호 참조하는 것에 의해 역사적인 사실이라고 인정되어 온 것들이 더 '두터운' 문맥에서 기술이 가능하게 될 것입니다.

아마도 두 번째는 그러한 다층적인 데이터의 격차와 중복이 관계자에 대한 오럴 히스토리의 실천을 자극하고 또 그것을 문맥으로 이어가게 될 것입니다. 인터넷에서 손쉽게 획득할 수 있는 정보의 양이 폭발적으로 증가했다고 하더라도 관계자와 면회해서 증언을 얻어가는 것이나 과거에 사건이 일어난 장소에 가서 현장 검증을 거듭하는 것은 점점 연구자에게는 불가결한 수속이 될 것입니다. 그리고 여기서도 IC 레코더의 보급과 앞으로 더욱 발전할 음성 인식 기술의 발생에 의해 사람들의 방대한 양의 발언을 축적하고 이를 텍스트화해 가는 것에 기술적인 도움을 받게 됩니다. 그렇게 되면 각각의 연구자와 저널리스트의 책상에는 엄청나게 많은 인터뷰 기록이 디지털 형식으로 축적되어 그 정보의 공공적인 보관과 공개를 둘러싼 윤리와 제도적인 환경의 정비가 지금 이상으로 문제가 될 것입니다.

세 번째로 이미 언급한 방대한 현대의 영상 기록을 미래의 역사 연구자와 학생들이 어떻게 해독해 갈 수 있을까, 영상 분석의 방법론이 본격적으로 문제가 될 것입니다. 그러한 영상 분석의 방법론은 지금까지라면 영화 연구(필름 스터디즈)나 미술사(아트 히스토리), 미디어 스터디즈 등의 분야의 연구자에 의해서 시도되어 왔던 것입니다. 그러한 영역에서의 지식과 견해가 금후의 역사 연구에는 더욱더 본격적으로 도입되는 것이 필요해질 것입니다. 21세기의 기술적 환경 속에서 역사를 기술하려고 하는 사람은 먼저 그 대상이 근현대라면 연구의 중요한 자료가 될 사진과 동영상에 대해, 그 매체의 촬영 기술에 관한 지식, 기호학적인 영상 분석에 관한 지식, 그리고 영상 제작과 오디언스에 관한 미디어 스터디즈적인 지식을 충분히 갖추고 있지 않으면 안 됩니다.

마지막으로 영상뿐만 아니라 문헌적인 데이터의 분석 수법에도 결정적인 변화가 생기고 있다는 것을 덧붙여 두겠습니다. 최근 컴퓨터과학 분야에서 발생한 자연언어처리의 제 기술이 사회적인 기사나 학술적인 논술의 분석에도 응용되기 시작하고 있습니다. 단순한 키워드 검색으로는 만족할 수 없고 텍스트 안에서 사용되고 있는 용어의 문맥상의 위치에서 용어 간의 거리를 계산하고 그것이 어느 정도 비슷한가, 비슷하지 않은가가 용어론적인 레벨의 기계처리로 해석할 수 있는 것입니다. 이것은 미래의 컴퓨터는 데이터베이스의 횡단 검색에 의해 수집된 대량의 문헌 데이터를 단시간에 처리하고, 그 안에 있는 개념의 기본적인 구조와 그 역사적인 변화를 추출할 수 있게 된다는 것을 의미하고 있습니다. 즉 지금까지라면 사상사가의 영역이었던 작업의 어느 정도까지를 컴퓨터가 한순간에 처리해 버리는 시대가 도래하는 것입니다.

실제로 OCR(광학식 문자해독시스템) 즉 영상 데이터 속의 문자열을 기존의 문자 패턴과의 조합에 의해 읽어내어 자동적으로 텍스트 데이터로 변환하는 시스템은 현재 급속도로 그 능력을 향상시키고 있으니까 국회도서관이나 국립공문서관에 소장되어 온 방대한 활자 자료가 영상 데이터에 그치지 않고 텍스트 데이터로서도 디지털화되어 가는 날이 언젠가 옵니다. 그렇게 되면 그렇게 텍스트 데이터화된 방대한 문헌 자료에 관해서 각지의 컴퓨터 과학자와 인문학자의 연계 프로젝트가 그 내부의 개념 관계와 언설 구조를 가시화해 갈 작업에 손을 대기 시작할 것입니다.

저는 그러한 기술적 전개가 숙달된 사상사가나 역사가의 작업을 불필요한 것으로 만들어 버릴 것이라고는 결코 생각하지 않습니다. 그러나 역사가들의 방법론에 컴퓨터는 지금까지 이상으로 깊은 영향을 미치게 될 것입니다. 컴퓨터의 최대의 특징은 인간의 능력으로는 불가능할 정도의 대량의 정보를 일거에 처리할 수 있다는 것입니다. 수만 권, 몇 십만 페이지라는 한 사람의 인간이라면 일생을 바쳐도 훑어보지도 못할 양의 문헌 자료라도 컴퓨터라면 단시간에 대략적인 분석을 해치우는 것이 가능합니다. 그러나 그 다음에는 역시 전문가가 나서야 될 차례로서 컴퓨터에 의한 대량의 정보 처리에 의해 가시화된 구조를 기반으로 삼아, 어떻게 더욱 깊은 고찰을 전개해 갈 것인가가 개개 연구자의 과제가 될 것입니다.

## 포스트·포스트전후사회의 행방

화제를 본론으로 돌려보지요. 21세기 일본 사회는 어디를 향하고 있는 것일까요. 90년대 이후 한국과 대만이 위기를 필사적으로 넘기고 중국이 크게 발전해 가는 것을 눈앞에서 보면서 일본은 장기적인 혼미를 계속해 왔습니다. 중국 정도로 거대하지도 않고 한국이나 대만 정도로 순발력이 강하지도 않은 이 나라는 여러 가지 위기에 대담한 대응이 불가능한 채로 완만한 붕괴를 계속해 왔다고도 할 수 있습니다. 그 사이에 '풍요로운 일본'이란 환상은 깨지고 격차가 가까운 현실이 되는 가운데 고용도 붕괴해 갔습니다. 경제적인 전망은 불투명하지만 정치적으로는 민주당 정권의 탄생으로 겨우 새로운 한걸음을 내딛은 것 같습니다. 이미 호소카와(細川) 정권에 의한 최초의 정권 교대에서 16년이란 세월이 경과되었고 많은 전환의 찬스를 잃어버렸습니다. 그러나 전국의 댐이나 도로 건설의 중지, 업무 분담과 후텐마(普天間) 문제에 대한 대처 등 발족 직후의 하토야마(鳩山) 신정권의 정책은 적어도 그때까지의 어떠한 자민당 정권과도 다른 변화의 가능성을 느끼게 하는 것입니다. '잃어버린 10년' 은커녕 '잃어버린 20년' 을 계속 표방하게 된 일본 사회가 오늘날 직면하고 있는 험한 길을 돌파해 갈 수 있을 것인가. 2010년대가 최대의 고비가 될 것입니다.

이렇게 현재 무엇인가가 확실히 끝나려고 하고 있습니다. 그렇다면 현재 이 '끝' 의 앞에 새로운 무엇인가가 시작하려고 하는 것이라면 그것은 도대체 무엇일까요.

그 질문은 제9권의 제목인 '포스트전후사회' 의 '포스트' 란 어떠한 '포스트' 인가 하는 질문과 연결되어 있습니다. 원래 '전후' 자체가 'Post-war' 이니까 우선은 전쟁의 '끝' 이 언제였는가 하는 것이 문제입니다. 실제로 세계사적으로 보면 제2차 세계대전 후의 'Post-war' 는 '전쟁 없는 시대' 의 도래를 의미했던 것이 아니라 '냉전' 이라는 새로운 준전시(準戰時) 의 도래였습니다. 그 시대에 아시아에서는 한국전쟁과 베트남전쟁이라는 두 개의 대규모 전쟁이 일어났습니다. 같은 무렵 중국에서는 문화대혁명의 투쟁이 확대되고 있었고 한국, 대만, 필리핀은 군사 독재 체제의 지배를 받고 있었습니다. 적어도 70년대 중반까지 동아시아(동북 및 동남아시아)에서 '전후' 는 찾아오지 않았던 것입니다. 동아시아에 '전후' 가 도래하는 것은 중국이 문화대

혁명의 혼란을 종식시켜 '개혁 개방' 정책으로 전환하고, 캄보디아에서 폴포트 파에 의한 대량 학살이 끝나고, 한국과 대만에서 민주화운동이 왕성하게 전개되어 가는 70년대 말 이후의 일입니다. 즉 '포스트 전후사회'는 동아시아 전체에서 생각하면 '전후 사회' 그 자체라는 것이 됩니다.

따라서 일본의 '전후'와 동아시아의 '전후'에는 약 30년간의 간극이 있고 그동안 일본과 동아시아는 각각 '전후가 아닌 전후 시대'를 살았던 것이 됩니다. 국내적으로 본다면 이 30년간, 즉 1945년에서 70년대 중반까지는 일본이 부흥기에서 고도경제성장기로 비약해 가는 '휘황찬란한' 시대였습니다. 물론 30년간은 똑같이 흘러간 것이 아니라 절반에 해당되는 1960년 전후로 해서 전기와 후기로 나눌 수 있습니다. 전기는 '점령에서 포스트 점령으로'의 흐름으로서 군사·정치적인 지배자로서의 아메리카가 싫든 좋든 강렬하게 의식되고 있던 시대였습니다. 그 점에서 일본과 다른 동아시아 여러 국가 사이에는 아직 공통점이 있었다고도 할 수 있습니다. 그러나 후기인 60년대 이후는 문자 그대로 일본이 고도경제성장으로 치닫는 시대였으므로 동아시아 제국과의 역사적 경험의 공통성은 보이지 않게 됩니다. 그리고 그러한 일본의 '전후', 동아시아의 '준전시'가 끝나는 것이 70년대 중반부터입니다.

70년대 말 이후 동아시아는 본격적인 '전후' 시대로, 일본의 경험에서 말하자면 '포스트 전후 시대'로 들어갑니다. 한국과 대만에서는 80년대를 통하여 민주화 투쟁이 전개되었고, 90년대가 되면 중국에 시장경제가 침투하여 동아시아는 무엇보다도 경제적으로 다시 한 번 깊게 연결되기 시작합니다. 일본은 80년대에 버블경제로 들끓은 다음

장기적인 정체기에 들어갑니다만 동시대의 다른 동아시아의 제국은 성장을 거듭하여, 사반세기 정도 빨리 '풍요로운 사회'를 실현하고 있던 일본과의 차이는 점점 적어지게 됩니다. 현재에는 동아시아 여러 나라들로부터 젊은이들이 일거리를 찾아서 일본에 유입될 뿐만 아니라 일본에서 홍콩이나 대만, 동남아시아로 젊은이들이 일거리를 찾아서 나가게도 되었습니다. 전후 일본과 포스트전후사회 일본에서는 국내적으로 보면 전자의 '발전'과 후자의 '정체(停滯)'가 대조되지만, 국제적으로 보면 전자의 '단독성'에 비해 후자에서는 다른 아시아 제국과의 '공통성'이 확대되고 있는 것을 의식할 수 있습니다.

따라서 21세기의 일본과 아시아의 가능성은 70년대까지의 전후 일본이 아메리카의 우산 아래서 향유해 온 '단독성'으로서가 아니라, 일본이 정체기에 들어가는 90년대 이후 동아시아로 확대되어 가는 '공통성'에서야말로 얻어지는 것은 아닐까요. 90년대 이후 동아시아의 공통화=통합화는 우선 '경제'와 '문화'라는 두 개의 영역에서 현저하게 진전되었습니다. 경제 면에서는 일본과 중국의 무역액은 2004년에 22조 엔에 달하여 일본과 미국의 무역액을 능가합니다. 여기에 일본과 한국, 대만, 동남아시아 제국의 무역액을 덧붙여 생각하면 2000년대 후반에 동아시아권 내에서의 경제 관계의 중요성은 일미 경제를 이미 상회하고 있다고 하겠습니다. 한편으로 문화에 대해서 말하자면 90년대에는 일본의 트렌디 드라마나 J팝 음악이 아시아에서 유행했습니다만 이윽고 이것이 한류붐으로 확대되어 대도시의 신중간층을 기반으로 대중 소비 문화의 공통성이 증식되어 갑니다. 한류스타와 쟈니즈 아이돌에 대한 열광은 동아시아의 도시부에서 거의 공통적인 소비 감각이 이미 확대되고 있는 것을 나타내고 있습니다.

　　그런데 우리들은 본장의 모두에서 사회의 구조적인 변동을 시스템의 전개와 리얼리티의 존립이라는 두 가지 차원에서 파악할 필요가 있다는 것을 확인했습니다. 시스템의 전개는 우선 경제의 변화와 깊은 관계가 있습니다. 리얼리티의 존립은 먼저 문화의 형식에 의해 표상됩니다. 그러니까 90년대 이후 경제적, 문화적으로 일본과 다른 동아시아 지역의 연결이 한층 더 강화되었던 것은 시스템과 리얼리티의 양면에서 일본 사회 속에 아시아시프트가 일어나고 있다는 것을 시사하고 있습니다. 물론 현재에도 군사, 정치, 경제, 문화의 모든 면에서 아메리카는 일본 사회의 동향을 좌우하는 최대의 인자로서 계속 작용하고 있습니다. 따라서 앞으로도 당분간 일본은 아메리카와 아시아의 사이에서 그 포지션을 섬세하게 조정해 나가게 되겠지요. 그러나 일본 사회의 아시아시프트는 이미 문화와 경제라는 사람들의 생활에 깊이 관련된 분야에서 확실하게 진행되고 있는 것입니다. 21세기 일본은 20세기의 일본보다도 아메리카와의 사이에 서서히 거리를 두고 아시아에 가까이 가는 방향(탈미입아〔脫美入亞〕)으로 나아가겠지요. 그것이 불가능하면 아시아 속에서 일본은 고립하고 미래에 대한 전망을 잃어버릴 것입니다.

　　21세기 중엽까지 일본과 중국, 한국, 동남아시아 제국 사이의 문화적, 경제적 장벽이 점점 낮아지게 되었을 때 그 새로운 문화경제권에서 어떠한 역사의 미래가 생겨날까요. 그때까지 동아시아에도 EU와 유사한 '공동체'를 구축해 가는 것은 가능할까요. 만약 역사가 그러한 방향으로 나아간다면 일본은 이른바 EU 속의 영국과 유사한 위치를 점하게 될지도 모릅니다. 그러나 물론 동아시아에서 북한 문제를 고려하는 것은 유럽에서 동유럽 문제를 생각하는 것과는 사정이 다릅니다. 무엇보다도 일본과 한국에는 지금도 방대한 미군이 주류하면서 광대한 면적을 기지로 계속 사용하고 있습니다. 이 현상은 오키나와에서 압도적이며 오키나와의 미군기지 문제는 북한 문제가 어떤 식으로든 해결된 다음에 동아시아에서 최대의 문제 중에 하나가 될 가능성이 있습니다. 오키나와 문제가 세계사적으로도 그만큼 중대한 문제라는 것에 많은 본토의 일본인은 아메리카인과 마찬가지로 전혀 자각을 못하고 있습니다.

그러한 가운데 21세기의 동아시아사의 구상에 있어서 근현대의 일본사 연구가 배양해 온 지식(知)은 어떠한 공헌을 할 수가 있을까요. 저는 여차하면 중국 대륙이 중심이 되기 쉬운 아시아의 역사상을 오히려 일본 열도와 한반도에서 류큐 제도, 대만을 거쳐 필리핀과 인도네시아 제도, 말레이 반도에 이르는 장대한 반도·도서 지대의 시각에서 상대화시켜 가는 역할이 있다는 생각을 합니다. 이 긴 연안 지역은 근대에는 군사 국가 일본에 의해 가장 극렬한 침략을 받은 지역이며, 전후에는 아메리카의 군사적 패권이 가장 강력하게 작용했던 지역입니다. 아시아·태평양전쟁의 격전과 한국전쟁, 베트남전쟁은 모두 다 이 연안 지대에서 일어난 것입니다. 그러나 역사를 좀 더 거슬러 올라가면 이 지역은 해상 교통으로 서로 연결되어 무수한 상인들과 학자, 도래인, 해적 등의 교류로 번영하였던 곳입니다. 실제 일본 열도와 필리핀 제도에는 각각 약 7천, 인도네시아 제도에는 약 1만 7천의 섬들이 있다고 하니까 태평양의 섬들까지 포함하면 이 일대에는 적어도 5만이 넘는 섬들이 산재하고 있습니다. 섬은 각각이 소우주를 이루고 있는 다양성의 보고(寶庫)입니다. 그러한 무수한 섬과 반도가 연결되면서 영위되어 온 역사, 그리고 그 역사를 스스로 억압했던 근대 일본과 그 뒤를 이은 아메리카의 군사적 패권. 21세기의 동아시아에서 일본 열도의 역사를 내셔널 히스토리의 주술에서 해방시키면서 또 지금까지 연구의 지견(知見)을 풍요하게 활용할 가능성은 오히려 커지고 있다고 생각합니다.


## 추천도서 5권


① 노마 필드, 오오시마 가오리(大島かおり) 역, 『죽어가는 천황의 나라에서(天皇の逝く国で)』(미스즈서점[みすず書房], 1994년. 한국어 번역서는 박이엽 역, 창비, 1995년)

쇼와의 종언을 지켜보면서 오키나와 전국체전에서 일장기를 불태웠던 지바나 쇼이치(知花昌一), 자위관 합사 위헌소송을 제기한 나가타니 야스코(中谷康子), 천황의 전쟁 책임을 물었던 나가사키(長崎) 시장 모토지마 히토시(本島等) 등 3명에 대한 속내 깊은 인터뷰를 통해 전후 일본에 잠복하고 있는 심성을 부각시키고 있습니다. 천황의 죽음에 대한 반응에 대해서는 구리하라 아키라(栗原彬) 외 공편 『기록·천황의 죽음』(지쿠마서점[筑摩書房], 1992년)도 같이 읽어 보시기 바랍니다.


② 미야다이 신지(宮台真司)·이시하라 히데키(石原秀樹)·오오쓰카 아키코(大塚明子) 공저, 『서브컬처 신화의 해체(サブカルチャー神話解体)』(파르코출판, 1993년. 증보판 지쿠마문고, 2007년)

1980년대의 서브컬처를 만화, 포퓰러 음악, 섹슈얼리티라는 세

가지의 대상에 초점을 맞추면서 시스템론을 기초로 그 역사적인 전개를 해석해 본 책으로서, 출판 당시에는 서브컬처 연구의 새로운 가능성을 개척한 것으로 화제가 되었습니다. 사회학의 정량 분석과 문화사적인 자료를 어떻게 연결시켜 갈 것인가에 대한 시사가 풍부합니다.

③ 다지마 준코(田嶋淳子), 『세계 도시·도쿄의 아시아계 이주자(世界都市·東京のアジア 系移住者)』(가쿠몬샤〔学問社〕, 1998년)

1980년대 이후의 일본 도시의 변화에서 가장 중요한 경향의 하나는 글로벌화입니다. 본서는 저자의 장년의 사회학적 조사에 근거하여 도쿄의 이케부쿠로(池袋)와 신주쿠(新宿) 등의 지역에서 에스닉(ethnic) 네트워크나 독특한 문화 세계가 어떻게 확대되어 갔는가를 사실적으로 추출하고 있습니다. 동시기의 도쿄의 변화를 부감적으로 파악한 지적 가이드북으로서 요시미 순야(吉見俊哉)·와카바야시 미키오(若林幹夫)『도쿄스터디즈(東京スタディーズ)』(기노구니야서점〔紀伊國屋書店〕, 2005년)도 같이 읽어 보시기 바랍니다.

④ 오오사와 마사치(大澤真幸), 『허구의 시대의 끝에서(虚構の時代の果て)』(지쿠마신서, 1996년. 증보판, 지쿠마학예문고, 2009년)

1990년대 최대의 사회적 사건의 하나였던 옴진리교사건에 대해서 이 종교의 어떤 교의(教義)와 실천 체계가 현대의 젊은이들을 휩쓸리게 하고, 이윽고 안팎으로 살육을 행하게 했는가에 대해 치밀하게 해독하며 '허구의 시대' 의 심층부에 접근하고 있습니다.

⑤ 후나바시 하루토시(舩橋晴俊)·하세가와 코이치(長谷川公
一)·이이지마 노부코(飯島伸子), 『거대 지역 개발의 구상과 귀결(巨大
地域開発の構想と帰結)』(도쿄대학출판회, 1998년)

일본의 환경사회학을 대표하는 3명이 중심이 되어 1990년대 아
오모리 현(青森県) 록카쇼무라(六ヶ所村)를 중심으로 한 무쓰오가와
하라(むつ小川原) 개발 문제에 관한 공동 연구가 진행되어 그 성과로
서 나온 것이 이 책입니다. 공해, 도로와 신칸센(新幹線) 건설, 댐과 원
자력발전소 등 지역 개발과 공공 사업의 문제를 생각하는데, 록카쇼
무라의 문제에는 현대 일본 사회의 문제점이 집약적으로 나타나 있습
니다.

종장 왜 근현대 일본의 통사(通史)를
배우는 것인가?

—나리타 류이치(成田龍一)—

## 통사를 새로 쓴다는 것에는

이와나미 신서(岩波新書) 중에 계획된「일본 근현대사 시리즈」 (2006년부터 간행)는 본편이 9권으로 근대 일본의 시작으로서 19세기 후반에서 21세기 현재까지 다루고 있습니다. 거의 150년 정도의 기간이지만 근대 국가=국민 국가의 형성과 그 후의 전개가 나타난 시기였습니다. 보신(戊辰)전쟁과 세이난(西南)전쟁이 있고, 대외전쟁도 청일전쟁, 러일전쟁에서 중일전쟁, 아시아·태평양전쟁 등 여러 전쟁을 경험하고 패전에 이르게 되었습니다. '전후'도 또 점령 후에 경제성장에서 그 종언까지 실로 다양한 사건이 있었던 시기입니다.

여기서는 '왜 근현대 일본의 통사를 배우는 것인가' 라는 물음에 대해 ① 왜 '일본 근현대' 역사를 배울 필요가 있는 것인가, ② 지금 '통사' 를 배우는 의미는 어디에 있는가 하는 두 가지 각도에서 접근해 가기로 하겠습니다.

먼저 보조선을 그어 두겠습니다. 이와나미 신서에서는 지금까지 '일본 근현대사'의 '통사'로서 두 종류의 책이 많이 읽혀 왔습니다. 이노우에 기요시(井上淸)의 『일본의 역사』(상·중·하, 1963~1966년)와 도오야마 시게키(遠山茂樹)·이마이 세이이치(今井淸一)·후지와라 아키라(藤原彰) 공저의 『쇼와사(昭和史)』(초판 1955년, 신판 1959년)입니다. 이 두 책은 1950년대 후반에서 1960년대 전반에 걸쳐 나왔는데 '전후역사학'의 대표적인 '통사'라고 할 수 있지요. '전후'에 역사학이 (당시까지의 황국사관과는 다른) 새로운 출발을 하게 되는데 그 전후역사학의 문제의식과 성과를 충분히 반영한 저작입니다.

『쇼와사(昭和史)』는 1955년 단계에서 '쇼와(昭和)'의 통사를 서술한 것으로서 서클과 독서회의 텍스트로서 널리 읽혀짐과 동시에 동시대사의 서술 방식, 역사의 서술 방식을 둘러싸고 논의가 일어나기도 했습니다. 전쟁의 추진자와 저항자들만이 묘사되어 그 중간층으로서의 '국민'이 없다거나 사람들의 고통이 그려지고 있지 않다는 비판이 나왔던 것입니다. 『쇼와사』의 인식과 서술에 대해 역사 연구자에 그치지 않고 문학자와 평론가가 참여한 '쇼와사 논쟁'이 일어났습니다. 현재는 그 논쟁을 기반으로 다시 쓴 『쇼와사 신판』이 간행되었습니다.

한편으로 『일본의 역사』는 한 사람의 저자가 「원시 시대부터 현대까지」를 서술하고 있는데 근현대사의 서술에 비중을 두고 있는 점에 특징이 있습니다. 상권은 「원시 일본」에서 「쇄국과 봉건제」까지, 중권은 「농민(百姓), 상·공인(조닌〔町人〕) 세력의 상승」에서 「메이지 유신」을 거쳐 「천황제의 완성」, 그리고 하권에서는 「초기 의회와 정당」에서 「제2차 세계대전 후의 일본과 세계」를 기술합니다. 전체 38

장 중에 제21장 「개국」, 제22장 「도막(倒幕)」 이후가 근현대의 역사에 해당되는 것이었습니다. 약 절반이 근현대사인 통사의 형식이 됩니다.

그 후 일본 근현대사의 영역에서는 1960년경부터 '민중사 연구'가 왕성해져서 '민중'을 주체로 하는 역사상이 심화되었습니다. 이와나미 신서로는 이러한 민중사 연구에 의한 통사는 찾기가 어렵습니다만 니시오카 토라노스케(西岡虎之助)·가노 마사나오(鹿野政直)의『일본근대사』(지쿠마서점, 1971년)와 가노 마사나오(鹿野政直)의『근대의 일본』(「주니어판 일본의 역사」 중의 한 권, 쇼가쿠칸〔小学館〕, 1978년) 등이 이러한 입장을 지닌 통사로서 나온 것입니다.『일본 민중의 역사』(전 11권, 산세이도〔三省堂〕, 1974~1976년)는 실제로는 민중운동의 역사를 다루고 있는데 이것 역시 민중사 연구에 입각하는 통사를 시도한 것이라고 할 수 있겠지요.

이것은 역사학의 관심이 옮겨가는 것에 의해 새로운 통사가 나타났다는 것을 의미합니다. '전후역사학'에서 '민중사 연구'로 역사학 연구가 이행해 갔으며 거기에 맞는 새로운 통사가 제공되었던 것입니다.

역사학의 세계에서는 나아가 1990년경부터 새로운 동향이 나타나게 됩니다. 일단 '현대역사학'이라고 호칭해 두지요. 이번『일본 근현대사 시리즈』는 그러한 새로운 동향―현대역사학에 의한 통사의 시도라는 것입니다. '전후'라는 조준선에서 본다면 세 번째로 새로 쓰는 통사가 될 것입니다.

## 전후역사학과 민중사 연구—문제 제기와 회답

그런데 이렇게 보조선을 긋고 나서 그 다음의 두 가지 물음에 대해 답을 해봅시다. ①의 문제는 역사학 안에서 반복되어 제기되어 왔습니다. 왜 역사를 배우는가, 왜 일본사를 배우는가……라는. 여기서는 일본 근대사에 한정하고 싶습니다만 왜 일본 근현대사를 배울 필요가 있는 것일까요.

역사학은 문제 제기와 회답을 함께 제시하는 것입니다. 문제 제기와 회답이 세트가 되어 제출하는 것으로 역사학의 영위가 이루어지고 그 회답은 반드시 역사상=역사 서술로서 제시됩니다. 통사의 시도는 이러한 문제 제기와 회답의 영위에 다름이 아닙니다.

또 이미 역사학의 동향을 봐온 독자 여러분은 '왜 일본 역사 근현대사를 배우는가' 라는 문제에 대한 회답으로서 전후역사학의 통사가 있고 민중사 연구에서의 통사가 뒤를 이었으며 나아가 현대역사학에서의 회답이 덧붙여지는 것에 납득이 되리라고 생각합니다. 각각의 영위는 시대 배경을 갖고 있음과 동시에 각각의 역사학의 모습을 나타내는 것이기도 합니다. 각각의 역사학의 과제와 겹쳐지면서 일본 근현대사를 배우는 의미가 이야기되고 통사가 서술되고 있습니다.

전후역사학의 문제 제기는 앞에서 말한 『쇼와사』의 '서문' 에 분명히 쓰어 있습니다.

이 책은 학계에서의 연구 성과 위에 서서 우리들이 체험했던 국민 생활의 발자취를 정치·외교·경제의 움직임과 관련시켜 파악하려고 한 것이다. 먼저 집필자가 관심을 쏟았던 것은 왜 우리들 국민이 전쟁에 휩쓸려 들어가 떠내려 가버렸는가, 왜 국민의 힘으로 그것을 막을 수 없었던

가, 라는 점에 있다. 일찍이 국민의 힘이 패배하지 않을 수 없었던 조건, 그것이 현재와 얼마나 달랐던 것인가를 분명히 하는 것은 평화와 민주주의를 지향하는 노력에 진정한 방향과 자신감을 부여하는 일이 될 것이다.

전후역사학이 일본 근현대사의 통사를 제공하는 목적은 전쟁의 원인과 과정을 분명히 하는 것, 그리고 전쟁을 저지할 수 없었던 요인을 찾는 것이었습니다. 1945년의 패전에 무거운 의미를 요구하는 전후역사학이 아시아·태평양전쟁의 경험을 고찰의 중심에 두는 것은 당연한 것이었습니다. 또 한국전쟁과 냉전체제에 의해 또 다른 무력충돌에 대한 경계심이 있었고 '평화와 민주주의' 에 대한 추구가 전후역사학에 있어서 중요한 과제가 되었습니다.

이에 비해 민중사 연구의 문제 제기와 회답은 가노 마사나오에 의해 다음과 같이 기술되고 있습니다(『일본근대사』, 「공저자 중 한 사람의 후기」).

이른바 역사에서 표면상의 사건, 즉 정치적 제사건 등은 추상적으로 (서술하고) 지금까지 역사의 뒤편으로 쫓겨나면서 그러나 실제로는 역사를 지탱해 온 민중의 행동은 구체적으로 (서술한다) 라는 점에 주의하면서 사람들의 생활과 심정의 역사를 쓰려고 노력했다. 표현이 나쁠 수도 있지만 의식적으로 '여자들' 을 주체로 한 역사를 쓰려고 노력했다고 할 수 있을지도 모르겠다.

가노는 이와 같이 말하고 나아가 '역사의 각각의 국면에 (직접) 참가하는 마음으로' 기술하였다고 하면서 그 ' '생동감(臨場感)' 을 살리기 위해서 기록들을 많이 사용' 하였으며 자서전이나 회상기를 다

수 사용한 서술로 되어 있습니다. 스스로를 '한 사람의 약한 인간'이라고 하며 '다양한 어리석음을 서로 짊어지고 있는 인간'이라고도 언급하면서 그 입장에서 '역사의 각각의 국면에 (직접) 참가'하고 있다는 인식에서 통사를 서술한 것입니다.

　전후역사학이 '공(公)'의 입장을 강하게 표출한 것에 비해 가노는 '사(私)'의 관점을 주장합니다. 이 점은 자서전이나 회상기를 다수 이용하는 것과도 연동하고 있습니다. 가노는 이어서 다음과 같이 말합니다.

　　역사적 '사실(事實)'로서 그것은 혹은 부정확한 경우가 적지 않을 지도 모른다. 그러나 그것이 사람들 각각의 '노래(詩)와 진실'을 말하고 있다고, 내가 판단하는 한에, 오히려 그것이야말로 진실한 역사에 가깝다고 생각했다.

　　역사가로서 또 통사를 서술하는 입장으로서 절실한 발언입니다. 가노는 전후역사학의 통사를 전제로 하면서도 거기에서 탈락되거나 밀려나 버리는 존재에 주목하였던 것입니다. 전후역사학을 배우면서 그 '자기완결성'에 위화감을 느끼고 가노는 통사를 다시 고쳐 쓴 것입니다.

　가노는 나중에 (하는 쪽이 아니라) '당하는 쪽'의 입장과, (일반적인 시점이 아니라) 'ㅇㅇ에게 있어서'라는 시점으로 스스로의 자세를 정리하

고 있습니다(『'도리시마〔鳥島〕'는 들어가 있는가—역사 의식의 현재와 역사학』〔『「鳥島」は入っているか—歷史意識の現在と歷史学』〕, 1988년, 이와나미서점〔岩波書店〕).[49]

통사로서 서술될 때 지금까지 취급을 받지 못했던 대상에 눈을 돌려 거기에 입각하여 역사를 새롭게 파악하려고 하고 그것을 민중이란 시각에서 역사에 문제 제기를 하는 민중사 연구로 하였습니다.

역사가 지배자의 역사라는 사고방식은 전후역사학 속에서 일관되고 있습니다. 사람들의 역사를 서술하자는 시도가 다양하게 전개되어 왔습니다. 그때 전후역사학은 사람들의 운동—사회운동에 착안하였고 민중사 연구는 전설과 전승이라는 영역에도 주목하였습니다. 여기서는 '정사(正史)'에 대한 비판적인 모습이 있습니다. 국가에 의해 정당하다고 인지되고 기록되었던 역사에 대한 비판입니다. 이 점에서도 역사는 끝없이 새롭게 서술되지만 그러한 것에 의해 통사도 새로 서술되는 것입니다.

전후역사학과 민중사 연구의 문제 제기와 회답은 이상과 같이 제공되어 왔습니다. 각각의 상황과 직면하여 거기서부터 과제를 추출하고 나아가 각각의 입장에서 역사상으로서 묘사되어 왔습니다. 역사상을 제시하면서 〈지금〉을 분명히 하고 스스로의 과제를 제시한다는 모습을 보이고 있습니다.

전후역사학과 민중사 연구 사이에는 사람들('국민' '민중')에 대해

---

**49** 도리시마(鳥島)는 보통 오키노 도리시마(沖ノ鳥島)라고도 하는데 일본 영토 중 태평양 지역 최남단의 수상환초대의 섬을 말한다. 우리나라 이어도와 같은 것으로 일본 지도에서도 종종 생략되는 경우가 많다. 가노는 역사를 생각할 때 무시하기 쉬운 문제에도 관심을 가지자는 민중사적 입장을 표현한 제목이라고 할 수 있다. 전후역사학의 명저 중 하나이다.

접하는 방식이나 과제 제시의 방식에는 온도차가 나타나고 있습니다. 그러나 〈지금〉과의 긴장 관계를 가지면서 사람들에게 연동하여 그 사람들과 연결된 역사를 서술하려고 하고 있는 점에서는 공통성이 있다고 하겠지요.

역사학에서 중요한 것은 〈지금〉과 접하는 방식이 절실하고 그 핵심을 파악하고 있을 때 거기에서의 견해가 축적되어 가는 것입니다. 전후역사학에서 민중사 연구로 이행하면서 전자의 통사가 일소되는 일은 없습니다. 각각의 역사학의 문제의식에서 분명히 밝혀진 사건이 축적되고 공유되면서 그때의 상황 속에서 새로운 서술이 시도되는 것입니다.

이번 「일본 근현대사 시리즈」에서도 「메이지유신」─「자유민권운동」─「대일본제국헌법」─「청일·러일전쟁」─「다이쇼 데모크라시」─「만주사변·중일전쟁」─「아시아·태평양전쟁」─「점령과 강화」─「고도경제성장」─「포스트전후」라는 커다란 흐름은 전후역사학이 레일을 깔았던 것이며 민중사 연구도 공유하고 있는 것입니다.

### '현대역사학' 으로의 계승과 변화

이와 같이 통사를 파악하면서 21세기에 들어온 현재 일본 근현대사를 배우는 의미는 어디에 있을까요. 현대역사학에서는 이 과제는 어떻게 설정되어 있는 것일까요.

지금까지의 두 가지 논점을 계승함과 동시에 현대역사학이 새롭게 설정되었고 통사를 새로 쓰려고 시도했던 점들이 있습니다. 우선 계승하고 있는 점은 전후에 있어서 역사학 연구의 핵으로서 〈지금〉과의 긴장 관계입니다. 1990년 전후 이래 세계도 일본도 커다란 역사의 변화 속에 처해 있습니다. 현대역사학은 글로벌라이제이션이라고 불리는 이 새로운 변화에 대응하면서 통사를 서술하려고 하는 것입니다.

「일본 근현대사 시리즈」에서 1880년대를 대상으로 마키하라 노리오(牧原憲夫)의 『민권과 헌법』(제2권)에서는 "사람은 '경험'에서 배울 수 있다. 그리고 현재 우리들도 국민 국가와 경쟁 사회 속에서 '욕망환기(慾望喚起)'의 장치에 지배를 받으면서 살고 있다. 그렇다면 그 틀이 형성되는 시기를 살았던 사람들의 역사적 경험은 단순한 과거의 이야기도 아니고 남의 이야기도 아닐 것이다"라고 언급하였습니다.

또 사람들에 대한 시점도 계승하고 있습니다. 전후역사학은 사람들에 대한 시점을 일관되게 가지고 있고 그 점에서도 공통되고 있습니다. 사람들에게 〈지금〉의 역사적 위치를 설명하고 또 사람들의 의식에서 〈지금〉의 위치를 측정하는 작업을 하고 있는 것입니다.

1941년부터의 전쟁을 다룬 요시다 유타카(吉田裕) 『아시아·태평양전쟁』(제6권)은 "전쟁 책임 문제를 강하게 의식하면서 아시아·태평양전쟁의 시대를 나름대로 재구성해 보겠다"고 언급하면서, '사람들이 죽이고 죽음을 당하는 관계성 속에 던져지는 전장이라고 하는 살육의 현장에 대한 상상력' 등의 '전쟁과 전장의 현실에 대한 리얼한 상상력의 회복이라는 문제의식을 또 하나의 핵심'으로 하고 있습니다.

그러나 현대역사학에서는 전후역사학과 민중사 연구가 자명하게 해왔던 것과 그 전제에 대해 다시 문제제기를 하고 있다는 점을 간과해서는 안 됩니다.

현대역사학이 등장한 1990년대를 다룬 요시미 순야(吉見俊哉)

『포스트전후사회』(제9권)는 '본서의 시리즈의 주인공인 '일본' 이라는 역사적 주체가 이미 분열·붕괴되고 있는 것은 아닌가' 라며 일본 사회가 경제적, 문화적인 차원에서 경계를 넘어서 변용되고 있다는 것을 지적하고 있습니다. '분명한 것은 90년대 이후 '일본' 과 그 '국민' 은 문제제기의 전제가 아니라 오히려 문제제기의 대상이 되어 있는 것이다' 라고 요시미는 말하고 있습니다. 전후역사학과 민중사 연구가 전제로 삼고 추구해 왔던 '일본 사회' 의 시간·공간과 주체로서의 위치가 '스스로 무너져 가는 과정' 을 묘사하는 것이 됩니다.

이러한 역사 상황과 역사학을 배경으로 한 「일본 근현대사 시리즈」에서는 이미 '일본' 과 '일본인' 을 자명한 것으로 치부할 수는 없습니다. 막말·유신기의 시기에 '일본' 의 범위가 확정되지만 그때의 '일본' 과 대일본제국기와는 '일본' 이라는 선 긋기가 달라집니다. 처음부터 '일본인' 이 존재하고 있었던 것이 아니라 그 시기에 따라 '일본인' 으로 간주되는 사람들이 달랐고, 그 선 긋기의 역학이 가지는 역사성의 해명이야말로 역사학의 과제라고 현대역사학은 생각하는 것입니다.

복잡한 말이 되겠지만 '일본' 과 '일본인' 이 변해가는 것(推移)이 아니라 '일본' 과 '일본인' 이 어떻게 정의되어 왔던가, 그리고 그것을 둘러싸고 어떠한 일들이 일어났으며 논쟁과 억압, 배제와 규제가 행해져 왔던가를 고찰하는 것이 됩니다.

그것은 '우리들' 에 대한 새로운 문제제기이기도 합니다. '우리들' 이라고 할 때 지금까지는 가족―지역공동체―국가가 제시하는 공동성을 들어 '우리들' 이 자명한 것은 아니라는 것을 역사적인 과제로서 고찰하는 작업이 시작되었던 것입니다. 현대역사학은 여기서부터 통사를 다시 쓰려고 하는 것입니다.

## 통사란 무엇인가

지금까지 '통사' 란 용어를 정의하지 않고 사용해 왔습니다. 사실은 이것을 정의하는 것은 쉬운 일이 아닙니다. 그 하나의 사례가 되겠지만 통사는 번역하기가 어려운 말입니다. 영어권에서는 역사 서술은 전부 통사로서 제공하고 있지만 우선은 완만하게 통시적으로 서술되어 있는 것, 그리고 정치사 등과 같이 하나의 영역을 한정하지 않고 사회와 문화를 포함한 많은 영역을 서술하려는 것이라고 해 두지요.

비근한 예로는 교과서가 통사의 전형적인 틀을 보여주고 있습니다. 교과서에서는 원시 고대에서 중세, 근세를 거쳐 근현대 시기까지 시간적인 순서에 따라 정치에 그치지 않고 가능한 많은 영역에 주목하면서 정리된 역사상을 제공하고 있습니다. 정치의 변화를 축으로 하면서 경제와 사회 또는 문화의 동향에도 눈을 돌려 종합적으로 역사를 서술하려고 합니다. 보통은 교과서를 염두에 두고 통사라고 하는 용어를 사용하는 것이 일반적입니다.

지방자치체가 편찬하는 지역사(자치체 역사)도 역시 통사로서 기술됩니다. 행정 제도를 중심에 두고 그 지역의 정치·경제 그리고 문화의 동향이 언급됩니다. 종종 '중앙' 의 역사를 모델로 삼아 그 사건이 지역에서 어떻게 전개되었는가, 라는 형태를 취하기도 하지만 통시적이며 총체적인 역사 서술이 시도되고 있습니다.

또 전문적인 것으로는 역사 강좌 종류도 통사가 제공되는 장소입니다. 대표적인 역사 강좌인 『이와나미 강좌 일본 역사』와 역사학연구회, 일본사연구회가 편집한 『일본사강좌』(도쿄대학출판회)는 종종 논문집의 체제를 취하고는 있지만 총체적으로는 역사를 통시적으로 밝히려고 하는 것입니다.

앞에서 언급한 이노우에 기요시 『일본의 역사』 서문에서는 그 목적으로 4가지를 들고 있습니다. 첫째는 '원시의 야만에서 현대의 문명에 이르는 일본 역사'를 '창조 발전시켜 온 원동력'을 밝히고(세계와의 관련과 지리적 조건 등) '작용하였던 제 조건'을 구체적으로 추구하는 것. 두 번째는 일본 역사의 각각의 '발전 단계'를 확인하고 '각각의 시대상'과 '전체로서의 역사의 커다란 흐름'을 '한눈에 볼 수 있도록 정리하는 것'. 그리고 세 번째는 '인류사적인 일반성'과 일본 역사로서의 '특수구체성'을 '통일적'으로 파악하는 것.

이러한 것에 의해 네 번째로서 이노우에는 '우리들의 역사의 경제, 정치, 문화 그 외 모든 측면을 종합·통일하여 설명하고 역사적 현대를 정확하게 이해함과 동시에 우리들의 미래에 관해 과학적인 근거가 있는 비전을 만들어 내는 것에 도움이 될 것'이라고 말합니다.

여기에 통사의 목적과 서술, 더 정확하게 말하자면 전후역사학이 지향하는 통사의 형태가 묘사되고 있지요. 우선은 시간적으로는 '원시'에서 일관된 시간의 흐름으로서의 '일본 역사'를 설정합니다. 또 그것을 발전 단계에 의해 시기 구분을 한 다음에 보편성과 특수성이란 관점을 포함시키면서 통일하고, 정치·경제·문화의 영역을 대상으로 하는 것입니다. 이노우에는 공간적인 범위를 명시하고 있지 않지만 『일본의 역사』에서는 일본 열도가 중심이 되고 있습니다.

이노우에의 통사의 사고방식은 현재에는 수정이 필요합니다. 그러나 통사를 정의하고 고찰할 때의 출발점과 논점을 잘 보여주고 있다고 하겠지요.


## 입구로서의 통사

이러한 통사의 사고방식과 더불어 처음에 말한 ②의 문제에 대해 생각해 봅시다. 지금 일본 근현대사를 통사로서 배우는 것이 갖는 의미는 어디에 있을까요.

전후역사학을 주도해 온 역사가 나가하라 케이지(永原慶二)는 「'통사'의 역할」(〈역사평론〉 제554호, 1996년)이란 논문에서 개별연구와의 관계에서 통사를 논하고 있습니다. 즉 통사는 '개별적으로 해명되어 온 사상(事象)'을 '전후모순 없이 자리매김하는' 것이며 그러한 '시험의 장'으로서 의미를 가진다고 합니다. 역사가들에게 개별연구의 '성과의 적합·부적합'이나 '의미 부여'의 '실험적 검증의 장'으로서 통사를 파악하는 것입니다.

통사란 역사가의 작업 성과가 시험을 받는 '장'이라는 나가하라의 견해는, 독자들에게는 통사가 역사 서술의 종합적이며 집약된 형태로 제공되고 있다는 것이 됩니다. 나가하라는 역사를 서술하는 측에서 말하기 때문에 통사가 그 출구라고 말하고 있지만 역사를 공부하는 사람에게는 통사는 입구가 될 것이라고 저는 생각합니다. 그리고 그것이야말로 지금 통사를 배우는 것에 의미가 있다고 생각합니다.

역사학 연구는 개개의 역사가에 의해 각각의 문제의식, 방법, 인식과 서술을 구사하여 진행됩니다. 그 작업이 개별연구이며 그 집적이 통사로서의 일본 근현대 사상(事象)을 만들어 갑니다. 독자는 그러한 통사를 길라잡이로 삼아 역사 사상에 들어가는 다양한 입구를 발견할 수 있는 것입니다. 개별의 사상, 즉 이토 히로부미와 기타무라 토오고쿠(北村透谷), 혹은 지치부사건(秩父事件)과 '한국병합', 아시아·태평양전쟁과 한국전쟁 등등 개개의 사항에서 역사에 접근해 갈 수 있는 것과 더불어, 동시에 통사에서 들어갈 때에는 역사가들이 발견하고 의미 부여를 한 역사 사상이 거기에 서술되어 있고 많은 사건들이 제시되어 있다는 것을 알 수 있겠지요. 독자 측에서는 통사에 제시된 다양한 사건의 연쇄를 일본 근현대사에 접근해 가는 유력한 길잡이로 삼는 것이 가능합니다.

물론 그때는 (전후역사학, 민중사 연구, 현대역사학이라는) 역사가들이 갖는 폭이 있지만 합해서 통사가 서술되는 그릇(器)이 갖는 조건도 역시 간과할 수 없습니다. 예를 들어 교과서라는 그릇에서 서술되는 통사는 역사 교육 안에서 사용되는 것을 전제로 하고 있고, 지역사에서는 지역 주민을 위한 통사로 되어 있습니다. 여기서는 '국민' '지역주민'이 요구하는 역사 사상에 관한 입구가 준비되는 것이 됩니다.

그 점에서 '신서'라는 그릇에 관해서도 설명해 둘 필요가 있겠지요. 신서의 통사로는 신일본신서판 『일본역사』(상, 중, 하, 1965~1968년. 개정판 1978년. 가토 분조〔加藤文三〕, 사토 노부오〔佐藤伸雄〕, 니시무라 히로코〔西村汎子〕, 야시로 가즈야〔矢代和也〕, 혼다 코오에이〔本田公栄〕, 요네다 사요코〔米田佐代子〕), 고단샤현대신서판 『신서일본사』(전 8권, 1976년. 근대사 부분은 하라다 토모히코〔原田伴彦〕, 『개혁과 유신』, 아스카이 마사미치〔飛鳥井雅道〕, 『근대의 조류』, 이노우에 기요시〔井上清〕, 『쇼와의 50년』) 등이 있습니다. 또 이와나미(岩波) 신서로는 앞에서 언급한 대로 『일본의 역사』와 『쇼와사』가 간행되어 있습니다.

　　신서라고 하는 그릇에 대해서는 두 가지를 지적할 수 있습니다. 먼저 신서는 무엇보다도 시세와 관련성이 긴밀하다는 것입니다. 세계 속의 일본, 일본 속의 세계가 당연시되고 '일본' 도 '세계' 도 정의되지 않고는 논할 수 없는 상황 속에서 신서라는 그릇은 연이어서 일어나는 현상에 주목하면서 논의를 제공하고 있습니다. 더구나 두 번째로는 대중문화가 커다란 영향력을 가지고 대부분의 저작을 읽을 시간도 소장할 공간도 한도가 있는 가운데 기동력을 발휘할 수 있는 것이 신서입니다.

　　이러한 가운데 신서를 그릇으로 삼는 통사에게 요구되는 것은 다시 정의된 '우리들' 에 대한 공통 이해이며 국민화 속에서의 해석이 아닌 새로운 역사의 해석에 다름이 아닙니다. 교과서와의 관련에서 말하자면 교과서에서 한걸음 더 나아가 읽는 통사라는 것이 됩니다. 특히 역사수정주의가 커다란 문맥을 무시하고 개개의 사건을 해석하거나 거꾸로 개개의 사건을 무시하고 커다란 문맥을 훼손하는 것을 엄정하게 제어할 필요가 있을 때 신서 통사는 효력을 발휘합니다.

　　원래 신서라는 그릇은 원고 매수가 제한되어 있다는 면이 있습니다. 단행본이라면 기본적인 것과 거기에서 파생되는 에피소드를 언급할 수 있는 여유도 있지만 신서에서는 기본적인 것만 서술해도 지면이 부족할 지경입니다. 따라서 무엇이 요구되는가 하는 기본적인 문제제기가 신서에서는 필요합니다.

　　신서를 주어로 삼아 말하자면 신서라는 그릇은 새로운 역사 인식과 서술을 담아야 하는 것인데, 우선은 공유된 인식을 출발점으로 하여 거기에서 〈지금〉과의 관계로부터 이륙을 하는 것이 신서에 의한 통사라는 것이 됩니다. 「일본 근현대사 시리즈」의 각 권의 표제가 이미 자주 보던 것이고 시기 구분도 기존의 통사와 크게 다르지 않은 것은 이러한 이유에서 비롯됩니다.

## 변화하는 통사 – '국민국가화'에 대한 문제제기

지금까지 언급한 대로 통사는 새로 서술되고 변화해 가고 있습니다. 통사라고 할 때 '통'의 내용이 변화하고 있다는 것이겠지요.

이노우에 기요시가 『일본의 역사』의 근현대 부분에서 '통'으로 삼고 있는 것은 18~19세기의 '대변혁'에 의해 형성된 '일본 민족'('일본인')이며 '일본 국민'이었습니다. 일본은 이 대변혁 이후 '자본주의와 근대 문화'를 발전시켰지만 '전제천황제와 국수주의'가 '승리'하여 제국주의 국가로서 동아시아 제국을 '침략'하고, 제2차 세계대전에서 패배하기에 이르렀다고 합니다. 패전을 전기로 삼는 '대변혁기'는 '노동자 계급을 주력으로 하는 민중'이 '독립·민주·평화의 일본을 건설할 것인가의 기로에 서 있다'고 했습니다.

이러한 이노우에의 말을 빌리면 민중사 연구는 '민중'이라는 '국민'이 통시적으로 다루어지고 있습니다. 니시오카·가노 『일본근대사』는 '영주 지배로부터의 해방'에서 '자본의 지배' 하에 '민중'이 위치하는 것과 동시에 그들이 자본주의에 '의구심'을 가지는 것을 지적하고 또 '전쟁 속의 방황과 영위'를 큰 틀로 제시하고 나서 거기에 '민중'의 경험을 서술합니다. 『일본근대사』에 등장하는 고유명사—개성으로서 묘사되는 '민중'은 (정치가나 화족도 포함된) 권말의 인명색인에서 볼 때 680명이 넘습니다. 「일본 근현대사 시리즈」의 권말색인에 등장하는 인명은 (권에 따라 차이가 있지만) 100명 정도니까 얼마나 많은 인물─ '민중' 이 『일본근대사』에 등장하고 있는지를 알 수 있겠지요. 사람들의 구체적인 행동과 영위가 통사로서 제공되고 있는 것입니다.

전후역사학과 민중사 연구의 '통' 은 국민화였습니다. 거기에는 국가와 자본주의에 의한 '국민' 형성을 보여주었습니다. '국가' 가 인정하는 행위와 국가적인 가치에 대한 비판을 행하고 '국가' 의 역사에 대해 '국민' 에 입각한 바람직한 역사상을 탐구하였던 것입니다.

그러나 1990년경부터 국가와 국민의 상관 관계에 주목하여 국민을 축으로 하는 역사상에 대한 비판이 제기되었습니다. 국민화를 '통' 으로 하는 역사 인식과 서술이 의심을 받게 된 것입니다. 이것은 '국민 국가' 에 대한 비판이기도 하고 역사학과 국민 국가와의 관계를 문제시하는 것이기도 합니다. 내셔널 히스토리 비판입니다.

이노우에 갓쇼(井上勝生) 『막말·유신』(제1권)이 보고자 한 것은 막말·유신기의 역사상이 '양이' 로 비등하였고 그 중심에 천황이 있다는 '이야기' 에 대한 비판이었습니다. '그 이야기는 근대 일본이 만들어 낸 새로운 천황제 근대 국가의 국가 창조 '신화' 에 다름 아니었다' 고 하는 것입니다.

이노우에는 메이지 국가라는 표현으로 고찰되어 왔던 일본의 국가 형성의 특수성이 아니라 국민 국가로서의 보편성에 주목하였고 나아가 그 국민 국가화를 비판적으로 고찰하려는 것입니다. 이러한 문명화=국민화 비판의 관점이 19세기 일본을 대상으로 하는 역사상에서 정착되고 있다고 할 수 있겠지요.

## 새로운 '통'을 찾아서

이 말을 다른 말로 하면 21세기의 현재는 국민화를 대신할 '통'이 설정되어야 한다는 것입니다. 이 「일본 근현대사 시리즈」에서는 '통'으로서 '군대' '가족' '식민지'라는 다른 차원의 '통'을 설정하였습니다. 이것은 가토 요코(加藤陽子)『만주사변에서 중일전쟁으로』(제5권)의 「후기」에서 밝혀 놓고 있는 바와 같습니다. 가토는 시리즈의 신간 안내를 참조하면서 '포인트는 가족, 군대, 식민지라는 세 가지'라고 밝혔습니다. 이와 같이 위의 세 가지를 '주어로 삼아 이 시대를 묘사하는' 것이 「일본 근현대사 시리즈」의 목표가 되었습니다.

「일본 근현대사 시리즈」에서 '군대' '가족' '식민지'를 '통'으로 한 것은 〈지금〉 이 세 가지가 각각 문제가 되고 해결이 요구되고 있다는 것이 출발점에 있습니다. '군대' '가족' '식민지'는 근대가 만들어 낸 것임과 동시에 각각 현대 사회를 심층부에서 규정하고 있습니다. 또 이것을 통하여 19세기 후반에서 20세기를 거쳐 지금에 이르는 역사를 볼 때 '일본'의 역사성과 〈지금〉의 과제가 분명해질 것이라고 생각했던 것입니다.

물론 지금까지의 역사학이 '군대' '가족' '식민지'를 다루고 있지 않은 것은 아닙니다. 그런 것이 아니라 지금까지 국민화의 관점에서 고찰해 온 '군대' '가족' '식민지'를 그로부터 해방시키면서 '통'의 거점으로 삼을 것을 꾀하였습니다.

다시 한 번 이 세 가지를 생각하면 '군대' '가족' '식민지'가 각각이 아니라 제국과 식민지와 관련되어 삼위일체가 되어 새로운 과제를 제기하고 있다는 점에도 생각이 미치게 됩니다. 이 세 가지를 '통'으로 하는 것은 제국으로서의 일본을 분명히 하자는 문제의식임과 동시에 글로벌라이제이션 속에서 '일본' 을 생각한다는 것이 됩니다.

이러한 관점에서 제국 형성기를 다룬 하라다 게이이치(原田敬一) 『청일·러일전쟁』(제3권)은 '1945년의 패전이라는 이른바 '외압' 에 의해 대만과 조선을 반환하게 된 근대 일본은 안이하게 '식민지 문제' 를 '해결' 했다는 역사적 경위를 반복해서 생각해 내지 않으면 안 된다' 고 합니다.

또 나리타 류이치(成田龍一) 『다이쇼(大正) 데모크라시』(제4권) 역시 '본서의 의도는 제국하에서의 사회의 현상을 묘사하는 것이며 20세기 초엽의 데모크라시의 역사적인 성격을 제국주의—내셔널리즘—식민지주의—모더니즘과의 관련성에서 고찰하는 것이 된다' 고 하였습니다. 제국이라는 인식이 과거와 〈지금〉을 근저에서 상통하게 하고 있으며 역사와 현재를 서로 왕복하고 있습니다.

〈지금〉을 문제제기 하는 것, 그것을 역사적인 사정(射程) 에서 생각하는 것을 목적으로 한 「일본 근현대사 시리즈」의 시도는 다른 각도에서 보면 '전후' 를 다시 한 번 〈지금〉의 시점에서 되묻고 재구성하는 시도도 되겠지요.

아메미야 쇼이치(雨宮昭一) 『점령과 개혁(제7권)』은 '지금까지의 연구에서는 점령과 개혁에 긍정적이건 부정적이건 피점령국의 하층의 사람들까지도 지지하는 성공한 점령으로서 이야기되고 있는' 것에 대해 '점령과 개혁의 시대에 관해서 그러한 표현 방식이 정말 좋은 것인가' 라고 문제제기를 하였습니다.

또 다케다 하루히토(武田晴人) 『고도성장』(제8권) 역시 '고도경제 성장이라는 개념이 시대의 산물에 불과하다는 주장이 본서의 저류에 있다'고 말합니다. 다케다는 이 입장에서 ''경제성장의 신화'가 일본 사람들 속에 깊숙이 침투해 갔던 시대'를 재구성하여 통사로서 언급하였습니다.

말하자면 전후역사학은 일본 근현대의 역사상을 제공하면서 전후사 속의 〈지금〉을 비판적으로 추구하였습니다만, 현대역사학은 전후사의 변동기 가운데 〈지금〉을 추구하고 있다는 것이 됩니다. 이때 전후역사학과 민중사 연구가 역사 인식을 전면에 내세우고 있었던 것에 비해 현대역사학에서는 함께 역사를 서술하는 것의 의미에 관심을 기울여 역사의 서술, 역사를 이야기하는 방식에 민감합니다. 사람들을 역사의 주체로 하고 사람들이 역사의 국면에 참가하는 것에 착안함과 동시에 그것이 기록되는 것에 대한 의미를 묻고 있습니다. 전후역사학이나 민중사 연구가 사람들을 '국민'이나 '민중'으로서 파악했을 때 '국민'과 '민중'의 의미를 묻고 통사의 의미를 묻는 자세를 보이고 있습니다.

전후역사학에 의해 커다란 흐름이 그려지고 민중사 연구에 의해 각각의 '(입장에) 있어서'의 역사가 기술된 다음에 다시 한 번 '우리들'의 역사를 어떻게 고찰해 갈 것인가—개개의 사건을 정리하는 방식에서 역사의 주체를 설정하기에 이르기까지 인식, 대상, 방법, 서술의 전부를 재고하자는 움직임이 촉진되고 있습니다. 덧붙여서 전후역사학과 민중사 연구라는 두 개의 조류는 거듭 축적되어 온 문제제기에 의해 역사와 대면하게 됩니다만 현대역사학에서는 물음에 대한 문제제기를 한다고 하는 자세를 갖고 있습니다. 이러한 상황 인식에 의해 새로운 의욕과 구상하에서 새로 서술하는 통사를 시도했던「일본 근현대사 시리즈」의 각 권을 읽어 주시면 더 이상의 기쁨은 없을 것입니다.

# 총목차

# 저자 소개

● **이노우에 가쓰오**(井上勝生) 제1장

1945년 출생. 홋카이도대학 명예교수. 일본근세·근대사. 본 시리즈 제1권『막말·유신』이외에,『막부말기 유신정치사의 연구』(塙書房), 『일본의 역사 18개국과 막부말기 개혁』(講談社) 등.


● **마키하라 노리오**(牧原憲夫) 제2장

1943년 출생. 전 동경경제대학 교원. 일본근대사. 본 시리즈 제2권『민권과 헌법』이외에,『메이지 7년의 대논쟁』(日本経済評論社),『손님과 국민의 사이』(吉川弘文館),『전집 일본의 역사 13: 문명국을 목표로』(小学館) 등.


● **하라다 게이이치**(原田敬一) 제3장

1948년 출생. 불교대학(佛教大学)문학부 교수. 일본근대사. 본 시리즈 제3권『청일·러일전쟁』이외에,『국민군의 신화』(吉川弘文館),『제국의회 탄생』(文英堂),『일청전쟁』(吉川弘文館) 등.

● **나리타 류이치(成田龍一)** 제4장. 종장

1951년 출생. 일본여자대학 인간사회학부 교수. 일본 근현대사. 본 시리즈 제4권 『다이쇼 데모크라시』 이외에, 『근대 도시 공간의 문화경험』(岩波書店), 『역사학의 포지쇼나리티』(校倉書房), 『전후 사상가로서의 시바 료타로』(筑摩書房) 등.


● **가토 요코(加藤陽子)** 제5장

1960년 출생. 동경대학대학원 인문사회계 연구과 교수. 일본 근대사. 본 시리즈 제5권 『만주사변에서 중일전쟁으로』 이외에, 『모색하는 1930년대』(山川出版社), 『전쟁의 일본 근현대사』(講談社現代新書), 『그래도, 일본인은 '전쟁'을 택했다』(朝日出版社) 등.


● **요시다 유타카(吉田 裕)** 제6장

1954년 출생. 히토쓰바시대학대학원 사회학 연구과 교수. 일본 근현대사. 본 시리즈 제6권 『아시아·태평양 전쟁』 이외에, 『쇼와 천황의 종전사』, 『일본의 군대』(이상, 岩波新書), 『일본인의 전쟁관』(岩波現代文庫) 등.


● **아메미야 쇼이치(雨宮昭一)** 제7장

1944년 출생. 돗쿄대학 법학부 교수. 점령 전후사 연구회 대표. 정치학·일본 정치 외교사·지역정치론. 본 시리즈 제7권 『점령과 개혁』 이외에, 『전시 전후 체제론』(岩波書店), 『근대 일본의 전쟁 지도』(吉川弘文館), 『총력전 체제와 지역자치』(青木書店) 등.

● **다케다 하루히토**(武田晴人) 제8장

1949년 출생. 동경대학 대학원 경제학 연구과 교수. 경제사. 본 시리즈 제8권『고도성장』이외에,『일본의 역사 19 제국주의와 민본주의』(集英社),『일본인의 경제관념』(岩波現代文庫),『신판 일본 경제의 사건부』(日本経済評論社) 등.


● **요시미 슌야**(吉見俊哉) 제9장

1957년 출생. 동경대학 대학원 정보학과 교수. 사회학·문화연구·미디어연구. 본 시리즈 제9권『포스트 전후 사회』이외에,『도시의 드라마투르기』(河出文庫),『컬추럴 스터디스』(岩波書店),『친미와 반미』(岩波新書) 등.

일본 근현대사 시리즈 ⑩

# 일본 근현대사를 어떻게 볼 것인가

**초판 1쇄 발행일** 2013년 1월 28일

**지은이** 이와나미 신서 편집부
**옮긴이** 서민교
**펴낸이** 박영희
**편집** 이은혜·유태선·정지선·김미령
**인쇄·제본** 태광인쇄
**펴낸곳** 도서출판 어문학사
　　　　 서울특별시 도봉구 쌍문동 523-21 나너울 카운티 1층
　　　　 대표전화: 02-998-0094/ 편집부1: 02-998-2267, 편집부2: 02-998-2269
　　　　 홈페이지: www.amhbook.com
　　　　 트위터: @with_amhbook
　　　　 블로그: 네이버 http://blog.naver.com/amhbook
　　　　　　　　 다음 http://blog.daum.net/amhbook
　　　　 e-mail: am@amhbook.com
　　　　 등록: 2004년 4월 6일 제7-276호.

ISBN 978-89-6184-147-4 94900
ISBN 978-89-6184-137-5(세트)
**정가** 16,000원

이 도서의 국립중앙도서관 출판시도서목록(CIP)은 e-CIP홈페이지(http://www.nl.go.kr/ecip)와
국가자료공동목록시스템(http://www.nl.go.kr/kolisnet)에서 이용하실 수 있습니다.
(CIP제어번호: CIP2012005281)

※잘못 만들어진 책은 교환해 드립니다.